国际科技创新中心建设与区域协同创新

上海、上海大都市圈和长江经济带

屠启宇 林 兰等 著

上海社会科学院出版社
SHANGHAI ACADEMY OF SOCIAL SCIENCES PRESS

目录

上编　上海科技创新中心承载区研究与规划

第一章　背景与趋势分析 ································· 3
第一节　全球经济、科技发展趋势 ······················· 3
第二节　"十四五"时期上海科创中心建设要求 ············ 4

第二章　上海科创中心承载力与承载区解构 ················· 6
第一节　承载力内涵解析 ······························· 6
第二节　承载区功能解构与空间解构 ····················· 8

第三章　国内外重要科创型区域的经验借鉴研究 ············ 16
第一节　国内外重要科创型区域的主要类型 ·············· 16
第二节　国内外典型科创区域的成功经验启示 ············ 18

第四章　上海科创中心承载区发展现状 ···················· 27
第一节　承载区战略性新兴产业结构分析 ················ 27
第二节　承载区"心-城-园"空间体系分析 ················ 29
第三节　承载区发展中的问题与不足 ···················· 41

第五章　上海科创中心承载区建设思路 ···················· 44
第一节　承载区建设重点方向 ·························· 44
第二节　承载区建设实施路径 ·························· 46

1

中编　上海大都市圈协同创新研究与规划

第六章　区域尺度创新空间规划的理论与工具 ·········· 75
    第一节　科技创新层的构建 ·········· 75
    第二节　战略支撑层的构建 ·········· 77
    第三节　空间组织层的构建 ·········· 82
    第四节　区域划分与研究工具箱 ·········· 84

第七章　上海大都市圈科技创新生态系统构成 ·········· 88
    第一节　上海科技创新发展现状 ·········· 88
    第二节　江苏三市科技创新发展现状 ·········· 95
    第三节　浙江三市科技创新发展现状 ·········· 101
    第四节　上海大都市圈科技创新现状总体评价 ·········· 107

第八章　上海大都市圈科技创新格局分析与评价 ·········· 118
    第一节　区域协同创新发展战略框架 ·········· 118
    第二节　上海大都市圈科技创新发展主要统计指标 ·········· 120
    第三节　上海大都市圈科技创新发展指数与空间格局 ·········· 124
    第四节　上海大都市圈协同创新发展存在的主要问题 ·········· 128

第九章　美国大都市区创新发展态势与经验 ·········· 130
    第一节　纽约都市区创新发展趋势与区域协同特点 ·········· 130
    第二节　芝加哥大都市区先进制造业发展及网络协同 ·········· 133
    第三节　密歇根州推进大都市区经济协调发展的战略举措与特点 ·········· 138

第十章　上海大都市圈科技创新产业发展预见 ·········· 144
    第一节　各城市战略新兴产业规划 ·········· 144
    第二节　物联网产业 ·········· 150

第三节	机器人产业	154
第四节	人工智能产业	162
第五节	大数据产业	169
第六节	新能源汽车产业	176

第十一章	上海大都市圈科技协同创新机制构建与空间布局优化	186
第一节	科技协同创新机制构建	186
第二节	科技创新空间布局优化	191

下编　上海与长江经济带城市协同创新研究与规划

第十二章	上海与长江经济带城市协同创新的基本态势	203
第一节	区域协同创新内涵及重要意义	203
第二节	上海在长江经济带科技创新和产业发展优势分析	210
第三节	上海与长江经济带科技协同创新现状与问题	226

第十三章	长江经济带城市协同创新的国际对标分析	241
第一节	长江经济带城市协同创新的国际对标选择	241
第二节	美国大都市连绵区中心城市网络协同模式	243
第三节	美国大都市区先进制造业网络分布发展特征	248
第四节	欧、日创新中心城市发展特点及产业协同趋势	255
第五节	基于国际对标的上海推动长江经济带城市协同创新方向	267

第十四章	上海与长江经济带城市协同创新的基本思路	272
第一节	上海与长江经济带城市协同创新的路径选择	272
第二节	上海与长江经济带城市协同创新的主要举措	280

参考文献		285

上编　上海科技创新中心承载区研究与规划[①]

---

① 本编内容主要基于屠启宇、林兰和纪慰华承担的"聚焦'一心一城一区'推进上海科技创新中心建设发展研究"(项目编号：20692111600)软科学基地课题成果。"一心一城一区"指张江综合性国家科学中心、张江科学城、张江国家自主创新示范区，是上海市域范围内重要科创承载区。其中张江国家自主创新示范区含22个分园，也称"一区多园"，或"一心一城多园"。

张江国家自主创新示范区是上海建设国际科技创新中心功能的承载区。由张江国家科学中心、张江科学城和张江各园区构成的张江"一心一城多园"代表着上海科技创新的核心品牌。

本编基于当前和未来3—5年全球经济、科技发展大势，围绕服务于上海建设具有全球影响力的科创中心在"十四五"时期的阶段性任务。提出：第一，应进一步明晰"十四五"时期科创中心承载区与上海科创中心建设的关系，以及其中的问题和原因；第二，梳理科创中心承载区对于增强上海科技创新策源力、竞争力和辐射力的机制和途径；第三，开展张江科创中心承载区的功能和板块深入量化解析；第四，提出"十四五"时期张江科创中心承载区服务上海科创中心建设的功能匹配与板块响应策略。

第一章 背景与趋势分析

第一节 全球经济、科技发展趋势

当今世界正处在大变革大调整之中。以绿色、智能、可持续为特征的新一轮科技和产业蓄势待发，颠覆性技术不断涌现，并深度融合、广泛渗透到人类社会的各个方面，正重塑全球经济和产业格局。

首先，表现为颠覆性技术不断涌现，即将催生重大产业变革。一是前沿基础性科学问题正在孕育重大突破，颠覆性技术层出不穷；二是国防科技创新加速推进，通过军民融合带动更多科技领域的重大创新突破；三是绿色、智能、健康、泛在成为科技创新的重点方向。

其次，表现为全球科技竞争日趋激烈，创新模式迭代加快。受全球竞争格局调整影响，各主要大国都把科技作为本轮战略博弈的核心，以物理空间和虚拟空间为新的竞技场，政府强力推动，科技巨头领军，明争技术优势，暗夺数据霸权。全球科技竞争的激烈程度前所未有。新一轮综合国力比拼正从点状的核心技术领域和实力比较演化为整个创新体系的竞争。

再次，表现为科技创新主体多元化，优质创新资源成为抢夺焦点。网络信息技术、大型科研设施开放共享、智能制造技术提供了功能强大的研发工具和前所未有的创新平台，极大降低了创新门槛。创新主体从科研院所向企业转变，再拓展到大众创新、万众创业。新的创新生活实验室、制造实验室、众筹、众包、众智等多样化新型创新平台不断出现，推动科技创新活动日益个性化、社会化、开放化、网络化，进而又催生出越来越多的创新主体，涵盖了所有能对创新起支撑作用的创新角色。以"创客运动"为代表的小微型创新正在全球范围掀起新一轮创新创业热潮，以互联网技术为依托的"软件创业"方兴未艾，由新技术驱动、以极客和创客为重要参与群体的"新硬件时代"正在开启。

第二节 "十四五"时期上海科创中心建设要求

根据《上海市推进科技创新中心建设条例》，2020年是上海全球科创中心建设完成搭框架、进入强功能的承启年。"十四五"时期的重点是在进一步完善框架建设的同时，围绕"持续增强创新策源能力"的主线塑造上海全球科创中心的"灵魂"，重点工作和要求是：

一是紧扣核心目标。以推动上海和长三角区域的整体经济高质量发展为目标，以关键技术、核心技术、新兴技术为主攻方向，增强全球创新资源配置能力和创新策源能力，打造科学、技术、产业"三位一体"的、有韧性的、现代化产业体系，成为全球学术新思想、科学新发现、技术新发明、产业新方向的重要策源地，全球创新网络的重要枢纽节点。

二是落实重点任务。围绕产业链布局创新链：充分发挥市场配置科创资源的决定性作用，加快推动高质量创新资源集聚、创新创业生态优化、创新实力的明显提升。聚焦三类技术：战略性产业的"卡脖子"关键技术、支柱产业的自主研发核心技术、新兴产业和未来产业的支撑性技术。创新人才体制：做好"增量人才"和"存量人才"工作，建设全球创新创业人才高地；建立健全与科技创新中心建设相匹配的人才培养、引进、使用、评价、激励、流动机制，为各类科技创新人才提供创新创业的条件和平台，营造近悦远来、人尽其才的发展环境。

三是发挥"三个张江"的核心引领作用。根据上海中长期科技发展的总体目标，"十四五"时期的核心任务是"提升以创新策源力为核心的体系化能力"。以此为基点，明确上海中长期科技发展的基本思路，充分发挥张江综合性国家科学中心、张江科学城、张江国家自主创新示范区"三个张江"的优势和引领作用。2020年4月21日，上海市政府发布《上海市推进科技创新中心建设条例》，聚焦了"三个张江"（一心、一城、多园），即张江综合性国家科学中心、张江科学城、张江国家自主创新示范区。对于上海科创中心建设的全局而言，"三个张江"是上海科创中心建设的主阵地、主战场。张江综合性国家科学中心是国家赋予上海的一项战略任务,以"一心"为核心,强化创新策源功能,以张江地区为核心承载区,建立世界一流重大科技基础设施集群,推动设施建设与交叉前沿研究深度融合,构建跨学科、跨领域的协同创新网络,探索实施重大科技设施组织管理新体制,代表国家在更高层次上参与全球科技竞争与合作。

第二章 上海科创中心承载力与承载区解构

第一节 承载力内涵解析

"承载力"一词最早出自生态学,是用以衡量特定区域在某一环境条件下可维持某一物种个体的最大数量。这个概念最早被用在1812年马尔萨斯谈人口与粮食的关系,后相继在经济学、人口学等领域得到应用。伴随工业化和城市化的快速发展,在城市学的研究中出现了"城市承载力"这个专有名词,主要涉及人口、资源、生态等领域,主要目的是解决人地矛盾。进入21世纪以来,承载力的研究向纵深发展,概念和内涵被进一步拓展,在理论与方法上都日臻完善。

承载力最初涉及科技创新领域源于20世纪80年代初联合国教科文组织提出的资源承载力定义:在可预见的时期内,利用本地资源及其他自然资源和智力、技术等条件,在保证符合其社会文化准则的物质生活水平下的供养力。由此可见,承载力是一种综合能力,这使得经济因素和社会因素越来越多地被用在城市系统与城市内部空间的研究上,实现了内涵的拓展与外延,并在一定程度上可度量。

一、承载力的核心要素与支撑要素

(一)核心要素

承载力的核心要素包括产业要素、科技要素与空间要素。其中,产业要素包含三层含义:新兴创新型产业规模不断扩大、传统产业的转型升级持续稳定、制造业创新与服务业创新相融合。科技要素主要指科学和技术的发展水平与结构、知识与技术的储备量、科技话语权。空间要素关注创新元素的空间分布合理性、集聚-扩散态势、各类空间融合度。

（二）支撑要素

承载力的支撑要素包括：创新基础设施的软硬件构成与质量，资本市场的完整度与资本工具的先进性，专业服务的能级与辐射力，文化氛围的包容度与多样性，功能型平台的完备性与服务能力，区域创新网络的密度、联系强度与通达性。

二、承载力解析

（一）策源力

知识策源：充分把握变革性科学的涌现态势，做科学规律的第一发现者。具体表现为，学术和科学创新在全球有一席之地，拥有一些世界一流的教育科研机构，至少在某些学科领域不断涌现具有全球影响力的专家学者与学术成果，做好策动和应对科学革命的物质技术和精神文化准备。

技术策源：技术创新在全球有一技之长，拥有一批世界一流的跨国企业，至少在某些产业领域不断出现具有全球竞争力的领先企业。技术策源体现在产业上，就是形成产业的重点领域集聚，在关键核心技术、"卡脖子"领域实现重大突破，并在本地产生全球先进技术首发地或国际技术成果交易中心/平台。

制度策源：制度创新极具特色与示范效应，在全国一马当先，集聚创新企业家和创新资本，在某些领域不断出现具有全球影响力的新创标杆企业。制度策源主要表现为科技创新的总体规划能力、与区域其他城市创新合作关系的处理能力、创新飞地的治理能力、创新示范的探索能力。

（二）竞争力

产业竞争力：既有支柱产业、新兴产业培育点，又继承城市与区域的传统产业基础，促进更新改造。优势产业必须具有一定的完整度，即产业链的完备性；同时，必须在关键环节有布局且达到一定水平与规模，具有控制力。非优势产业必须有一定的广度与厚度，成为优势产业发展的深厚土壤。

科技竞争力：科技竞争力是科技规模、水平、发展潜力的综合体现。具体而言，包括科技发展基础、科技发展实力、科技发展体制与机制、科技发展环境等多个方面。在狭义上，科技竞争力主要指教育和科学的竞争基础、技术的竞争水平、R&D的竞争水平、科技人员的竞争水平、科技管理的竞争水平等。

综合竞争力：在科技创新的非科技因素之外，综合考虑设施、环境、制度因素,打通科技创新和经济社会发展之间的通道。综合竞争力是核心要素与支撑要素高效配合的结果,是知识、技术、制度策源能力的集中体现。

(三) 辐射力

科技话语能力:科技话语能力即科技话语权,属于科技硬实力。硬指标是具备重量级的国际大科学计划和大科学工程、国际重大科技基础设施、国际一流高校和科研机构、世界级的科研成果、关键核心技术和专利、世界级的领军科学家、引领性的科学思想。

产业链控制力:指区域产业链的完整性,以及局地产业链环节的先进性。产业链的控制力一是通过技术控制力与市场控制力来体现,技术控制力直接决定了产品的市场控制力;二是通过区域协作深度与水平来体现。

品牌影响力:创新品牌的内涵很宽泛,包括科技品牌、产品品牌、企业品牌、园区品牌。其中,最显性化的品牌是产品品牌与企业品牌,最具决定力的品牌是科技品牌,最体现可持续性的品牌是园区品牌。

第二节 承载区功能解构与空间解构

随着《关于加快建设具有全球影响力的科技创新中心的意见》(科创22条)、《关于进一步深化科技体制机制改革增强科技创新中心策源能力的意见》(科改25条)等促进科创发展、深化科创改革条例的形成、发布,上海市基本确定了全市范围内重要科创承载区的层次与组成,即"三个张江":张江综合性国家科学中心、张江科学城、张江国家自主创新示范区。对于上海科创中心建设的全局而言,"三个张江"是上海科创中心建设的主阵地、主战场。

从功能属性看,科创承载区属于是区域、创新生态、环境建设的范畴,是科创要素的"集聚区",是科创中心建设的"实现地",是提升科创策源功能的"空间体";从使命任务看,科创承载区是担负国家战略的自主创新和新兴产业高地。从地理范围看,三块区域各有交叠:张江综合性国家科学中心在张江科学城的范围之内,张江国家自主创新区"一区多园"中的核心园则是张江科学城最重要的组成部分。科创承载区以各行政区为单位,点面相连,构成全市全域创新格局。在22园中,紫竹、杨浦、漕河泾、嘉定、临港等重点区域也是科技创新中心的重要承载区。

表 2-1 "一心一城多园"承载功能

	科学中心	科学城	园区
承载属性	以张江综合性国家科学中心为主的国家大科学设施中心	张江科学城	张江示范区的 22 个分园
在科创中心建设中的定位	上海科创中心建设的关键和核心	张江综合性国家科学中心的核心承载区/张江示范区的核心园	科创资源的主要集聚地和科创中心的重要承载区
功能定位	解决战略瓶颈/实现高度自主	创新创业/有产有城；区域增长极	生产+创新的前沿阵地

表 2-2 "一心一城多园"承载空间解析

	科学中心	科学城	园区
地理范围	点状分布：硬/软 X 射线自由电子激光装置、上海光源、超强超短激光实验装置、国家蛋白质科学中心	北至龙东大道，东至外环-沪芦高速，南至下盐公路，西至罗山路-沪奉高速	漕河泾、金桥、闸北、青浦、嘉定、杨浦、长宁、徐汇、虹口、闵行、松江、普陀、陆家嘴、临港、奉贤、金山、崇明、宝山、世博、黄浦、静安各分园
主要领域	知识策源/基础研究	知识+技术策源并重/产业增长点发现	技术策源为主/新产业培育
重点方向	重大科技攻关方向：光子科技、能源科技、类脑智能、计算科学	地区主导产业前沿领域：高端集成电路、医药研发、智能制造	区域战略性新兴产业：节能环保、新一代信息技术、生物医药、高端装备制造、新能源、新材料、新能源汽车

一、"一心"——张江综合性国家科学中心

"一心"即上海张江综合性国家科学中心理事会（简称"张江综合性国家科学中心"）。主要包括川杨河两岸地区，结合国家实验室，集聚科创设施，并引入城市高等级公共服务和科技金融等生产性服务，形成以科创为特色的市级城市副中心，联动张江南北、辐射周边。

张江综合性国家科学中心成立于 2016 年，其职责一是统筹指导上海建设科技创新中心有关工作；二是作为工作推进机构服务于上海科技创新中心建设；三就是担负国家赋予上海战略任务，即发挥上海优势，强化创新策源功能，以张江地区为核心承载区，建立世界一流重大科技基础设施集群，推动设施建设与交叉

前沿研究深度融合，构建跨学科、跨领域的协同创新网络，探索实施重大科技设施组织管理新体制，代表国家在更高层次上参与全球科技竞争与合作。

至 2020 年，已基本形成综合性国家科学中心基础框架，基本建成自由开放的科学研究和技术创新制度环境，以及科学合理的组织管理架构和运行机制。

二、"一城"——张江科学城

张江科学城的前身是张江高科技园区。历经 1992 年建园、1999 年聚焦、2011—2012 年扩园、2014 年并入自贸区、2016 年建设张江综合性国家科学中心，至 2017 年 7 月上海市政府正式批复《张江科学城建设规划》，张江科学城致力于建设成为学术新思想、科学新发现、技术新发明、产业新方向的重要策源地，并将目标定为努力建设成为"科学特征明显、科技要素集聚、环境人文生态、充满创新活力"的世界一流科学城。科学城规划总面积约 95 平方千米，规划范围为北至龙东大道，东至外环-沪芦高速，南至下盐公路，西至罗山路-沪奉高速，是浦东新区中部南北创新走廊与上海东西城市发展主轴的交会节点，具有优越的地理区位条件与创新区位条件。

根据 2017 年发布的《张江科学城建设规划》，张江科学城以张江高科技园区为基础，拓展纳入康桥工业园、上海国际医学园区。截至目前，内部板块现已形成北、中、南三大科创要素集群。北部板块在原张江高科技园区的基础上，依托国家实验室核心区，集聚大科学设施（如上海光源、国家蛋白质科学研究设施、上海超算中心等）、高水平研究型大学和国家级科研院所。中部板块依托康桥工业园区，结合孙桥科创区域和李政道研究所，集聚国际一流实验室和科研院所。南部板块结合国际医学园区，形成以医疗为特色的国际院校、研究所集群。其中，南部板块国际医学园区已逐步形成南部城市公共活动核心区，以高端医疗服务为主导产业的国际医学园区已成为国内首屈一指的医谷。

此外，张江科学城还建设了一批具有国际先进水平的研究机构，如交大张江科学院、张江复旦国际创新中心、上海中医药大学研究中心等；聚集了一大批众创空间，拥有五大创新创业集聚区（张江国际众创孵化集聚区、张江传奇创业广场、张江国创中心、张江南区众创集聚区、长泰商圈），旨在引进和培育高端孵化机构。

目前，张江科学城拥有企业 2 万余家。在集成电路领域，拥有国内最齐全的产业链布局，2019 年集成电路产业营收入占上海市总收入的 61%。在生物医药领域,新药研发优势明显,形成完整创新链,2019年科学城生物医药产业总收入占上海市总收入的20%。在人工智能领域,芯片研发基础层和市场应用开发两端发力,集聚效应逐步显现。发展至今,张江科学城科创特征日趋明显。作为张江综合性国家中心核心载体,张江科学城已集聚光子、生命科学、天文、物理等多个重大科学设施以及一批重大科学研究平台,世界一流大科学设施集群初具规模;高端产业不断提速,园区向城区转变进程不断加快,"五个一批"项目建设已实现两轮启动。

(一)张江高科技园区:张江科学城的引领发展区

张江高科技园区是张江科学城的核心发展区,各主要产业的企业数量、主营业务收入、利润、税收、从业人员素质均具有绝对优势。2018年,其主要发展的战略性新兴产业为新一代信息技术产业、生物医药产业和节能环保产业,企业数量分别达到1 171、471和358家;配套服务业规模较大的主要有批发零售业、租赁和商业服务业、房地产业,企业数量分别达到413、352和103家。其中,张江科学城的租赁和商业服务业、房地产业几乎都集中在张江科学城。

(二)国际医学园区:优势/特色明显的专业性园区

国际医学园区主导产业结构清晰、特色突出,其重点发展的战略性新兴产业为生物医药产业,且首位度极高。2018年,其主营业务收入、利润总额、实缴税金、增加值和年末从业人员占科学城相关指标的比重,分别达到52.24%、54.64%、56.77%、71.17%、62.71%和56.74%。配套服务业中的租赁和商务服务业在人员结构方面表现最好,本科及以上学历人数占比达到81.58%。此外,批发零售业也初具规模。

值得注意的是,由于生物医药产业具有前期投入巨大、创新失败概率大、技术门槛高等特征,企业规模集聚还未成形,与新一代信息技术产业相比,效率和效益还偏低。此外,相关配套服务产业还未形成规模,交通运输、仓储邮政、金融、住宿餐饮等相关配套企业数过少,产城融合度还有待提高。

(三)康桥工业园:能级有待提高的产业配套发展区

康桥工业园重点发展的战略性新兴产业为新一代信息技术、高端装备制造和节能环保产业,产业发展较为均衡。配套服务业方面,除高端的金融业不涉及外,其他类型的服务业都已小有规模。

相比张江高科技园区和国际医学园区,康桥工业园的产业特色还不突出,没有独具优势的主导产业。新一代息技术产业虽然规模较大,但从事制造环节的企业较多,本科及以上学历人数占比不到10%,主营产品以电子配件为主;节能环保和高端装备制造业目前在规模上还不具备成为主导产业的可能。在配套方面,企业类型以批发零售业和餐饮住宿业为主,发展效益也偏低;以高端服务业为代表的商业服务和金融服务发展滞后,要素吸引和集聚能力较弱。

三、"多园"——张江自主创新示范区各分园

(一) 重点园区

在22园中,重点园区为徐汇园、杨浦园、闵行园、嘉定园、临港园和松江园,除杨浦园区为以生产性服务业为主的都市型园区外,其余园区以具有专业和综合实力的生产型园区为主。

徐汇园重点围绕推进科创中心重要承载区和国家双创示范基地"一区一基地"建设,布局"两极两带",核心产业能级不断提升,服务功能不断增强。杨浦园重点围绕金融支持、产业政策、载体建设、环境营造四方面开展工作,以高校为创新策源主体,坚持"三区联动、三城融合"。闵行园聚焦创新策源、成果转化、产业引领,打造"大零号湾全球创新创业集聚区",建设国家科技成果转移转化示范区建设初见成效。嘉定园聚焦做强先进制造业和做优现代服务业的总体目标,有力推动产业结构持续优化升级。临港园突出强调顶层制度设计,重点聚焦智能制造,加强主体承载区建设。松江园"G60科创走廊"于2017年增列为重要承载区,其在长三角率先建设高质量一体化发展的重要引擎、率先建立区域协调发展新机制的试验田。

(二) 专业特色园区

还有一些具有专业特色园区与远郊园区,包括长宁园、虹口园、静安园、普陀园、青浦园、崇明园、金山园等。

长宁园形成了"东、中、西"三大园区的格局,建设不同产业主题的科技园区共六个。虹口园结合虹口区优势特色,定位于打造"硅巷"式特色功能区,聚焦信息、金融和绿色三个科技方向建设特色园区。静安园紧扣"一轴三带"发展战略,成功获批国家新型工业化产业示范基地(大数据)。普陀园以"一园[中以(上海)创新园]一轴(武宁创新轴)一中心(上海清华国际创新中心)"为核心,提升科技策源能力,推动"3+5+X"产业政策体系有序实施。青浦园以轨交17号线沿线

区域为纽带,以青浦区东、中、西三大发展区域为重点,全面推动青浦科创"一带三中心"建设。崇明园着力推进"汇创崇明"工作和国家农业科技园区建设,建成国家设施农业工程技术研究中心。金山园贯彻落实"两区一堡"战略定位,为加快打造"三区""五地",全面建设"三个金山",湾区科创中心、上海碳纤维复合材料创新研究院等载体建设取得明显成效。

表2-3 张江自主创新示范区22分园产业结构对比与优势产业一览

园区	产业结构	区位/组成	强产业
张江核心园	两大核心产业:信息技术、生物医药 三大新兴产业:低碳环保、民用航空研发、高端汽车配套及新能源汽车 两大产业集群:"医产业"集群,涵盖医药、医疗、医械、医学的医疗健康产业;"E产业"集群,基于互联和移动互联的互联网产业	张江园区(张江核心区、张江南区、银行卡产业园、医疗器械园、光电子产业园)、康桥工业区、国际医学园区	综合型园区;信息技术、生物医药特强
漕河泾园	支柱产业:电子信息 重点产业:新材料、生物医药、航天航空、汽车研发配套、环保新能源 支撑产业:现代服务业	东至桂林路(含邮通设备厂),南至漕宝路(含中科院生命科学研究院)、西至新泾港,北至蒲汇塘	电子信息特强,生物医药、汽车配套较强
金桥园	四大战略产业:汽车及零部件、信息通信、新能源、航空配套 四大生产性服务业:总部经济、服务外包、网络文化、研发设计 两大传统优势产业:现代家电产、装备制造	浦东新区中部,西连陆家嘴金融贸易区,北靠外高桥保税区,南接张江高科技园区	汽车制造、总部经济特强
闸北园	五大新兴产业:软件和信息服务、检验检测服务、金融衍生服务、人力资源服务、节能环保	东起共和新路,西临彭越浦,南起汶水路,北至走马塘,邻上大、复旦	节能环保、金融衍生服务较强
青浦园	三大主导产业:生物医药、新材料、先进装备制造	东至同三国道,南至盈港路,西达青赵公路,北抵北青公路	生物医药较强
嘉定园	三大重点产业:新能源汽车、新一代信息技术、生物医疗	北接太仓,南邻嘉定新城,西接上海国际汽车城和昆山,东接宝山;南区(国家级高科技园区、上海光电子科技产业园、国家留学人员嘉定创业园)与北区(市重点试点园区)	汽车制造特强

续　表

园区	产　业　结　构	区位/组成	强产业
杨浦园	以设计研发、科技金融为主导的知识型现代服务业 以电子信息为主导的高新技术产业 设计研发、科技金融、专业服务、电子信息、软件与信息服务、智能电网、物联网、云计算、节能环保	赛特工业园、上海五角场高新产业园、洪东工业园区、海达工业园和五维空间、3D苑等创意产业园为主的一组都市型园区	科技服务业特强
长宁园	东园重点产业：数字媒体和专业服务、文化创意 中园重点产业：以商贸为核心的现代服务业 西园重点产业：信息服务、现代物流、高新技术、服装服饰时尚产业	中山公园多媒体产业园、长宁信息园(慧谷白猫)、临空经济园区	数字媒体、商贸服务特强
徐汇园	生物医药、软件和信息服务、新材料	上海枫林生命科学园区、徐汇软件基地、普天信息产业园	生物医药特强
虹口园	数字媒体、数字出版和数字电视、节能环保	大柏树知识创新与服务贸易圈、北外滩航运服务集聚区、花园坊、灯具城、信南产业园	节能环保特强
闵行园	四大主导产业：重大装备造、电子信息制造、新能源汽车及关键零部件、新材料 大力发展生产性服务业	莘庄工业区、向阳园、闵行经济技术开发区、闵行老工业基地、马桥产业园、吴泾科技园	电子信息制造、新能源汽车较强
松江园	新一代信息技术、新能源、高端装备	东部园区、中部园区、科技园区、出口加工区	高端装备较强
普陀园	生产性服务业、软件和信息服务、高新技术、先进制造	北区块(包括桃浦科技智慧城、未来岛科技园、真如铁三角科技园、同济科技园沪西园区等)、南区块(包括长风生态商务区、华大科技园、天地软件园、武宁科技园、化工研究院新材料园、新曹杨高新园、国际中小企业总部社区、谈家28文化信息港等)	软件服务较强
陆家嘴园	软件和信息服务、文化创意、金融、航运、商贸与科技融合产业、总部经济	地处陆家嘴金融贸易区的核心区域	生产性服务特强

续 表

园区	产 业 结 构	区位/组成	强产业
临港园	重点产业：高端装备、发电及输变电设备、大型船舶关键件、海洋工程装备、汽车整车及零部件、大型工程机械、航空装备 战略性新兴产业：节能环保装备、精密机床、新一代信息技术和再制造	主城区、综合区、重装备产业区和物流园区、主产业区、奉贤分区	高端装备特强
奉贤园	重点产业：先进装备、生物医药 新兴产业：新能源、新材料、智能电网、电子信息技术、汽车零配件、现代服务业	工业综合开发区、生物科技园区、南桥镇部分区域	生物医药、新材料较强
金山园	新材料、新能源、绿色创意印刷、生物医药、重大装备制造、食品加工、精细化工、汽车及关键零部件	金山工业区区块、枫泾区块	精细化工、新材料特强
崇明园	主导产业：船舶制造、海洋工程、港口机械和船舶修理等海洋装备、以数据产业为核心的软件和信息服务业	长兴岛海洋装备基地、海洋装备配套产业基地、智慧岛数据产业园	海装工程最强
宝山园	高技术制造、现代服务业、文化创意	宝山工业园区、城市工业园区、机器人产业园、电子商务示范基地、复旦高新技术产业基地、文化产业示范基地	精品钢研发最强
世博园	创意产业：广告设计、工业设计、建筑设计、时尚设计 电子商务：现代商贸流通业、会展业	位于南浦大桥和卢浦大桥之间，沿中心城区黄浦江两岸进行布局。以独立馆群、联合馆群、企业馆群、主题馆群和中国馆群为主的场馆及其周边区域	创意产业较强
黄浦园	三大重点产业：新一代信息技术、现代服务业、文化和科技融合产业	没有围墙，不设边界	生产性服务较强
静安园	文化创意、生物医药、信息技术、高端数字传媒	中部：西康路和延平路沿线,包含昌平路静安创意产业聚焦带、中石化、医工院、计算所等,面积1.03平方千米；东部：石门路、威海路沿线,毗邻成都北路,包含威海路文化传媒街、高技术服务集聚区、金融服务集聚区、二工大等,面积1.10平方千米	生产性服务较强

第三章　国内外重要科创型区域的经验借鉴研究

第一节　国内外重要科创型区域的主要类型

根据对国内外各种科创型区域成功路径的研究,大体上可归纳为三种类型:研发先导型、产业引导型以及环境支撑型,其中尤以研发先导型最多。

一、研发先导型

该类型科创承载最初往往是依托区域内集聚的大量研发机构或教育资源,利用高校研究成果的溢出效应,聚集一批高科技企业,创造就业岗位,吸引人才,并由此配套城市各类基础设施。通过研发机构吸引高新技术企业、高技术人才是有效的途径,易于形成高科技产业集群,在产业和机构聚集到一定规模和体量后,逐步演变成为功能完备的科技城。全球顶尖的科技创新区多是这种类型。其中,硅谷号称"山顶之城",全球创新大本营,吸引了全球100多万科技人员,美国科学院院士近1 000人、诺贝尔奖获得者30多人,平均每5年会创造一个引领全球的科技潮流,每6年会诞生一个超千亿美元市值的公司。

二、产业引导型

该类型科创承载区在最初发展阶段,主要是核心企业对高科技有强烈需求,不断吸引科技人才和资本,逐步走上自主研发的道路。这类企业多是一些高精尖的制造企业、信息技术通信企业或者新能源科技企业等。这类企业通过自己设立研发部门,以及上下游产业链的配套,形成一个产业集群,以共享研发资源,共同提升研发水平。该类型的典型代表是中国台湾新竹工业园区、新加坡纬壹工业园区、德国慕尼黑生物医药集群等。

三、环境支撑型

该类型科创承载区多在较为成熟的城市环境中产生。近年来迅速崛起的美国纽约硅巷和英国东伦敦科技城都是这种类型。这些区域的创新特点与母城市的特色密不可分,充分依托城市优越的环境,包括区位优势、先进产业结构、文化氛围、人才及政策优势,以及城市完备的配套设施。加州的风投公司试图以丰厚条件吸引硅巷企业迁往硅谷没有成功的原因,就在于硅巷企业的业务大多集中于互联网应用技术、社交网络、智能手机以及移动软件上。纽约的时尚、传媒、商业、服务业等优越环境为他们的技术创新提供了优渥的环境支撑。

表3-1 国内外典型科技创新承载区的基本情况

类型	科技创新承载区	面积(平方千米)	主要产业类型	起始时间
研发先导型	美国硅谷	3 800	电子工业、信息、软件、互联网	1951年
	日本筑波科技城	284	医药、化学、电子、机械、建设,近年来重点关注机器人产业	1963年
	韩国大德国际研发特区	70.4	信息、生物、纳米、太空、能源环境、人工智能	1973年
	柏林阿德勒斯霍夫科技园区	4.2	光电、环境与生物能源、信息与媒体、材料和微系统	1991年
	北京中关村	232.5	信息、节能环保、航空航天、生物、新材料、新能源、新能源汽车、高端装备制造	1983年
产业引导型	中国台湾新竹科学工业园区	13.48	集成电路、计算机及周边、通信、光电、精密机械、生物	1980年
	新加坡纬壹科技城	2	生命医药、信息通信、资讯传媒	2000年
环境支撑型	纽约硅巷	无边界	新媒体、网络科技、信息	2008年
	东伦敦科技城	无边界	网络科技、信息通信、电子商务	2010年

第二节　国内外典型科创区域的成功经验启示

通过比较分析发现,不论是传统的科技园区转型还是新兴的创新区域,影响其竞争力和可持续发展潜力方面都有一些具有共性的影响基础和因子,可高度概括为"三个关系""六个重点"。

一、处理好"三个关系"

(一) 政府与市场的动态平衡关系

在科创区域发展的各个阶段,政府引导和市场激励始终处于动态平衡状态。在早期阶段,即便是市场经济发达的国家和地区,也需要政府主导。随着区域内创新主体逐渐成规模、成网络,政府作用逐渐隐化,市场机制开始更多发挥无形的作用。市场经济活跃、法律体系完备、政策体系相对公平的环境,再配以政府适度干预,将极大激发创新的激情。完全的市场竞争,新产品、新技术和新商业模式不断涌现,市场化、产品化过程中各环节中优胜劣汰,能有效推动高科技产业的不断推陈出新、迭代升级。德国自上而下的战略"引导"中,申请支持的区域需要自下而上地公平竞争,经过共同协商的程序才能胜出。硅谷的企业最初租用斯坦福大学的土地,依托大学最新的科技成果,通过市场的力量形成了大学与产业的关联机制及"学术与工业综合体"的发展模式。这都是政府引导与市场选择有机结合的成功案例。

其中,政府的工作重点主要是基础性、前沿性、公益性研究和科技公共基础设施建设,以及园区战略规划、搭建孵化平台、招商引资、扶持政策、塑造产业发展环境等。例如,纽约硅巷最初的发展得益于政府敏锐注意到科技初创公司急需办公场所的机遇,迅速采取减税、电费优惠和开发具有互联网设置的办公空间等措施,迈出了硅巷建设的第一步。东伦敦科技城是欧洲进步最快、最稳定的科创区域,得益于多位首相和市长的精心谋划,不断推出了迷你硅谷计划、创业企业家签证(Entrepreneur Visa)、创业贷款计划(Startup Loan Scheme)、专利盒政策(Patent Box Scheme)、开放数据库资源、修改IPO规则、种子企业投资计划(SEIS)等政策。伦敦市政府还出面设立"伦敦技术大使团队",由市长亲自挂帅在引进科技龙头企业方面起到决定性作用。英国政府的研发税收减免政策自2000年实施以来,每年能给企业大约10亿英镑的支持;SEIS计划一启动就为超过20 000家企业获得总数超过100亿英镑的风险投资。亚洲国家普遍采取政府主导型发展模式,其中新加坡的表现最为抢眼。新加坡政府自1991年开始实施了六轮科技五年计划,为其科技创新指明方向。2016年开始的"研究、创新与企业2020计划"计划在5年内提供190亿美元用于研发,比《RIE2015》五年计划的资助额度(160亿美元)提高了18%。其中,在四大战略领域投入86亿新元,为学术研究、科研人才培养、创新与创业提供80亿新元资助,其余款项将投入为未来新兴科研需求做好准备的"白色空间"(White Space)。

表3-2　新加坡科技五年计划的基本情况

时　间	名　　称	预算(亿新元)	重点产业
1991—1995年	《国家技术发展规划》	20	信息技术、微电子、电子系统、制造技术、材料技术、能源与环境、生物技术、食品和农业、医疗科学
1996—2000年	《第二个国家科技计划》	40	先进制造技术、微电子、新材料、生物和药品、信息技术、环境
2001—2005年	《科技规划2005》	60	信息与通信、电子制造、生命科学
2006—2010年	《科技规划2010:创新驱动的可持续发展》	135.5	电子、信息通信与媒体、化学制品、工程
2011—2015年	《研究、创新、创业2015:新加坡的未来》	161	电子、生物医药、信息通信与媒体、工程、清洁技术
2016—2020年	《研究、创新与企业2020计划》	190	生物医药、先进制造技术、城市方案及服务与数码经济

资料来源:根据相关材料整理。

(二)政产学研的一体化关系

知识社会环境下的创新2.0形态正推动科技创新从"产学研"转向"政产学研"协同。政府通过资金引导和组织调控、政策和环境营造,推动创新区内富有活力的企业、专业服务公司、专业研究机构等各种微观经济主体共同构建了完善的创新链。例如,硅谷地区的研究型大学、国家级研发机构、高科技企业研发机构以及加州州立研发机构、独立实验室和研发机构共同构成硅谷研发创新体系。

研发机构之间的开放协作网络,以及研发机构与产业界之间的产学研合作网络,共同推动硅谷地区创新体系的形成和完善。韩国大德研发特区在步入快速发展阶段后,政府开始着重解决研发-生产脱节的问题,逐步引进生产型企业,设立生产功能区等举措强化大德科技城的生产功能,促进大德研发成果向周边扩散,形成以研发带动生产、以生产促进研发的良性循环。波士顿"128公路"也是将智力优势转化为产业优势的成功案例。

(三) 人产城的融合互促关系

从各国经验看,科创区域的发展超越传统空间相对隔离、自我隔离的"园区",向具有城市综合功能与开放性的"城区"转变,已成为区域成功与否的实质性关键。早期仅关注产业和企业,而忽视了高级人才对舒适、便捷环境需求,忽视了城市混合功能特征和配套设施的高新技术园区,在发展到更高阶段时往往遭遇明显制约瓶颈。随着"人产城和谐发展"理念的逐渐成熟,美化城市形态、完善城市功能成为科创区域重要转型路径。日本筑波、韩国大德、中国台湾新竹、美国北卡罗来纳地区的研究三角园等传统的科学园都逐步提升区域城市服务功能。大德研发特区中规划设计了大德技术谷,定位为集产业、技术商业化、供应链、休闲娱乐和居住于一体的综合性城区,其居住、商业、体育、绿化等设施占地面积近该区域的1/2,包括高端住宅、多家庭住宅以及单身公寓、商务中心、学校、公园、购物商店、公共广场等多种设施。新加坡纬壹科学城规划建设的初衷就是集"工作、学习、生活、休闲于一体"的活力社群。印度班加罗尔IT产业园内具有创新活力的国际化文化氛围和宜居的自然环境吸引了大量国际人才。近年来新崛起的东伦敦科技城、纽约硅巷、旧金山、底特律等城市要么是在更新的原有老城区,要么是在中心城区迅速发展起来的。

二、把握住"六个重点"

(一) 成为国际高端人才的集聚地

科创区域都将集聚人才作为重中之重的任务。一是高学历人口占有一定比重。硅谷本科学历以上约占总人口的1/2,以色列达到45%。二是外来技术人才占有相当份额。硅谷297万总人口中,36.3%出生在美国境外;纽约总人口中的37%来自美国境外;伦敦科技创业企业的从业人员多达150万,从产品的技术开发到商业运营,外籍雇员比例高达53%。各国政策都主要聚焦三类人才：一是技术移民。在美国25%的创业企业中至少有一名创始人为技术移民，而硅谷的比例则为52%。伦敦推出了"全球企业家计划"、免费科技培训课程、创新创业人才签证制度、"天狼星计划"等政策。英国的杰出人才移民签证（Exceptional Talent Visa），使伦敦外来人才移民手续受理的时间比欧洲平均短20%。二是全球优秀科学家和研究人员。以色列在20世纪90年代接纳了苏联100多万的工程师和科学家；"卓越研究中心计划"（I—CORE）利用高工资、尖端研究设施和促进跨学科的创新合作这些条件来吸引犹太裔最杰出的科学家回国工作，从欧美实验室吸引了2 400名犹太裔科学家回国工作。三是"带项目、带技术、带资金"创业团队，尤其是近年来国内一些新兴的科创区域，更注重团队的整体引入。成都科学城提出了"欢迎全球顶尖科研人才、战略科学家使用大装置、共建大平台、参与大工程"。杭州科学城以全新的引才用才机制为重要保障，引导中央企业、大型民企搭建平台，发挥引才用才主体作用，构建人才吸收和开发利用体系。

（二）各类创新组织实现专业化分工协作

创新活动涉及面广，创新主体必须聚焦和突出主业，各司其职，通过专业化的分工合作，实现创新资源的最佳组合、高效配置，以提升创新的成功率和效率。

一是大学在基础性创新和人才培养方面具有不可替代的作用。硅谷的斯坦福大学、加州大学伯克利分校、加州大学戴维斯分校、加州大学圣塔克鲁兹分校、加州大学旧金山分校，在美国科学和工程领域的研发投资名列前茅，共同成为硅谷创新体系的核心。加州州立大学23个校区学生总数超过40万名，每年毕业9万名学生，自1961年成立以来毕业生总数超过250万名。东伦敦科技城利用伦敦帝国理工、伦敦大学、剑桥、牛津在应用数学、计算机科学和机器学习领域的优势，在人工智能领域表现耀眼，如2014年Google收购的Deepmind，2016年Microsoft收购的Swiftkey，都是伦敦人工智能创业企业里的佼佼者。未来在可穿戴技术领域、无人驾驶技术甚至金融科技领域，伦敦还有望更高的突破。

二是众多的国家级研发机构和跨国公司研发机构是推动创新的重要力量。硅谷地区集聚了美国能源部下属4家国家级实验室、美国航天局埃姆斯研究中心（NASA ames research center）、旧金山退伍军人管理局医疗中心、退伍军人管理局帕罗奥图医疗系统、联合基因组研究所（the Joint Genome Institute）。大德研发特区至2011年底吸引了1 399家研究机构、大学和风险企业（venture companies），包括30家政府资助机构(government-funded agencies)、11家公共机构(政府投资公司)、14家国家公共机构(national and public agencies)、33家其他类型非营利组织和5家教育机构,以及1 306家企业。北京中关村则集聚了中科院、北京大学、清华大学等众多国家级研发机构和知名学府。日本筑波大德科技城吸引了大批跨国公司研发机构入驻,为区域科技创新带来了创新人才、前沿技术、创新资本,这些跨国公司研发机构的溢出效应也提升了区域创新创业氛围。

三是创新型企业是最活跃的主体。硅谷培育出了苹果、英特尔、特斯拉等跨国高科技企业,吸引了包括IBM、GE、微软、拜耳及中国的华为、阿里、百度、新浪等大型企业。伦敦曾遭遗弃的肖尔迪奇地区(Shoreditch),转型后快速集聚了3 200多家科技公司和4.8万个就业岗位,被誉为科技城或小硅谷(Silicon Roundabout)。印度班加罗尔的IT产业链中,集聚了5 000多家规模不等的软件开发和信息服务领域企业。全球75家具有最高资质的软件研发企业中有30家在班加罗尔。班加罗尔也因此被称为全球第五大信息科技中心。位于洛杉矶的"硅滩"(Silicon Beach),虽然只有长约3英里的空间,但因良好的区位及创新环境,也快速发展成为一个初创企业的集聚地。

(三) 创新支撑产业兼具体系化和特色化

创新活动既需要金融和资本体系等专业服务体系的关键性支撑,也需要依托特色产业实现差异化发展,各塑特征、各具标识。

一是科技金融产业。发达的、以创业投资和天使投资为核心的科技金融是推动区域科技创新发展的关键因素之一。纽约、伦敦都是全球名列前茅的金融中心,也是其迅速跻身全球科创中心的重要基础。科技金融资本主要是三类:一是创业投资。以硅谷为例,2000年互联网泡沫破灭后,硅谷的创业投资规模大幅降低,但呈现出稳定上升态势。2014年前三季度,硅谷创业投资金额为74亿美元,邻近的旧金山市创业投资金额为72亿美元,两者总金额占加州地区创业投资金额的80.2%,占全美国的53.1%。二是天使投资。天使投资聚焦初创型科技企业,主要投资于种子期和A轮投资,并为企业提供一系列指导和咨询服务。天使投资所培育的企业成为后续创业投资机构的投资目标,是创业投资服务链中的基础环节,缺少天使投资将导致区域创业生态系统丧失重要的生命力。硅谷发达的天使投资为众多初创期科技企业提供了资金,也为硅谷创业生态系统的蓬勃发展奠定基础。硅谷2014年天使投资金额超过10亿美元,邻近的旧金山市的则超过15亿美元,两者总金额占加州天使投资金额的85%。根据Compass 2015年的数据,伦敦种子轮融资金额超过欧洲平均水平17%,A轮融资则超过高达26%。三是银行债务融资。在硅谷地区,美国银行、Mechanics Bank、新资源银行及硅谷银行等为硅谷地区高科技创业企业债务融资提供必要服务。以硅谷银行为例,结合股权和债权融资产品,既为创业企业提供贷款,还直接投资于众多创业投资机构,成为创业投资基金的股东或合伙人。一方面,银行为创业企业提供贷款时,与创业企业达成协议,获得其部分股权或认;另一方面,银行与创业投资机构紧密合作,为创业投资机构提供优质创业企业,并通过参与投资获取股权投资收益。此外,在金融业基础上叠加科技创新,对金融业本身也是极大的推动,能够产生颠覆性的创新产品和项目,如信用贷款(Funding Circle)、转账换汇(Azimo)、移动支付(Powa Technologies)等金融科技各方向都在快速衍生,甚至有成熟的金融相关的独角兽企业(Transferwise等)。

二是各种专业服务业。高科技创业企业从初始到最终成功上市的全过程都需要有创业孵化、金融、法律、会计、咨询、人力资源以及设计等为主的专业服务体系。纽约是全球服务业最发达的城市,专业服务体系非常健全,全球咨询、法律、会计等服务行业企业总部云集,功能辐射全球。曼哈顿区的专业服务业集中度超过纽约其他四区总和的近50%。而硅谷地区创业孵化器、加速器数量众多,特别是以Y Combinator、Plug and Play Tech Center为代表的新型孵化器,具有创业孵化、投资、培训、辅导、融资等多种功能。这些孵化器凭借自己拥有的专业技术和建立资源网络,为初创型企业提供在成长过程中所需的商业运作、资金支持、技术支撑、企业管理培训等必要服务。在德国,除了有最著名的四大国家级机构,还活跃着6 700多家业务类别丰富、服务水平一流的民营科技中介机构,主要提供技术预见服务、创新孵化服务、风投融资服务、技术转移服务以及环境咨询五大服务。德国阿德勒斯霍夫科技园区开始的发展并不成功,后来在科技中介服务机构的帮助下逐渐发展成为全球十五大科技园区之一。

三是区域特色产业。和传统的高科技园区不同,新兴科创区域的产业并非一定是科技的最前沿产业,更多是结合本地产业基础和优势的延伸。纽约的科技人才大多被吸引到商业、时尚、传媒及公共服务等传统行业里,但都充分利用互联网技术实现了升级,提供新的解决方案,如最近出现的时尚科技(fashion-tech)、食品科技(food-tech)、新零售(new-retail)和新制造(new-generation manufacturing)。因此,B2B、电子商务和健康科技是纽约全市科技公司增长最快的领域。这种把技术与传统行业结合,用技术改革传统行业,建立细分市场的互联网产业发展模式也被称为"东岸模式"。2013 年,纽约非科技产业中的科技职位达到约 52%。伦敦时尚行业的市场规模和时尚文化所奠定的市场需求也为时尚电子商务的发展提供了温床。ASOS、FarFetch 都已是目前市值过百万美元、业务全球化的伦敦科创企业。

(四)开放式协同创新网络是重要趋势和方式

科技创新需要不断有外来的撞击,才能迸发出创意的火花,这注定了创新网络的开放属性。在全球化背景下,融入全球创新网络,深度参与国际科技合作与交流,提高整合、集聚、使用国际科技创新资源的能力已蔚然成趋。美国之所以保持全球创新领先地位,也在于拥有完整高效、分工细化、互利共赢的产业链、价值链构建起的合作创新网络。硅谷成功吸引了不同语言、不同肤色、不同文化背景和生活习惯的研发人员齐聚一堂,互相碰撞,迸发出创意的火花。他们也将硅谷与母国高科技中心连接起来,构成全球创新网络,使硅谷能够时刻触及其他地区的技能、技术和市场。新加坡则利用跨国公司遍布全球的研发网络,积极开展跨国研发合作、共建联合实验室、人才培养基地、合作办学等活动,提升技术创新效率、来源与多样性。但要注意的是,不论是区域内研究网络,还是区域间合作创新网络,都要有实质性合作内容的联系。

(五)优越的创新环境推动创新成为常态

良好的环境能够使创新成为一种常态、自然生发的过程,环环相扣的创新体系可以起到自然纠错、自淘汰、自更新作用。创新环境包括硬件设施和生态软环境。但是,基础设施易建,而创新生态圈需要时间慢慢完善。纽约用了 10—15 年培育创新环境,伦敦用了 10 年左右的时间更新科技创新理念。因此,打造创新生态环境是一项长期坚持的工作。

一是网络设施顺畅、便捷。首先是城市公用基础设施。吸取早期科技园区的经验教训,新兴科创区域都将城市设施完备作为重要内容之一。2010 年伦敦市政府投入 4 亿英镑发展东伦敦科技城,其中 5 000 万英镑用于建造欧洲最大的民用设施中心,为新兴科技公司提供礼堂、会议厅、实验室以及工作空间等。其次是完善的轨道交通建设,连接市区与机场的道路体系。科创区域并非封闭的"象牙塔",人员往来通达便利是重要因素。伦敦科技城核心区硅环岛通过轨道交通能快速抵达伦敦金融城、金丝雀码头及其他市中心重要区域。纵贯伦敦的大型城铁 Crossrail 1 和 Crossrail 2 都从"硅环岛"附近穿过,2018 年跨城高铁运行。再次是信息通信设施。新兴科创区域都利用区内高新技术企业的技术领先优势,大力建设工业互联网、城市物联网、数据处理运算基础设施,打造 5G 智慧城等人工智能创新应用先导区。韩国松岛、印度拉瓦萨等都全面提升"城市大脑"统筹能力,率先成为智慧企业、智慧园区的示范区。德国 T-City 计划旨在研究现代信息通信技术,示范如何提高城市未来的社区和生活质量。

二是打造符合自身特色的环境。每个城市都有各自的"成功密码"。纽约是全球颇具活力的城市之一,人员、文化的高度集聚和多样化使得硅巷模式的实质就是让科技回归城市,"拥抱更加人性化和可持续的生活方式"。纽约拥有 299 个科技产业组织,涵盖金融、时尚、媒体、出版及广告等各类行业,建立起了行业互助系统,形成了良好的科技生态圈,能够给初创企业一个良好的发展空间。哈得孙河沿岸的街道是纽约最新吸引科技初创公司的地区,这里定期会为初创企业举办助力创业博览会,吸引众多圈内人士,包括企业家、天使投资者、风险投资家、记者、加速器操作员和热情的求职者。世界著名调研公司 Compass 的全球科技创业生态系统评价结果显示,伦敦的科技型企业数量、生态系统价值及企业退出价值是其成为欧洲最大科技创业生态系统的重要原因。在东伦敦科学城内,遍布共享工作空间、孵化器、加速器,以及高频次的创业论坛、活动聚会。丰富的创业活动为伦敦的创业者们提供了充沛的交流和社交活动。此外,一些新兴创新城市的核心理念中还更多融入了科学人文、节能减排、生态环保、社会和谐等元素,例如新加坡"花园城市"建设。

但是,近年来,随着科创区域逐渐向城区转变,高企的人力成本、生活成本等问题日益突出,如何有效降低成本已成为众多科创区域亟须解决的难题。例如,旧金山湾虽然拥有 Apple、Facebook、Google 这些科技巨头的总部,但由于"技术争议、无家可归和隐私问题",排名仍下跌六位至第九。伦敦的房租较柏林高出许多,在柏林中心城区单套房屋月租一般为 400 欧元,但这个价格在伦敦只能在四区以外(郊区)与他人合租一个卧室;伦敦科创行业平均年薪为 77 508 美元,而柏林为 63 000 美元,且程序员平均工资远高于平均值。

(六)自贸区发挥特殊催化作用

自贸区在联通国内国际中的特殊作用以及优越的政策体系,对科创型城市发展起到加速和催化作用：一方面自贸区的税收优惠、国际人才政策等，极大提升了城市吸引力，有利于集聚跨国公司总部和国际人才，推动本土创新通过嫁接方式，逐渐融入全球创新网络；另一方面自贸区的特殊监管政策，有力推动了国际采购、保税研发、保税展示等新型业态蓬勃发展。例如，硅谷依托旧金山对外贸易区的优惠政策与项目增强了创新型企业和人才的吸引力，如入驻厂商有权享受当地、州和联邦税收的抵免制度优惠；提供节能计划和增加员工培训基金；为新入驻企业提供场地资金援助来帮助其创业、扩张或搬迁等。新加坡通过自贸区实现了贸易转型和产业蜕变，从最初的港口经济逐渐转变为总部经济和全球创新中心，建立了以人才为核心的有效的创新生态体系，进而建成为全球知识中心和智能城市。

第四章 上海科创中心承载区发展现状

第一节 承载区战略性新兴产业结构分析

上海科创中心承载区涵盖了张江国家自主创新示范区 22 园。在此采用区位熵(Location Quotient)方法分析示范区整体以及各园对于战略性新兴产业的承载情况。区位熵指数表明某地区某个产业发展的专业化程度和集聚水平。若区位熵小于 1，说明该地区该产业不具有专业化发展优势；若区位熵大于 1，说明该地区该产业具有比较优势；若区位熵大于 1.5，说明该地区该产业具有显著的比较优势；若区位熵大于 2，说明该地区该产业高度集聚。区位熵(β)指数的数学表达式为：

$$\beta_{ij} = \frac{\theta_{ij} \big/ \sum_{i=1}^{n} \theta_{ij}}{\sum_{j=1}^{n} \theta_{ij} \big/ \sum_{i} \sum_{j} \theta_{ij}}$$

式中 θ_{ij} 表示地区 j 行业 i 的产值等指标；$\sum_{i=1}^{n} \theta_{ij}$ 表示地区 j 的工业总产值等指标；$\sum_{j=1}^{n} \theta_{ij}$ 则表示行业 i 在所有地区中的工业总产值等指标；$\sum_{i} \sum_{j} \theta_{ij}$ 是所有产业在所有地区中的工业总产值等指标。

表 4-1　2019 年上海重要创新承载区战略性新兴产业结构

产业名称	企业数量	占比(%)	主营业务收入金额(亿元)	占比(%)	净利润金额(亿元)	占比(%)	税费金额(亿元)	占比(%)	科技活动人员人数(万人)	占比(%)
节能环保	1 387	23.0	4 367.9	24.7	270.2	22.8	29.5	17.1	3.7	15.7
新一代信息技术	2 694	44.6	5 630.4	31.8	629.2	53.1	122.8	71.1	9.4	39.8
生物医药	648	10.7	1 055.9	6.0	84.3	7.1	13.6	7.9	2.1	8.9
高端装备制造	500	8.3	717.1	4.0	21.6	1.8	0.4	0.2	1.3	5.5
新能源	140	2.3	289.5	1.6	37.9	3.2	0.3	0.2	0.7	3.0
新材料	361	6.0	583.3	3.3	32.6	2.8	0.1	0.1	1.4	5.9
新能源汽车	304	5.0	5 064.3	28.6	108.2	9.1	5.9	3.4	5.0	21.2

表 4-2　2019 年上海战略性新兴产业在重要创新承载区的分布情况

	高度集聚(LQ≥2)	显著集聚(LQ≥1.5)	集聚(LQ≥1)
新一代信息技术	张江核心园、长宁园	普陀园	漕河泾园、陆家嘴园
	具有集聚优势的园区较少,核心园具有绝对优势地位		
生物医药	金山园、张江核心园、奉贤园	漕河泾园、松江园、闵行园、青浦园	普陀园
	集聚度非常高,核心园具有绝对优势地位		
高端装备制造	临港园、松江园、闵行园、杨浦园	奉贤园	漕河泾园、金山园、张江核心园、长宁园、青浦园
	产业集聚水平较高,临港园一枝独秀		
新能源	松江园、闵行园、普陀园、青浦园、奉贤园、金山园	—	宝山园
	产业集聚水平差异大,郊区园区专业化程度极高		
新材料	金山园、青浦园、闵行园、嘉定园	松江园、宝山园	奉贤园
	多集中在远郊型园区		
新能源汽车	嘉定园、金桥园	—	青浦园、奉贤园、张江核心园
	集聚水平较低,主要集中于嘉定、金桥、青浦、奉贤等园区		

续　表

	高度集聚(LQ≥2)	显著集聚(LQ≥1.5)	集聚(LQ≥1)
节能环保	虹口园、世博园、陆家嘴园	黄浦园、临港园、松江园	漕河泾园、普陀园、静安园、宝山园、杨浦园
	集聚度高,陆家嘴、虹口、世博三园优势明显		

第二节　承载区"心-城-园"空间体系分析

上海科创中心承载区22园,构成了国家科学中心、科学城和各分园的"一心一城多园"空间体系。以下从承载力出发,以定性和定量结合的方式予以分析。

表4-3　"一心一城多园"承载力定性分析

		科学中心	科学城	园区
要素分析	核心要素 产业要素	—	前瞻+实验+示范	专业化+特色+规模
	科技要素	顶尖+平台	科技储备能力	科技使用和产出能力
	空间要素	物理形态为主	城市形态为主	生产形态为主
	支撑要素 创新设施	大科学装置、大科学设施	产城融合设施	生产性设施为主
	资本市场	高门槛/重资本,低依赖度	高度依赖	依赖
	专业服务	平台服务	高端生产性服务+城市服务	以生产性服务业为主
	文化氛围	—	科技+文化融合	弱文化氛围
	功能型平台	本身是高能级平台	专业性功能型平台高度集聚	特色功能型平台
	区域创新网络	核心,辐射源	枢纽	重要节点
承载力分析	策源力 知识策源力	重大基础研究突破	重点布局以基础研究为主的知识创新科研机构	形成知识-技术闭环
	技术策源力	—	辅以应用研究为主的研发型科研机构	重大技术领域突破

续 表

		科学中心	科学城	园 区
承载力分析	策源力 / 制度策源力	对接国家战略的制度决策力	大创新政策的制度示范窗口/具体创新政策的突破口	具体(技术/产业)创新政策的探索性实践
	竞争力 / 产业竞争力	—	产业方向的引领力/对生产性资源控制力	生产的执行力
	竞争力 / 科技竞争力	强科学竞争力	强科技竞争力	强技术竞争力
	竞争力 / 综合竞争力	区域科技综合竞争力的引擎	科技/产业竞争的强动员能力和强综合性	分领域的强科技/产业竞争实力
	辐射力 / 科技话语能力	强科技话语权	强科技对话能力	拥有科技权威
	辐射力 / 产业链控制力	—	强产业链控制力	强产业链重要节点
	辐射力 / 品牌影响力	平台/服务品牌效应	科技/文化/区域的强品牌影响力	技术/产业/产品的品牌效应

(一) 张江国家科学中心

上海张江综合性国家科学中心作为"国之重器",自建设以来,就成为推进供给侧结构性改革战略性工程的重要抓手;推动上海从国家战略高度进一步改革科技管理体制,整合科技资源;辅助攻关上海全球科技创新中心的"牛鼻子"项目。在"一心"的带动下,上海较好地实现了自主创新与自由贸易的双自联动、科技创新与金融创新的双创融合;科学城与22园的创新生态环境更加充满生机活力,对张江核心承载区抢抓转型发展新机遇、拓展科技地产新空间、布局产业投资新领域、提升创新服务新能级提供了强大的推动力。

张江综合性国家科学中心重点进行了四项任务建设:

一是建立世界一流重大科技基础设施集群。服务国家战略和前沿科技发展需要,集中布局和规划建设重大科技基础设施,充分发挥重大科技基础设施集群的极限研究支撑作用和"1+1>2"的交叉集成作用,为前沿科学技术和经济社会重大需求问题研究提供长期、关键的科学技术支撑。

二是推动设施建设与交叉前沿研究深度融合。聚焦生命、材料、环境、能源、物质等交叉前沿领域,依托重大科技基础设施组织开展高水平研究。推动实现重大原创性突破,力争解决对人类认识世界具有重要作用的科学前沿问题和制约产业发展的重大基础瓶颈问题,为科技、产业持续进步提供源头创新支撑,成为重大原始创新的重要策源地。

三是构建跨学科、跨领域的协同创新网络。充分发挥上海高水平研究院所和高等院校集聚优势,汇聚培育全球顶尖研发机构和一流研究团队,探索整合跨学科、跨领域、跨部门创新要素,深入推进产学研协同创新,释放科技机构和人才创新活力,形成高度开放、密切合作的协同创新网络。

四是探索实施重大科技设施组织管理新体制。在全面创新改革试验部际协调机制下,由上海市政府会同国家发展改革委、科技部等国家有关部委和单位,以及若干知名科学家、企业家组成理事会。探索在理事会领导下的综合性国家科学中心自主管理、科学家决策的运行机制,加快建立符合科学规律的多学科交叉前沿研究管理制度,充分激发科学家的自由探索精神和创造力。

目前,上海建成和在建的国家重大科技基础设施已达14个。集聚了李政道研究所、张江实验室、脑科学与类脑研究中心、朱光亚战略科技研究院、清华国际创新中心、复旦张江国际创新中心、交大张江科学园等一批高水平科研主体和重大创新功能型平台。2014年至2019年,上海每年均有成果入选国家十大科学进展,50项重大进展中上海牵头或参与11项。

(二)张江科学城解析

单独考察张江科学城发展情况,构建评价指标体系,方法同前。

表4-4　张江科学城企业发展水平评价指标体系

一级指标	二级指标	单位
知识创造和孕育创新能力	企业R&D经费支出占比	%
	企业R&D人员占比	%
	万人发明专利授权数	件
	企业科技经费支出	亿元
产业化和规模经济水平	企业主营业务收入	亿元
	增加值	亿元
	税收	亿元
	企业利润率	亿元
	七大战新产业年销售收入	%

续 表

一级指标	二级指标	单 位
国际化和参与全球竞争能力	海外留学归国人员占从业人员的比例	%
	企业出口收入占营业收入的比例	%
	万人国际专利授权数	件
	引进国外技术经费支出	亿元
	当年企业对外投资额	亿元
园区可持续发展能力	本科及以上学历人数占比	%
	企业当年融资规模	亿元

资料来源：经普数据库、园区统计数据。

1. 综合发展水平

根据张江科学城各功能区的整体发展水平得分，张江高科技园区从2015年的0.73上升到2018年的0.83，四年平均得分为0.78，在知识创造和孕育创新能力、产业化和规模经济水平、国际化和参与全球竞争能力、园区可持续发展能力方面处于全面领先地位。国际医学园区和康桥工业园四年平均得分分别为0.34和0.29，处于0.4以下的低水平区间，但增速较快，发展势头良好。

2. 知识创造和孕育创新能力

2015—2018年，张江高科技园区知识创造和孕育创新能力综合评价值均高于0.75，但年均增速仅4.3%，处于高水平、低增速发展态势；国际医学园区和康桥工业园均处于低水平、高增速发展状态，综合评价值分别从2015年的0.25和0.14增加到2018年的0.42和0.33，年均增速均超过30%。

3. 产业化和规模经济水平

2015—2018年，张江高科技园区产业化和规模经济水平评价值均高于0.70，处于高水平、低增速发展态势；国际医学园区处于低水平、高增速状态，评价值从0.12增加到0.25，年均增速27.7%；康桥工业园均处于中水平、中增速发展状态，综合评价值分别从0.46增加到0.63，年均增速均超过10%。

4. 国际化和参与全球竞争能力

2015—2018年，张江高科技园区国际化和参与全球竞争能力评价值处于0.65—0.75区间，处于高水平、低增速发展态势；国际医学园区处于低水平、中增速

第四章　上海科创中心承载区发展现状

表 4-5　2015—2018 年张江科学城分区综合发展水平评价

	张江高科技园区				国际医学园区				康桥工业园			
	2015年	2016年	2017年	2018年	2015年	2016年	2017年	2018年	2015年	2016年	2017年	2018年
知识创造和孕育创新能力	0.75	0.79	0.82	0.85	0.25	0.34	0.37	0.42	0.14	0.2	0.26	0.33
产业化和规模经济水平	0.73	0.76	0.8	0.83	0.12	0.15	0.19	0.25	0.46	0.5	0.55	0.63
国际化和参与全球竞争能力	0.66	0.67	0.73	0.75	0.33	0.38	0.43	0.48	0.13	0.17	0.21	0.24
园区可持续发展能力	0.79	0.81	0.84	0.88	0.32	0.38	0.44	0.51	0.13	0.19	0.24	0.33
综合评价值	0.73	0.76	0.80	0.83	0.26	0.31	0.36	0.42	0.22	0.27	0.32	0.38
四年平均	0.78				0.34				0.29			

表 4-6　2015—2018 年张江科学城分区知识创造和孕育创新能力评价

	张江高科技园区				国际医学园区				康桥工业园			
	2015年	2016年	2017年	2018年	2015年	2016年	2017年	2018年	2015年	2016年	2017年	2018年
企业R&D经费支出占比(%)	8.3	9.9	9.0	8.9	1.7	2.0	2.2	2.3	0.2	0.4	0.4	0.4
企业R&D人员占比(%)	19.8	20.7	21.2	22.2	7.8	8.3	7.7	8.8	0.8	1.2	1.2	1.3
万人发明专利授权数(件)	119.3	114.3	140.5	147.3	34.7	23.6	27.2	45.9	3.9	3.0	4.6	11.0
企业科技经费支出(亿元)	285.9	450.9	371.7	443.3	3.0	3.5	4.4	5.3	6.4	7.3	7.8	7.8
综合评价值	0.75	0.79	0.82	0.85	0.25	0.34	0.37	0.42	0.14	0.20	0.26	0.33
发展特征评价	高水平、低增速				低水平、高增速				低水平、高增速			

33

表4-7 2015—2018年张江科学城分区产业化和规模经济水平评价

	张江高科技园区 2015年	张江高科技园区 2016年	张江高科技园区 2017年	张江高科技园区 2018年	国际医学园区 2015年	国际医学园区 2016年	国际医学园区 2017年	国际医学园区 2018年	康桥工业园 2015年	康桥工业园 2016年	康桥工业园 2017年	康桥工业园 2018年
企业主营业务收入(亿元)	2 950.0	3 341.1	3 465.0	4 227.1	151.4	166.7	177.2	193.5	1 570.2	1 823.3	1 756.0	1 940.4
增加值(亿元)	1 299.7	1 486.0	1 628.7	1 679.0	43.7	43.2	47.4	49.6	152.3	179.7	195.0	233.5
税收(亿元)	161.7	217.2	222.3	251.4	7.5	7.5	10.0	10.0	21.3	29.7	30.9	40.5
企业利润率(%)	8.3	6.7	6.7	6.3	8.4	6.4	6.1	6.1	7.3	8.5	7.5	12.8
七大战新产业年销售收入(亿元)	1 371.4	1 764.6	1 659.8	2 648.3	39.9	53.5	91.9	115.7	841.6	1 446.8	1 547.0	1 722.1
综合评价值	0.73	0.76	0.80	0.83	0.12	0.15	0.19	0.25	0.46	0.50	0.55	0.63
发展特征评价	高水平、低增速				低水平、高增速				中水平、中增速			

表4-8 2015—2018年张江科学城分区国际化和全球竞争能力评价

	张江高科技园区 2015年	张江高科技园区 2016年	张江高科技园区 2017年	张江高科技园区 2018年	国际医学园区 2015年	国际医学园区 2016年	国际医学园区 2017年	国际医学园区 2018年	康桥工业园 2015年	康桥工业园 2016年	康桥工业园 2017年	康桥工业园 2018年
海外留学归国人员占比(%)	2.2	1.6	2.0	2.3	0.4	0.3	0.9	0.7	0.0	0.0	0.1	0.1
企业出口收入占比(%)	19.5	19.2	19.8	16.8	13.8	15.8	15.9	16.9	73.4	77.3	72.4	71.3
万人国际专利授权数(件)	35	14	20	23	0	2	2	7	2	2	3	9
引进国外技术经费支出(亿元)	0.7	0.2	6.2	9.1	0	0	0	0	0.1	0.1	0.1	0.1
当年企业对外投资额(亿元)	—	—	75.6	44.7	—	—	0.1	0.5	—	—	0.0	0.7
综合评价值	0.66	0.67	0.73	0.75	0.33	0.38	0.43	0.48	0.13	0.17	0.21	0.24
发展特征评价	高水平、低增速				低水平、中增速				低水平、高增速			

状态,评价值从 0.33 增加到 0.48,年均增速 13.3%;康桥工业园均处于低水平、高增速发展状态,综合评价值分别从 0.13 增加到 0.24,年均增速均超过 22.7%。

5. 园区可持续发展能力

2015—2018 年,张江高科技园区可持续发展能力评价值处于基于都在 0.80 以上,可持续发展能力较强,发展速度较为缓慢;国际医学园区处于低水平、中增速状态,评价值从 0.32 增加到 0.51,年均增速 16.8%;康桥工业园均处于低水平、高增速发展状态,综合评价值分别从 0.13 增加到 0.33,年均增速均超过 36.4%。

从规模产出上看,与中关村海淀园差距较大。2017 年,张江科学城企业总收入 6 635 亿元,同期海淀园企业总收入 20 000 多亿元;张江科学城规模以上工业总产值近 3 000 亿元,同期中关村海淀园规模以上工业总产值 2 057.8 亿元;张江科学城劳动产出率 172.4 万元/人,同期中关村海淀园劳动产出率 178.1 万元/人;张江科学城高新技术企业数量 1 200 多家,同期中关村海淀园高新技术企业数量 8 980 家,张江科学城发明专利授权数和每万人发明专利数分别达到 0.42 万件和 114 件,同期中关村海淀园发明专利授权数和每万人发明专利数则是惊人的 2.08 万件和 272 件;独角兽企业数量方面,张江科学城有 5 家,中关村海淀园则有 37 家。总体而言,除了规模以上工业总产值,张江科学城高于海淀园,其他规模产出指标张江科学城均落后于中关村海淀园;表征企业集聚、成长性和创新产出的高新技术企业数量、独角兽企业和专利授权数几项指标,差距显著。

(三) 张江 22 园分析

构建张江 22 园(此处包含张江科学城)科技创新承载力综合评价指标体系。通过对各项指标数据进行无纲量化处理,采用多目标加权求和函数方法,计算出上海重要创新承载区承载力得分,用以评价其近年发展情况。计算方法和结果如下:

数据无量纲化。由于指标数据的单位与量纲不同,为了使数据间具有可比性,对指标数据进行无量纲化处理,在决策矩阵 $A=(a_{ij})_{n\times n}$ 中,令 $y_{ij}=\dfrac{x_{ij}}{\sum\limits_{i=1}^{m}x_{ij}}$,$(1\leqslant i\leqslant m,1\leqslant j\leqslant n)$。为避免因待评价对象数比较多($m$ 比较大)造成 y_{ij} 比较小,采取 y_{ij} 乘以 m 的计算方法,使 y_{ij} 接近平均值,公式为:$y'_{ij}=y_{ij}\times m$,$(1\leqslant i\leqslant m,1\leqslant j\leqslant n)$。对逆向指标,通过 $x'_{ij}=\max\limits_{1\leqslant i\leqslant m}x_{ij}-x_{ij}+\min\limits_{1\leqslant i\leqslant m}x_{ij}$ 将其转化为正向指标,再经上述步骤进行标准化。

表4-9 2015—2018年张江科学城分园区可持续发展能力评价

	张江高科技园区				国际医学园区				康桥工业园			
	2015年	2016年	2017年	2018年	2015年	2016年	2017年	2018年	2015年	2016年	2017年	2018年
本科及以上学历人数占比(%)	63.8	59.7	62.9	64.0	19.8	16.8	17.6	30.7	7.4	10.5	11.5	14.9
企业当年融资规模(亿元)	—	—	176.7	247.0	—	—	7.3	9.3	—	—	20.9	39.8
综合评价值	0.79	0.81	0.84	0.88	0.32	0.38	0.44	0.51	0.13	0.19	0.24	0.33
发展特征评价	高水平、低增速				低水平、中增速				低水平、高增速			

表4-10 2017年张江科学城与中关村海淀园产出指标对比

	张江科学城	中关村海淀园
企业总收入(亿元)	6 635	20 000
规模以上工业总产值(亿元)	3 000	2 057.8
劳动产出率(万元/人)	172.4	178.1
高新技术企业数量(家)	1 200	8 980
发明专利授权数(万件)	0.42	2.08
每万人发明专利数(件)	114	272
独角兽企业数量(家)	5	37

资料来源：中关村海淀园官网。

计算评价结果。结合评价指标权重和指标的标准化值,多目标加权求和函数的计算公式为:$Y_j = \sum_{j=1}^{4} x_{ij} \cdot W_i$。式中,$Y_j$为综合效益评价值,$W_i$为指标层的权重值,$x_{ij}$为第$i$个指标的标准化值,$i=1,2,\cdots,17;j=1,2,\cdots,m$。$m$为评价单元,即各园区。$Y_j$得分值最小为0,最大为1。通常认为,$Y_j$小于0.3为低水平得分,大于0.5为高水平得分。

表4-11 2019年上海重要创新承载区承载力情况

	指　　标
策源力	引进外籍专家数(人)
	国家级研发机构数(个)
	国家级产业服务机构数(个)
	万名从业人员累计拥有有效发明专利数(件)
	万人当年新增发明专利授权数(个)
	具有国际影响力的产业集群数(个)
竞争力	企业R&D经费占销售收入比例(%)
	科技活动人员合计(人)
	技术收入(千元)
	委托外单位开展科技活动的经费支出(千元)
	企业总收入(亿元)
	从业人员人均增加值(万元)
	战略性新兴产业年销售收入(亿元)
	税收(亿元)
	单位面积工业用地工业增加值(亿元/平方千米)
	建成土地单位面积税收(亿元/平方千米)
	服务收入占营业收入比例(%)
	主营收入上500亿元超大型企业数量(家)
辐射力	对外直接投资额(亿元)
	技术服务出口额(千元)
	从业人员中归国留学人员和外籍常住人员占比(%)

续　表

	指　　标
辐射力	高新技术企业出口额占营业收入比例(％)
	拥有国际有效专利数(件)
	跨国公司研发总部及研发中心(家)

1. 策源力方面：科学城与园区扮演角色不同

总体而言，科学城与中心城区的园区知识创造和孕育创新能力优势明显，杨浦园、徐汇园、张江核心园的知识创造和孕育创新能力较为突出，远远高于其他分园；相比近郊和远郊分园，中心城区分园的知识创造和孕育创新能力较强；一些以制造见长的分园，如嘉定园、金桥园、松江园、临港园等，其技术策源能力较强；张江科学城、临港园、陆家嘴园制度策源能力具有优势。

从单项指标看，2019 年张江核心园、徐汇园、杨浦园万名从业人员累计拥有有效发明专利数排名前三；黄浦园、陆家嘴园、虹口园企业 R&D 经费占销售收入比重位居前列；杨浦园、张江核心园、徐汇/闵行园国家级研发机构数较为密集；杨浦园、徐汇园、张江核心园位列万人当年新增发明专利授权数前三名。

2. 竞争力方面：核心园最为突出，专业化园区产业竞争力强

总体而言，张江核心园在产业竞争力、科技竞争力、综合竞争力方面全面胜出；金桥园作为开发早、升级早的园区，相比其他分园优势明显。战略性新兴产业特征突出的园区(金桥园、长宁园、陆家嘴园)，其产业竞争力水平提升较快；专业化水平较好的园区(嘉定园、临港园)，产业竞争力也较强。值得注意的是，园区服务水平在一定程度上促进了产业化和规模经济水平的提升(如陆家嘴园、静安园、黄浦园、长宁园等)；有较高产出强度的园区会进一步加速产业集聚(如陆家嘴园、静安园、杨浦园等)；相反，人均和地均产出水平过低则会影响产业化水平(如青浦园、奉贤园等)。

从单项指标看，2019 年张江核心园、金桥园、嘉定园位列企业总收入、战略性新兴产业年销售收入、税收收入前三名，杨浦园、金桥园、张江核心园位列单位面积工业用地工业增加值前三名。尽管近年来汽车行业发展增速趋缓，但以汽车为主导产业的园区仍然保持了较好的增长速度；世博、杨浦园、金桥园在从业人员人均增加值指标上位列前三；各分园主营收入上 500 亿元超大型企业

表4-12 2017—2019年重要创新承载区承载力评价

园区	策源力 2017年	策源力 2018年	策源力 2019年	竞争力 2017年	竞争力 2018年	竞争力 2019年	辐射力 2017年	辐射力 2018年	辐射力 2019年	综合评价值 2017年	综合评价值 2018年	综合评价值 2019年
张江核心园	0.67	0.73	0.64	0.55	0.68	0.72	0.89	0.91	0.84	0.71	0.77	0.73
漕河泾园	0.30	0.33	0.20	0.52	0.43	0.38	0.65	0.57	0.40	0.49	0.44	0.33
金桥园	0.21	0.15	0.17	0.64	0.60	0.61	0.23	0.15	0.19	0.36	0.30	0.32
闸北园	0.19	0.23	0.11	0.23	0.25	0.23	0.07	0.08	0.06	0.16	0.19	0.13
青浦园	0.03	0.12	0.05	0.07	0.09	0.06	0.15	0.14	0.09	0.08	0.12	0.07
嘉定园	0.14	0.12	0.12	0.33	0.33	0.42	0.34	0.35	0.32	0.27	0.27	0.28
杨浦园	0.83	0.76	0.83	0.40	0.41	0.37	0.06	0.07	0.16	0.43	0.41	0.45
长宁园	0.44	0.50	0.29	0.25	0.24	0.26	0.17	0.21	0.17	0.29	0.32	0.24
徐汇园	0.69	0.86	0.67	0.22	0.09	0.20	0.07	0.07	0.07	0.33	0.34	0.32
虹口园	0.32	0.32	0.17	0.22	0.26	0.36	0.05	0.06	0.14	0.20	0.21	0.22
闵行园	0.27	0.29	0.27	0.25	0.24	0.24	0.19	0.18	0.15	0.24	0.24	0.22
松江园	0.17	0.16	0.04	0.15	0.15	0.16	0.39	0.39	0.35	0.23	0.23	0.19
普陀园	0.26	0.28	0.32	0.17	0.16	0.15	0.07	0.08	0.09	0.17	0.18	0.19
陆家嘴园	0.25	0.27	0.24	0.43	0.42	0.46	0.26	0.29	0.24	0.32	0.33	0.32
临港园	0.13	0.18	0.19	0.07	0.06	0.01	0.07	0.08	0.28	0.09	0.11	0.16
奉贤园	0.07	0.05	0.06	0.11	0.16	0.09	0.01	0.19	0.09	0.06	0.13	0.08

39

续 表

园区	策源力 2017年	策源力 2018年	策源力 2019年	竞争力 2017年	竞争力 2018年	竞争力 2019年	辐射力 2017年	辐射力 2018年	辐射力 2019年	综合评价值 2017年	综合评价值 2018年	综合评价值 2019年
金山园	0.07	0.01	0.03	0.05	0.04	0.05	0.08	0.05	0.09	0.07	0.04	0.06
崇明园	0.09	0.07	0.02	0.02	0.02	0.03	0.20	0.20	0.06	0.11	0.10	0.04
宝山园	0.16	0.20	0.20	0.15	0.15	0.19	0.12	0.12	0.12	0.14	0.15	0.17
世博园	0.47	0.34	0.24	0.17	0.16	0.19	0.20	0.20	0.21	0.28	0.23	0.21
黄浦园	0.17	0.16	0.34	0.34	0.32	0.27	0.29	0.33	0.24	0.27	0.27	0.28
静安园	0.06	0.13	0.15	0.36	0.40	0.38	0.09	0.15	0.19	0.17	0.22	0.24
国际医学园区	0.34	0.37	0.42	0.15	0.19	0.25	0.38	0.43	0.48	0.38	0.33	0.39
康桥工业园	0.20	0.26	0.33	0.5	0.55	0.63	0.17	0.21	0.24	0.27	0.33	0.40
平均值	0.27	0.29	0.25	0.26	0.27	0.28	0.22	0.23	0.22	0.26	0.26	0.25

多集中在产业结构偏重的行业门类（如钢铁、汽车、建筑、电子信息等），且数量偏少；静安园、陆家嘴园、虹口园单位工业用地的工业增加值和建成土地单位面积税收排名靠前，陆家嘴园、黄浦园、徐汇园、长宁园、虹口园科技服务业比重较大，服务性收入占营业收入比例较高，这反映了中心园区在集约化发展和服务水平上的优势；从国家级产业服务机构数看，张江核心园最多（60家），其次为杨浦园（26家）和漕河泾园（25家）。

3. 辐射力方面：核心园一枝独秀，专业化园区发展潜力较大

总体而言，张江核心园在科技话语能力与产业控制力上表现突出，远高于第二名漕河泾园的得分，其科创产品品牌效应与园区品牌效应也十分明显；专业化程度较高的园区（陆家嘴园、松江园、嘉定园）参与全球竞争能力也较强，位列第二梯队。中心城区分园（如长宁园、普陀园、杨浦园等）表现暂不突出。

从单项指标看，2019年张江核心园技术服务出口额、拥有国际有效专利数、跨国公司研发总部及研发中心数优势明显；漕河泾园、松江园高新技术企业出口额占营业收入比例大，漕河泾园、松江园、静安园、杨浦园从业人员中归国留学人员和外籍常住人员占比高；漕河泾园、金桥园拥有国际有效专利数较多；张江核心园、嘉定园、金桥园、闵行园和漕河泾园拥有最多的跨国公司研发总部及研发中心；张江核心园、漕河泾园、嘉定园、松江园、黄浦园、临港园和陆家嘴园拥有具有国际影响力的产业集群。

第三节　承载区发展中的问题与不足

一、策源力待增强：对标世界一流尚有差距

上海科创中心承载区在高等级创新要素集聚、创新服务能级提升、高成长性创新型企业集群式发展、创新生态优化等方面与世界一流创新区域相比尚有一定距离。高水平大学、国家级科研机构引领作用有待提升，具有国际影响力的顶尖科学家和一流科研团队数量偏少。创新服务体系有待完善、专业化水平和服务能级有待提升；重大科研基础设施的布局和建设力度有待进一步加强。

以张江科学城为例，在策源力的供给与产出上与国际先进水平还存在较大

差距。从研发投入强度看，据世界银行数据显示，2017年美国硅谷的研发经费和研发人员投入强度分别超过了10%和25%，而同期张江科学城这两项指标仅为5.70%和16.13%；企业5.7%的研发经费投入强度只达到中国台湾新竹科技园20世纪90年代和日本筑波科学城20世纪80年代的水平，与国际一流科技园区还有较大差距。

除张江核心园等重点园区外，张江科学城的两个配套发展区域——国际医学园区和康桥工业园，以及22园中的一些综合型园区仍然十分缺乏重点行业和产业（特别是在战略性新兴产业和未来产业领域）的核心龙头企业，企业开展基础研究及产品创新的能力不强，产业链上下游的体系化能力尚未形成，有利于高成长性创新型企业发展的产业生态仍有待进一步完善。

二、竞争力要走差别化路线：各园区存在同质化发展倾向

由于心-城-园在空间上各有叠套，除张江国家科学中心外，在功能上又注重各自的综合性发展，在科技创新中心"承载"方面尚未形成鲜明的特色，没有清晰的预判并确定正确的产业定位，"承载"什么、如何"承载"尚不十分清晰。比照"强化科技创新策源功能"的要求，如何做好"四个新""四个第一"尚有待进一步思考和探索。

例如，张江核心区在园区创建之初即定位于集成电路、生物医药等重点领域，二十年磨一剑，优势突出，成效显著。而有的园区定位不清或者经常变化，造成产业积累不足和同质化现象的出现。比如各区争先恐后的聚焦培育人工智能等创新产业，优质企业分散，难以培育龙头企业，形成规模效应。如前所述，这导致张江科学城在与国内中关村海淀园等知名科学城相比时，在规模产出上存在差距。

三、未形成整体辐射力：心-城-园联动需进一步增强

区区联合推动园区开发建设还需进一步增强。企业、产业发展及技术、人才流动本就不会局限于某个区域，上海市园区开发建设主体，尤其是国有主体往往受到行政区的限制，缺乏与其他区域的联动，在盘活空间资源、优势互补方面受到局限。目前除临港集团外，上海国有园区开发主体绝大部分为区属区管，涉及跨区域开发项目决策往往力不从心，缺乏对外拓展积极性。

举例来说,《上海市城市总体规划(2017—2035年)》中明确有科技创新布局规划,而杨浦等中心城区作为科技创新中心重要承载区,在详细规划中的用地性质大部分都调整为商业办公用地,缺少产业社区和产业基地布局,出现总规与详规脱节的问题,与科创中心承载区的发展需求不相适应。

第五章　上海科创中心承载区建设思路

近两年来,全球科技、产业、经济发展形势发生了不可预知的变化,经济持续走弱、国际市场分割加剧、产业链的区域性解体与重构、科技贸易摩擦加剧,这一方面迫切需要上海加快科创中心承载区的建设,另一方面也需要对原有的发展战略进行适时调整。

新时期上海科创中心承载区发展战略重点有三:一是在较短时期内,集中力量建设"一心一城",凸显科学特征、建设技术高地、强化产业实力、集聚科技要素。二是应对国内-国外双循环,加快国内、国际开放合作步伐。稳步推进长三角区域协同创新,以及与国内其他科创中心和重点创新区域的联动;持续深化国际科技合作,坚持开展与美日欧国家的科技合作,特别是在国际大科学计划方面的合作;探索"一带一路"沿线国家技术转移途径,提前做好技术、产品市场应用的战略部署。

第一节　承载区建设重点方向

应根据国家任务与上海责任确定上海科创中心承载区发展重点。上海具有全球影响力的科创中心及其承载区建设是国家科技、产业发展战略意图的重要体现。结合国家和上海市在"十四五"时期的科技、经济发展目标,确定上海科创中心承载区的发展重点,聚焦于七个方面:

提高综合性国家科学中心的服务能力与辐射能力,梯次形成区域影响力与全球影响力;全面提升关键核心技术创新策源能力,加强技术话语权;引领产业未来方向,实现关键研发、生产环节的自主创新突破;大胆突破科技创新的体制机制,优化科技创新生态环境;用好综保、自贸、示范区制度优势,全面提升全球资源配置能力;"心-城-园"联动,形成科创中心承载区的综合竞争合力;打造共建共治共享的科学城治理体系。

一、强化知识创新功能,加大高端科技资源集聚

以强化创新策源功能为主线,按照"四个第一"的目标,加大大科学设施供给。由于未来的张江科学城不再是单纯的产业城和技术城,还是应该是具有强创新策源力的上海科创中心建设引擎,必须做强国家科学中心,配合既有的国际知名研发机构,加大引进国际知名科学机构。其目的,一是实现科学-技术两条腿走路,平衡发展、实现追赶;二是为区内大科学设施运营储备知识策源。在上海光源、国家蛋白质中心、上海超算中心等大科学设施既有布局的基础上,继续举全市乃至全国之力引进、建设大科学设施,形成全国乃至全球重要的科学基础设施集群,服务上海、辐射全国,真正发展内生的、原创的和对外服务为主的科技创新。

二、实现科学城发展模式由开发向运营的重大转变

张江科学城是张江科技城的升级版,是张江药谷、浦东软件园、张江集电港、张江文创园、张江医谷等上海标杆性专业化园区由园向城转变的浓缩,是上海建设世界一流创新经济策源地的探索。张江科学城"城"的功能定位,决定了其本质是一个大的"平台",发展着眼点不能局限于做产业和技术,未来工作重点应由园区开发思路转向运营思路,实现开发主体(张江高科)开发商、服务商、投资商三位一体的功能集成,创立、推广科学城的服务品牌,助推大园区向大平台转型。例如,在孵化方面,由提供物理条件的园区房东向提供多层次资本市场通道、人才服务、宣传推广、市场拓展等各类资源的科技发展合伙人转型。辅以促进推进计划和考核机制的转变,向各区和园区下放权限,在区域/园区定位、产业布局、土地规划、政策措施等方面支持推进承载区建设。

三、编制科创承载区相应的发展规划

上海科创中心承载区的核心区域——张江科学城是一个年轻的科学城,其正式建设至今只有两年多时间,却肩负着引领大张江"一区22园"由传统产业园区向科创中心承载区转型的重要任务。应在《张江科学城规划实施行动方案》(以下简称《实施行动方案》)的基础上,加快编制《张江科学城(近、中、长期)发展

规划》，作为科学城由园向城转型、完善城市功能、形成未来城市副中心的发展指导原则。

同时，加强"22园"的分园规划，聚焦优势发展方向，应以提升创新策源能力为核心目标，使详细规划与城市总体规划进一步匹配，避免出现脱节现象，要结合科创承载区建设需求，结合城市更新和用地转型，市、区共同盘活存量资源，共同开发，提升土地资源的利用效率，为创新主体发展提供多样化科技创新空间。

四、探索制定、实施各种先行先试的激励性做法

配合国际知名科学中心和大科学设施的引进与建设，考虑到成果转化的需要，试点在科学中心设立技术转移办公室（OTT），在分园区配套建设成果转化部门和功能，在知识产权规划与管理、科技成果转移转化等方面做新的探索，规范和促进成果转化；聚焦重点产业，打造成果产业化合作示范平台，通过示范性来确保领军性。

用足浦东和上海的金融资源优势，完善成果转化金融支持体系，疏通风投和资本市场融资渠道，联动黄浦江东岸的科技金融产业带（可借鉴中关村提供创业扶持过程中将风险投资机构对创业团队的推荐纳入衡量标准的做法，将市场标准与政策措施很好地结合起来）；创新科技成果研发和转化机制，建立专业的创新孵化研究所。

五、形成差别化的心-城-园创新创业生态

形成差别化的心-城-园创新创业生态，在组织管理机制方面，建设有别于"硅谷模式"的"张江模式"。强化国产软硬一体化生态建设，政策向有实力突破核心关键技术、有希望形成平台化能力的原创技术型企业倾斜。在服务创新创业需求、简化行政审批、放宽准入限制、增加企业经营自由度等方面取得新突破。特别在人才政策上做持续探索，在国际人才绿卡制度、个税弹性安排、创新创业自由等方面，比肩自贸区与临港，做到全市先行先试。

第二节 承载区建设实施路径

一、国家大科学设施中心

坚持国家战略、全球视野与国际标准，建设张江综合性国家大科学设施群。

"十四五"时期,设施群建设应软硬兼顾,既要继续高强度地建设具有全球影响力的国家实验室、重大科技基础设施集群,又要重点引进和培育世界一流的研究型大学、科学研究机构。通过设施、研究数据的区域性共享辅助区域产业链和供应链建设,组织牵头承接国家重大科技专项与国际大科学计划,建立上海本地、长三角的基础科学研究支撑体系。

(一) 聚焦重点方向和前沿领域

立足上海和长三角的科研与产业基础,围绕本地与区域基础前沿领域和关键核心技术重大科学问题,联合本地大学、科研院所力量,聚焦光子科学与技术、生命与健康科学、脑科学与类脑智能技术、能源与环境科学、先进材料与纳米科技、大数据与计算科学等科学领域,形成关键领域知识创新的先发优势。

在光子方面,高效研制和运行光源大科学装置,掌握实验技术与实验方法;服务区域与广域研究、实验需求。在生命与健康方面,开展重要疾病诊断与治疗技术,以及药物开发与新药创制基础前沿研究;建立生命体系的精密测量、精细解构、调控干预、合成创制研究体系;辅助建设区域性的生物银行、医学数据库、生物样本库。在脑科学与类脑智能方面,重点开发基于大科学装置、基础理论、先进算法、芯片辅助的人机一体化研究全链条优势。在能源与环境方面,建设能源"产、储、用"综合协同和效率提升的系统工程科学验证平台;探索示范应用价值。在先进材料与纳米技术方面,重点建设材料计量、制备、分析、测试平台;加快材料塑形、组装研究。在大数据与计算科学方面,聚焦于超算设施改造升级于能力提升;在基础理论、算法软件、数据环境方面实现能力提升(见表5-1)。

表5-1 重点方向和前沿领域的发展任务

重点方向和前沿领域	发 展 任 务
光子	高效研制和运行光源大科学装置,掌握实验技术与实验方法;服务区域与广域研究、实验需求
生命与健康	开展重要疾病诊断与治疗技术,以及药物开发与新药创制基础前沿研究; 建立生命体系的精密测量、精细解构、调控干预、合成创制研究体系; 辅助建设区域性的生物银行、医学数据库、生物样本库
脑科学与类脑智能	重点开发基于大科学装置、基础理论、先进算法、芯片辅助的人机一体化研究全链条优势

续 表

重点方向和前沿领域	发 展 任 务
能源与环境	建设能源"产、储、用"综合协同和效率提升的系统工程科学验证平台；探索示范应用价值
先进材料与纳米技术	重点建设材料计量、制备、分析、测试平台；加快材料塑形、组装研究
大数据与计算科学	聚焦于超算设施改造升级于能力提升；在基础理论、算法软件、数据环境方面实现能力提升

（二）加强硬-软科学设施建设

加快和加强科学城硬-软科学设施建设（见表5-2）。在硬设施方面，形成国家中长期重大科技基础设施储备库；对重大科技基础设施确立"'建-管-用'全生命周期"的系统性建设思路；对于已建项目加快建设，对于建成项目优先启动应用与区域共享；采取政府所有、委托运营、专业维护的硬设施管理办法。在软设施方面，加快引进有助于基础研究的国内知名高校和欧美顶尖理工大学，或在张江设立分校、分院；支持长三角知名高校的前沿科研项目落户张江，探索高校共建模式；发起参与国际大科学计划，实施国家重大科技专项，发布市级重大科技专项。

表5-2 硬-软科学设施建设任务

科学设施类型	建 设 任 务
硬设施	形成国家中长期重大科技基础设施储备库；重大科技基础设施"'建-管-用'全生命周期"的系统性建设思路；已建项目：加快建设；建成项目：优先启动应用与区域共享；政府所有、委托运营、专业维护
软设施	加快引进有助于基础研究的国内知名高校和欧美顶尖理工大学，或在张江设立分校、分院；支持长三角知名高校的前沿科研项目落户张江，探索高校共建模式；发起参与国际大科学计划，实施国家重大科技专项，发布市级重大科技专项

（三）完善科学研究的基础支撑体系

建立张建科学城的自主研发支撑体系、共性辅助支撑体系和整理存储支撑体系（见表5-3）。主要包括自主研发支撑体系、共性辅助支撑体系和整理存储支撑体系。其中，自主研发要实现科学仪器、实验材料、工具软件、技术方法的自我提供和解决能力,以及科技资源库和科技期刊的自主创立能力。共性辅助要加强共性技术、共用软件(侧重工业软件)、共用工具的辅助能力建设,能够提供制造-服务的系统性解决方案。整理存储则要重点建立三个体系：科学数据的记录、存储、加工体系;科学数据的阅读、翻译、发表体系;科学数据的共享体系。

表5-3 基础支撑体系建设任务

支撑体系	建设任务
自主研发	科学仪器、实验材料、工具软件、技术方法的自我提供和解决能力的实现； 科技资源库和科技期刊的自主创立能力的实现
共性辅助	共性技术、共用软件(侧重工业软件)、共用工具的辅助能力建设； 制造-服务系统性解决方案的提供
整理存储	科学数据的记录、存储、加工体系建立； 科学数据的阅读、翻译、发表体系建立； 科学数据的共享体系建立

二、张江科学城

张江科学城是"十四五"时期上海科创中心重要承载区建设的重中之重。其发展任务是用好国家大科学设施中心与张江核心园的知识、技术、制度策源功能,初步形成引领未来的全球高端产业创新策源功能;在关键核心技术、"卡脖子"领域实现重大突破,实现关键、重要先进技术的全球首发。

(一) 形成科技创新的系统性解决方案

一是要确立企业的"发现-培育"机制,重点培育政府(科技财政)-社会(股权融资)双支持型企业;重点发现独角兽、瞪羚、隐形冠军企业。二是聚焦重点领域关键技术突破,聚焦集成电路、人工智能、生物医药三大重点领域;确保三大重点领域尖端技术成果的国内首发,争取国际首发。三是强化平台功能,未来张江科学城应该是新技术和新产品的发布、展示平台;全球技术创新顶尖人才、研究机构和技术创新成果汇聚平台;跨国公司研发中心、本土独角兽和隐形冠军企业的集聚平台;"线上线下"供需对接的国际技术成果转化交易平台;登记/注册简化便利、税费优惠减免、创新政策工具推陈出新的制度探索平台(见表5-4)。

表 5-4　张江科学城科技创新系统性解决方案

解决方案	重点任务
确立"发现-培育"机制	重点培育政府（科技财政）-社会（股权融资）双支持型企业； 重点发现独角兽、瞪羚、隐形冠军企业
突破重点领域关键技术	聚焦集成电路、人工智能、生物医药三大重点领域； 确保三大重点领域尖端技术成果的国内首发，争取国际首发
强化平台功能	新技术和新产品的发布、展示平台； 全球技术创新顶尖人才、研究机构和技术创新成果汇聚平台； 跨国公司研发中心、本土独角兽和隐形冠军企业的集聚平台； "线上线下"供需对接的国际技术成果转化交易平台； 登记/注册简化便利、税费优惠减免、创新政策工具推陈出新的制度探索平台

（二）完善创新生态，实现创新示范

确立张江科学城创新生态与创新示范建设任务（见表 5-5）。在创新生态上，一是形成健康的结构生态，知识策源、技术策源、制度策源全覆盖；形成"中国芯""创新药""智能造"三大硬核产业支撑；实现"三链融合"条件下的核心产业尖端环节叠加。二是形成合理的空间生态，规划合理的"创新源（大科学设施中心）-产业核（张江核心园）-联动廊（北芯南药中智造）"创新空间分层；形成全市科创资源统筹联动的重点承载区空间网络生态。

表 5-5　张江科学城创新生态与创新示范建设任务

领域		建设任务
创新生态	结构生态	知识策源、技术策源、制度策源全覆盖； "中国芯""创新药""智能造"三大硬核； "三链融合"条件下的核心产业尖端环节叠加
	空间生态	"创新源（大科学设施中心）-产业核（张江核心园）-联动廊（北芯南药中智造）"的创新空间分层； 全市科创资源统筹联动的重点承载区空间网络生态
创新示范	两业融合	国内大循环、国内国际双循环背景下的"两业融合"发展示范； "全生命周期"+"一站式"创新创业服务示范； 创新创业生态高地、双创孵化空间标杆、大中小企业融通创新、前沿硬科技企业初创、新经济典型场景应用、资本与创新深度融合的实验-实践-示范区
	产城融合	智能、数据、计算、联网的创新基础设施展示基地； 技术、产品服务政府公共管理的城市应用场景示范； 创新政策、举措等城市治理模式示范

在创新示范上，一是践行两业融合，开展国内大循环、国内国际双循环背景下的"两业融合"发展示范；探索"全生命周期"+"一站式"创新创业服务示范；集中力量建设创新创业生态高地、双创孵化空间标杆、大中小企业融通创新、前沿硬科技企业初创、新经济典型场景应用、资本与创新深度融合的实验-实践-示范区。二是推动产城融合，建设智能、数据、计算、联网的创新基础设施展示基地；形成技术、产品服务政府公共管理的城市应用场景示范；探索创新政策、举措的城市治理模式示范。

（三）塑造科学城的城市功能

科学城的城市功能塑造主要通过两个途径来实现（见表5-6）。一是完善基础设施，加快5G、数据中心、超算中心等新型基础设施布局；进行外部交通（干线铁路、城际铁路、城市轨道）-内部交通（轨道电车、慢性系统）-公共空间（滨水、绿带、社区）设施的完善；推行服务尖端制造要求的能源管网与数据平台建设。二是提升生产、生活品质，促进空间开放、景观和谐、文化多元；增加居住配套与公共服务配给；加快服务于产城融合的商贸服务能力升级。

表5-6 张江科学城的城市功能塑造

功 能 塑 造	建 设 任 务
完善基础设施	5G、数据中心、超算中心等新型基础设施布局； 外部交通（干线铁路、城际铁路、城市轨道）-内部交通（轨道电车、慢性系统）-公共空间（滨水、绿带、社区）设施的完善； 服务尖端制造要求的能源管网与数据平台建设
提升生产、生活品质	空间开放、景观和谐、文化多元； 增加居住配套与公共服务配给； 服务于产城融合的商贸服务能力升级

三、张江各分园

（一）充分考虑新形势下园区企业生存环境发生的变化

在张江22分园中，以制造业为主要生产功能的园区数量占绝对优势。自中美贸易摩擦乃至全球新冠疫情以来，全球经济就呈现出广泛的严重恶化，生产总值增速下滑；叠加新冠疫情的全球性波及影响，国内制造企业发展危机并存。

制造企业在新形势下的生存环境突出表现为三点。一是全球行业景气周期进入尾声,制造业发展需求萎缩;全球经济增长延续疲软状态,全球工业景气回落;国际市场动荡不断,各行业面临更加复杂的投资环境。二是逆全球化对产业供应链与消费市场影响显著;英国脱欧、中美贸易战等逆全球化事件频繁,对产品供应链形成冲击;财政政策、贸易摩擦使不同终端消费市场表现各异。三是几乎全行业受国内外发展大环境影响明显:进出口出现不同程度收缩;资源约束力增加、环保和安全压力增加致使企业运行压力不断增大。

(二)以"两业融合"发展作为重要推手

面对全球贸易秩序及制造业产业链深刻变化,张江各分园应主动把握机遇,寻求"两业融合"途径,提升产业竞争力。

1. 全面提升制造业精益化水平

从工业化自身演进的规律来看,遵循着自动化—精益化—智能化的发展顺序,没有走完精益化道路的工业化是不完整的工业化,也没有条件实现高度智能化,更无法做到与服务业的过程性融合。

"十四五"时期,实现"两业融合"发展首先应全面解决制造业的精益化生产问题。精益化是"两业融合"的门槛性条件。精益化生产要求通过系统结构、人员组织、运行方式和市场供求等方面的变革,使生产系统能很快适应用户需求不断变化,因而也是倒逼园区生产性服务业水平提升的最有效手段。

2. 兼顾高地与公地、平衡价值链与供应链

张江22分园中,有许多高起点建设的园区(如早期的金桥园、漕河泾园,后期的临港园)一直以来都将建设功能性高地作为区域发展的重要任务。与"两业融合"高地有关的功能性任务涵盖了上海市发展的"四大功能"与"五个中心";而与"两业融合"公地有关的就是制造业发展的基础环境——工业生态。高地与价值链相关,公地与供应链相连。

良好的工业生态是"两业融合"的推进器。一是确保园区制造业"精于制造",形成不易撼动的过程创新绝对优势,以嵌入生产链的方式嵌入价值链和创新链。二是重视完善工业生态的协同性与开放性要求,在机制、体制安排上适时做出制度性调整。

(三)明晰园区发展重点

市经信委和发改委分别提出了先进制造业"3+6"规划结构和战略性新兴产业和先导产业的"3+4+X"规划结构。综合而言,上海市"十四五"时期的核心

产业都是有明确共识的,即集成电路、人工智能与生物医药三大领域。发改委还识别了4个战略性新兴产业中的重点产业(新能源汽车、高端装备制造、新材料、数字经济)和开放性考虑的 X 个先导产业(第六代通信、智能机器人、氢能源、定制化医疗、新型海洋经济等);经信委识别的6个支柱产业分别为电子信息、汽车、高端装备、先进材料、生命健康、时尚消费品。

1. 集成电路、人工智能与生物医药三大核心产业布局

从三大核心产业看,其关键技术集中突破领域(如集成电路的高端芯片领域)需要较多的承载区参加,以保证合力;产品应用性较强的领域(人工智能的医疗领域、生物医药的智慧医疗领域)与进入性门槛较低的领域(如人工智能的制造领域、生物医药的生物制品和医疗器械领域),也应布局在较多的承载区(见表5-7)。

表5-7 经信委的三大核心产业重点建设内容

核心产业	重点领域	关键技术	中心及平台建设任务	重点园区
集成电路	高端芯片	EDA、光刻胶、5纳米工艺、刻蚀机、光刻机等	国家集成电路制造业创新中心、智能传感器创新中心、国家集成电路装备材料产业创新中心	张江核心园、漕河泾园、嘉定园、杨浦园、松江园、临港园、崇明园
	关键配套器件			嘉定园、松江园、临港园
	先进制造工艺			松江园、临港园
	关键装备和材料			松江园、松江园、临港园
人工智能	医疗	类脑智能计算、自主开放学习、协同群体机制;自主无人智能系统、全维度感知推理、复杂噪声环境下语音识别等核心技术	围绕基础理论、算法、算力、数据、应用技术等关键环节,建设一批高水平开放式创新平台	张江核心园、漕河泾园、杨浦园、长宁园、徐汇园、闵行园、普陀园、金山园、崇明园、宝山园、黄浦园、金桥园
	教育			杨浦园、徐汇园、金桥园
	交通			张江核心园、杨浦园、长宁园、崇明园、金桥园
	消费			徐汇园、陆家嘴园
	城市管理			徐汇园、松江园、崇明园、黄浦园
	制造			漕河泾园、杨浦园、闵行园、松江园、临港园、宝山园、金桥园

续 表

核心产业	重点领域	关键技术	中心及平台建设任务	重点园区
生物医药	化学制药	合成生物学、干细胞、细胞治疗、个性化诊断、生物信息识别、新一代基因测序技术等前沿颠覆性技术；抗体等高端生物制品、新型药物设计和开发突破等产业技术	国家医学中心、国家区域医疗中心、国家临床医学研究中心，建设一批共性技术研究和成果转化平台	松江园、临港园、宝山园
	生物制品			张江核心园、嘉定园、徐汇园、闵行园、松江园、临港园、金山园、宝山园、奉贤园
	现代中药			金山园、青浦园
	医疗器械			张江核心园、嘉定园、杨浦园、闵行园、松江园、临港园、金山园、宝山园、青浦园
	智慧医疗			张江核心园、漕河泾园、嘉定园、嘉定园、杨浦园、徐汇园、普陀园、临港园、宝山园、黄浦园

集成电路和生物医药两大深耕型产业的重点高端环节(如高端芯片和生物医药的化学制药环节)，应集中分布在产业基础好、综合竞争力强、制度供给沛的少数生产型基地，如张江核心园、漕河泾园、松江园等。人工智能的定义比较宽泛，细分行业的进入门槛差别较大，可在22园中大多数园区展开。

三大核心产业的重点领域除了依托重点园区，还需依托重大的中心及平台。其中，在集成电路的关键环节，重点依托国家集成电路制造业创新中心、智能传感器创新中心、国家集成电路装备材料产业创新中心；在生物医药的关键环节，重点依托国家医学中心、国家区域医疗中心、国家临床医学研究中心，建设一批共性技术研究和成果转化平台；在人工智能的关键环节，围绕基础理论、算法、算力、数据、应用技术等关键环节，建设一批高水平开放式创新平台。

表5-8 发改委的三大核心产业重点建设内容

核心产业	重点领域	重点任务	重点园区
集成电路	封装和测试	推动14/12纳米工艺量产规模，加快7/5/3纳米新生产线建设及先进工艺研发，提升特色工艺芯片研发和规模制造能力，建设自主可控的12英寸IDM生产线	张江科学城、漕河泾园、嘉定园、松江园、临港园、崇明园

续 表

核心产业	重点领域	重点任务	重点园区
集成电路	装备和材料	研制具有国际一流水平的刻蚀机、清洗机、离子注入机等高端产品,开展28纳米浸没式光刻机攻关,开展主板卡、光栅尺等关键部件研发,提升12英寸硅片、先进光刻胶研发和产业化能力	张江科学城、漕河泾园、嘉定园、松江园、临港园、崇明园
人工智能	智能芯片	推动GPU、亿门级FPGA研发与产业化,研发面向云端和终端的NPU,基于深度学习SoC芯片	张江科学城、漕河泾园、杨浦园、徐汇园、松江园、临港园、崇明园、宝山园、金桥园
人工智能	智能软件	开发具有自主知识产权的通用性人工智能操作系统和控制软件,研发基于异构体系的云计算服务平台	张江科学城、静安园、杨浦园、徐汇园、松江园、普陀园、临港园、宝山园、金桥园
人工智能	自动驾驶	开发激光雷达、毫米波雷达与摄像头融合一体化传感系统,攻克半封闭场景的无人驾驶技术	张江科学城、杨浦园、临港园、宝山园、金桥园
人工智能	智能机器人	推动工业机器人智能化升级,推动智能服务机器人的研发与产业化	张江科学城、漕河泾园、徐汇园、松江园、临港园、崇明园、宝山园、黄浦园、金桥园
生物医药	创新药物	推进新型抗体、疫苗、核酸、多肽、细胞等生物技术药物和新型化学制剂的研发和产业化,加快抗肿瘤、抗病毒、心脑血管、代谢、神经等领域药物研发和成果产业化,推动中药提取物、配方颗粒等技术和产品创新发展	张江科学城、徐汇园、松江园、临港园、宝山园
生物医药	医疗器械	发展数字医学影像设备、高端治疗与监护类设备、微创介入与植入医疗器械、诊断检验仪器与试剂、远程医疗等高附加值产品	张江科学城、静安园、嘉定园、杨浦园、徐汇园、松江园、临港园、宝山园、青浦园
生物医药	生物技术服务业态	推动基因治疗、基因检测、细胞免疫疗法、干细胞疗法等技术及专业化服务平台建设,发展符合国际标准的CRO(合同研发)、CDMO(合同研发生产)等服务	张江科学城、嘉定园、徐汇园、临港园、宝山园、黄浦园

2. 上海市发改委"4+X"产业与上海市经信委"6"大产业的布局

"6"与"4+X"非完全重叠,但都涉及上海市"十四五"时期发展的重点产业部门:电子信息、汽车、装备、材料。这些既是支柱型产业,又是未来发展的战略性新兴产业。此外,还有能源、海洋经济等兼具战略发展意图的产业。

战略性新兴产业与先导型产业的承载区应较为集中,重点布局在以下区域:综合竞争力特别强的园区(如张江核心园)、体现国家重大战略意图的园区(如张江核心园、临港园)、一业特强的生产性园区(如嘉定园、临港园、宝山园、金山园)、制造基础较好的成熟型生产性园区(如漕河泾园、松江园、金桥园)、服务经济较为发达的非生产性园区(如虹口园、陆家嘴园)。

(1) 经信委确立了六大支柱产业(见表5-9):电子信息、汽车、高端装备、先进材料、生命健康、时尚消费品。

表5-9 经信委口径六大支柱产业重点建设内容

支柱产业	重点领域	关键技术	中心及平台建设任务	重点园区
电子信息	5G及下一代通信设备	5G基带芯片、射频芯片和SoC芯片;射频器件及测试设备、5G通信模块、光通信、5G通信设备。加强5G与智能制造、智慧交通、智慧医疗、金融服务、城市管理等重点领域的融合应用,推动规模部署		漕河泾园、杨浦园、虹口园、普陀园、崇明园、金桥园
	新型显示及超高清视频	AM-OLED中小尺寸屏幕、高世代线重大项目。面向超高清视频的芯片、音视频核心技术、播控设备以及内容技术、优质超高清视频内容的生产储备	促进产业链联动发展,加强与智能手机、可穿戴设备、AR/VR装备和汽车电子等终端厂商的合作	静安园、杨浦园、虹口园、黄浦园
	智能终端	聚焦智能手机、计算机等终端产品,鼓励一般加工型制造企业提高本地产品研发和工业设计能力,提升产品附加值	引进加工型制造企业的研发设计中心、区域总部等功能性机构落户,打造本地自主品牌,拓展市场规模	杨浦园、普陀园、临港园
	物联网及智能传感	硅基MEMS加工技术、MEMS与互补金属氧化物半导体(CMOS)集成、非硅模块化集成等工艺技术	智能传感器产业园	漕河泾园、长宁园、松江园、临港园、宝山园

续 表

支柱产业	重点领域	关键技术	中心及平台建设任务	重点园区
电子信息	软件和信息服务业	智能设计与仿真及其工具、制造物联与服务、工业大数据处理等高端工业软件核心技术；自主可控的高端工业平台软件和重点领域应用软件	建设一批中小企业的基础云服务平台，打造面向重点行业的行业云平台	漕河泾园、杨浦园、徐汇园、普陀园、临港园、黄浦园、金桥园
	工业互联网	提升重点行业和领域本质安全水平，构建多领域、多层次的工业互联网安全创新体系。完善工业互联网标准规范体系，围绕重点领域探索建立工业互联网建设导则	建设一批具有全国影响力的工业互联网平台，建立长三角G60工业互联网应用创新体验中心	漕河泾园、临港园、金桥园
汽车	新能源汽车	新一代动力电池、燃料电池、IGBT功率器等核心部件	推广私人、出租、公交、公务、物流、环卫等领域新能源汽车，完善公共服务平台建设，协同长三角布局充电设施、加氢站等基础设施	嘉定园、闵行园、松江园、临港园、金山园、宝山园、奉贤园、金桥园
	智能网联汽车	环境感知、智能决策、线控执行、V2X5G通信终端等核心零部件	建设国家级公共平台，筹建国家智能网联汽车创新中心（上海）、国家智能汽车创新发展平台，引进全球自动驾驶头部企业	嘉定园、临港园、金山园、宝山园、金桥园
	移动出行	构建以新能源汽车和智能网联汽车为主体、多种交通工具融合的移动出行服务生态	建立网约汽车、租赁汽车、共享汽车、无人驾驶汽车的服务体系，打造"人-车-路-网-端-云"协同的基础设施建设和智慧全出行链	长宁园

续 表

支柱产业	重点领域	关 键 技 术	中心及平台建设任务	重点园区
高端装备	航空航天	航空	总装试飞、装机配套、生产支持、工装这设备、发动机零部件、复材结构件制造等关键环节	加快浦东"一谷一园"平台建设,强化闵行紫竹集聚功能,打造民机航电产业园	长宁园、闵行园、临港园、金山园、宝山园
		航天	卫星关键部件的研制与生产、低成本商业卫星智能化生产流水线、全流程规划管理系统、脉动式模块化卫星制造系统和卫星智能化综合测试系统。形成集卫星设计、制造、测试、评估于一体的卫星体系化研制能力	建设商业航天产品智能加工平台,推动商业航天加快发展	闵行园、临港园、宝山园
		北斗导航	卫星导航智能芯片、高精度定位智能终端、室内外无缝定位、多源融合定位技术、关键核心模组技术、位置基础数据服务技术	加快促进卫星导航与智慧交通、精准物流、精细农业、智慧城管、智慧社区等领域的融合应用,增强城市智能化水平	杨浦园、闵行园、宝山园
	智能制造装备	智能机器人	以机器视觉、自主决策为突破方向,积极开发焊接、装配、喷涂、搬运、检测等智能工业机器人,发展6轴及以上、协作、并联工业机器人,突破精密减速器、伺服电机及驱动器、控制系统等功能部件,全面提升传感、控制、协作和决策性能	支持人机共融机器人研发及产业化推动,人工智能技术与机器人技术深度融合	漕河泾园、闵行园、普陀园、临港园、金山园、崇明园、宝山园、黄浦园、奉贤园、金桥园
		数控加工装备	激光器、振镜等3D打印装备关键零部件,3D打印材料,加快3D打印装备在制造业重点领域应用	提升数控机床性能和精度,发展汽车、航空航天、船舶、电力设备、工程机械等领域的专用加工设备	漕河泾园、临港园、宝山园、奉贤园、金桥园

续 表

支柱产业	重点领域	关键技术	中心及平台建设任务	重点园区
高端装备	智能制造装备	控制和仪器仪表	以智能控制、系统互联为重点,开发智能仪器仪表和自动控制系统,大力发展科研分析仪器及设备	加强工业系统互联,推进生产制造设备联网和智能管控,支持企业对生产设备系统全面联网	宝山园、奉贤园、金桥园
		高端船舶和海洋工程装备	豪华邮轮、20000TEU级以上集装箱船、大型/超大型液化气体船LNG船、豪华滚装船、极地破冰船等高技术高附加值船舶	建设国家新型工业化产业示范基地,将长兴岛打造成为具备国际竞争力的专业化总装制造基地,形成全市"两点一带"的空间布局	崇明园、宝山园
	新能源装备	气电装备	具有自主知识产权的300 MW F级、400 MW H级重型燃气轮机装备,开发应用微型燃机与轻型燃机产品系列	重型燃气轮机国家科技重大专项试验电站项目、高效低碳燃气轮机试验装置项目建设,国家级燃气轮机制造业创新中心建设	金山园、宝山园
		核电装备	钍基熔盐实验堆和示范堆等研制;推进CFR600霞浦示范快堆提升机、非能动停堆棒驱动机构等设备设计及产品制造;开展三废处理等方面设备及相关原材料的试验研制;开展用于核聚变的CiADS次临界反应堆主设备和散裂靶系统、聚变堆TF线圈盒和PFU实验装备研制	核能产业创新中心、核电高端装备研发中心等国家级创新平台、重大科研设施和验证平台;建设核电工程承包建设中心、核电运行维护评价中心	漕河泾园、青浦园、徐汇园
		高效清洁煤电装备	二次再热超超临界发电机组、高效宽负荷灵活运行机组、高参数新型循环流化床燃煤锅炉、大型煤气化技术及装备、超临界二氧化碳循环技术及装备等高效清洁煤电装备	基于大数据的煤电站远程运维系统	临港园

续 表

支柱产业	重点领域	关键技术	中心及平台建设任务	重点园区
高端装备	新能源装备	风力发电装备	10 MW和15 MW大型直驱海上风机技术，深远海风电装备技术，尖端零部件国产化	国家级的风能勘探设计、海上风电装备质量监督检验等公共服务平台	松江园、金山园、崇明园
		太阳能发电装备	大尺寸单晶炉、新型高效电池工艺设备、新型叠层电池设备、高功率组件制造设备、新型高效薄膜电池	光伏技术公共研发平台和测试重点实验室	虹口园、松江园、崇明园、奉贤园
		智能电网与分布式能源装备	大功率能源路由器、柔性直流电网固态断路器、网络化物联传感器等核心器件；发展交直流混合微电网、变电站主动运维等新型电网技术；燃气内燃机、微小型燃气轮机等分布式能源生产设备	能源交易、需求响应、设备健康管理、电动汽车入网等新型平台	松江园、宝山园、奉贤园
		节能环保装备	大容量高压变频器、非晶合金变压器、燃气冷凝式挂壁炉、移动岸基供电装置、高效照明	节能环保研发孵化、检验检测、评估咨询、工程实施等公共服务平台建设	虹口园、崇明园、宝山园
先进材料		前沿新材料	集成电路、航空航天、生物医用、高端装备、新能源及节能环保、新型显示等领域的关键战略材料	国家级碳纤维复合材料研发及产业化示范基地、输配电新材料生产应用示范平台	长宁园、松江园、临港园、金山园、崇明园、宝山园、青浦园
		金属新材料	超高强韧汽车用钢、高性能海工钢、高等级硅钢；海洋工程用大单重特厚板的关键环节、百万千瓦级超高压变压器用高磁感极低损耗取向硅钢和高端无取向硅钢；航空航天等领域高端钢铁产品		松江园、金山园、崇明园、宝山园、青浦园

续 表

支柱产业	重点领域	关 键 技 术	中心及平台建设任务	重点园区
先进材料	化工新材料	高性能聚烯烃、高端工程塑料、特种合成橡胶等先进高分子材料；高端表面活性剂、微电子行业和生物医药行业的各类化学用剂等特种功能化学品	长三角一体化的化工基础材料数据库及交易平台	松江园、金山园、崇明园、宝山园、青浦园
生命健康	高端医疗器械	高性能医学影像装备、微创植（介）入器械、高性能临检设备、医用机器人、肿瘤质子治疗装备	国家药监局药品医疗器械审评长三角分中心	嘉定园、杨浦园、松江园、普陀园、青浦园
	智能健康产品	智能健身运动器材、智能可穿戴设备、健康管理设备、健康体检设备、智能康复器材		杨浦园、金山园、黄浦园
	智慧健康服务	互联网医疗；围绕疾病监测、监控、诊疗、康复和健康管理等应用领域，建设移动化、个性化、智能化、可定制的医疗健康服务体系	集团化连锁化高品质家庭医生服务	嘉定园、杨浦园、普陀园、崇明园、黄浦园、奉贤园
时尚消费品	纺织服装	纺织服装的研发设计、工艺改进、品牌运营；线上线下商业模式创新	环东华时尚创意产业集聚区、上海国际时尚中心	长宁园
	绿色食品	推动本市龙头企业延伸产业链条，推进原料生产、加工物流、市场营销等一体化发展；引导中小企业锁定细分领域做优做精，顺应产品时尚化、消费年轻化、渠道电商化趋势，打造爆款产品和大单品	鼓励经典品牌在传统工艺基础上推陈出新，运用互联网、大数据等方式，实现线上线下融合发展	金山园、崇明园、青浦园
	轻工	智能家电、家具、陶瓷工艺；生活用品、办公用品、文化用品、体育用品；贵金属首饰、宝玉石、陶瓷等工艺美术	以推陈出新、焕新品牌为重点，发挥上海轻工业老品牌资源集聚的优势	徐汇园、闵行园

续 表

支柱产业	重点领域	关键技术	中心及平台建设任务	重点园区
时尚消费品	创意设计	加强新理念、新技术、新工艺、新材料应用,支持面向制造业设计需求,搭建网络化的设计协同平台,开展众创、众包、众设等模式的应用推广,提升工业设计服务水平	数字化设计与虚拟仿真系统,发展个性化设计、用户参与设计、交互设计,发展大批量个性化定制设计服务	张江科学城、静安园、杨浦园、徐汇园、闵行园、崇明园、宝山园、黄浦园

其中,电子信息、汽车是发展了二十多年之久的老上海市支柱产业,发展水平已经上了一个平台,发展重点是内部布局的更新换代:电子信息产业重点关注5G及下一代通信设备、新型显示及超高清视频、智能终端、物联网及智能传感、软件和信息服务业、工业互联网;汽车产业重点关注新能源汽车、智能网联汽车、移动出行。

高端装备、先进材料是近十多年确立的战略性新兴产业,生命健康、时尚消费品是体现上海社会经济发展特征的都市型产业,其发展重点在于根据比较优势进行超前布局。高端装备重点关注航空航天、智能制造装备、高端船舶和海洋工程装备、新能源装备、节能环保装备;先进材料重点关注前沿新材料、金属新材料、化工新材料;生命健康重点关注高端医疗器械、智能健康产品、智慧健康服务;时尚消费品重点关注纺织服装、绿色食品、轻工、创意设计。

(2)发改委的"4+X"分为四大重点产业(新能源汽车、高端装备制造、新材料、数字经济)和五大先导产业(第六代通信、智能机器人、氢能源、定制化医疗、新型海洋经济)

四大重点的能源、装备、材料、数字聚焦现代产业的生产基础,应集中布局中具有环节优势的重点园区;五大先导产业的切口较小,都是未来上海可能实现率先突破的产业重点方向,张江科学城与特色园区应承接更多发展任务(见表5-10、表5-11)。

表5-10 发改委口径四大重点产业重点发展内容

重点产业	细分领域	重点任务	重点园区
新能源汽车	纯电动和燃料电池汽车	提高锂离子电池能量密度、安全性和电池寿命,推广氢燃料电池汽车逐步进入市场应用,突破电机、电控、膜电极、电堆、质子交换膜等关键核心技术	嘉定园、松江园、临港园、金山园、宝山园

续　表

重点产业	细分领域	重点任务	重点园区
新能源汽车	智能网联汽车	加强车载操作系统、C-V2X通信、专业测试设备、线控执行系统等技术及装备研发,探索特定场景下智能网联汽车商业化运营及应用	嘉定园、临港园、金山园、宝山园
	新型汽车服务	发展新能源汽车电池回收、共享出行、智能网联汽车测试、展示交易等多种类型的服务	黄浦园
高端装备制造	航空航天	推动C919实现适航取证和商业化落地,加快新型支线飞机批生产能力和系列化改进改型,航空发动机实现原型机主要技术指标达标;建设卫星互联网商业运营平台,打造卫星工厂,推进北斗定位导航芯片及模块研制	长宁园、临港园、金山园、宝山园
	船舶海工	发展液货船、大型集装箱船（20000TUE以上）、豪华邮轮等船型;LNG燃料供气系统、船用电子等船舶配套;浮式生产储卸装置、大型浮式结构物、海上油气开采装备等海工装备	临港园、金山园、崇明园、宝山园
	智能装备	建设智能车间、智能工厂,开展高精度、高可靠性中高端工业机器人,加快高档数控机床与智能加工中心研发与产业化	嘉定园、杨浦园、临港园、金山园、宝山园、金桥园
新材料	先进基础材料	发展超高强韧汽车用钢、高等级硅钢等,完善高端钢铁产业链配套能力;发展高性能聚烯烃、高端工程塑料、特种合成橡胶等先进高分子材料,提高化工新材料整体自给率	松江园、金山园、崇明园、宝山园、青浦园
	关键战略材料	发展半导体材料、航空航天材料、生物医用材料、新能源及环保材料、重大装备所需关键材料	松江园、临港园、金山园、宝山园、青浦园
	前沿新材料	培育高温超导材料、石墨烯、3D打印材料、陶铝材料等,形成一批国际领先的原创核心技术	松江园、金山园、宝山园、青浦园
数字经济	软件和信息服务业	软件和信息服务业,加快突破云计算、大数据、物联网、区块链等数字核心技术,推动基础软件、工业软件、信息安全软件等产业发展	张江科学城、漕河泾园、静安园、杨浦园、松江园、普陀园、临港园、黄浦园、金桥园
	数字平台和数字贸易	打造具有国际影响力的大宗商品贸易平台、新型互联网消费平台,发展跨境电商、社交电商、无人零售等新型电子商务	张江科学城、静安园、杨浦园、长宁园、虹口园、普陀园、临港园、宝山园

续　表

重点产业	细分领域	重 点 任 务	重 点 园 区
数字经济	数字内容和数字创意	支持优秀原创网络电影、游戏、音乐等内容的创作和生产,丰富 5G + 4K/8K + VR/AR 超高清视频内容供给,培育短视频、直播电商、电子竞技等新业态	张江科学城、静安园、杨浦园、徐汇园、虹口园、宝山园、黄浦园
	数字融合产业	推动"5G + AI + 工业互联网"融合应用,推动金融科技在金融市场、智能投顾、数字货币等领域的实际场景应用;鼓励发展共享交通、分时租赁等交通出行新模式,支持发展在线教育、互联网医疗等新业态	张江科学城、漕河泾园、静安园、嘉定园、杨浦园、长宁园、虹口园、松江园、陆家嘴园、宝山园

表5-11　发改委口径五大先导产业重点发展内容

先导产业	重 点 任 务	重 点 园 区
第六代通信	重点突破新一代信道编码及调制技术、天线与射频技术、空天海地一体化通信技术等关键技术。深度参与国家 6G 技术专项,积极参与 6G 标准化竞争,在芯片、测试设备、移动终端和网络架构等领域保持先发优势	虹口园
智能机器人	加快纳米机器人研发,推进其在清除体内垃圾、药物靶向运输、精细手术等新领域的应用;突破多模态融合感知、群体智能、人机混合智能等前沿技术,研发具有自感知、自学习、自适应、自进化能力的自主智能机器人	张江科学城、嘉定园、杨浦园、松江园、崇明园、宝山园、黄浦园
氢能源	加强工业制氢提纯、电解氢、光解氢等技术的研发应用,增强氢能供应能力;加强固态储氢、运氢相关技术、材料和设备研究,形成小规模示范应用;适度超前布局,加快推进加氢站规划和建设	虹口园、松江园、宝山园、金桥园
定制化医疗	基于体细胞重编程、组织与器官体内外重建、基因编辑、微生态疗法等现代生物技术,在个体特异性基因型分析基础上,针对性地开展相关技术定制化医疗应用。鼓励建立相关技术的研发及转化平台,促进相关定制化医疗技术的发展与临床应用	嘉定园、杨浦园、黄浦园

续　表

先导产业	重　点　任　务	重　点　园　区
新型海洋经济	重点发展深远海资源勘探开发、水下机器人、深潜器、海水淡化等深远海装备技术研发和应用。加大对海洋风能发电、海洋能发电机组等研发制造,推进海洋可再生能源利用。大力发展海洋信息服务,探索建立海洋大数据开放平台,拓展海洋信息数据增值服务	临港园、崇明园

(四) 基于"心-城-园"能级分异部署形成"极-核-带"空间发展格局

1. 张江科学城创新极

以张江科学城为创新极,以张江综合性国家科学中心、国家实验室以及相关企业、高校、科研院所为创新源,聚焦集成电路、人工智能、生物医药三大核心产业,进行战略性新兴产业重点领域布局,开展源头创新,突破关键核心技术,打造知识创新极。

2. 核心园-临港园双核产业增长极

以张江核心园、临港园为双核产业高增长区域,打造技术-产业高地和产业-制度高地。充分利用核心园的技术和产业积累优势,以及临港新片区的制度和空间优势,围绕集成电路、人工智能、生物医药三大核心产业领域,以及航空航天、新能源汽车、高端装备等战略性新兴产业领域,尽快做大做强产业规模,实现关键核心技术的研发突破与关键核心产品的制造突破。

3. 市区-近郊高技术服务产业带

以内环线及其周边的大学城(杨浦大学城、环同济设计带)、产业园[静安市北产业园、普陀中以创新园、长宁虹桥智谷、闵行紫竹园、徐汇漕河泾开发区、徐汇西岸(枫林湾/金融城/智慧谷)、浦江智谷产业园]为核心区域,近中心城区人工智能、大数据、云计算、工业互联网、软件和信息服务、科技中介高技术服务产业带,为创新极、增长极与本地创新提供生产性服务。

4. 近-远郊高端制造产业带

近郊高端产业制造带定位为高端制造业重要集聚区和增长点,其主要作用是串联起市域范围内的重点产业制造区,最为典型的是松江 G60、浦东 S20 和 S1 沿线(含松江工业区、康桥工业区、金桥、祝桥)中部高端制造业发展轴,聚焦发展三大核心产业与战略性新兴产业中的智能制造、新能源、新材料,成为市区生产性园区和研发基地的绵延地带。

远郊高端产业制造带定位于与高端装备（航空航天、高端船舶和海洋工程）部分，包括嘉定、青浦、松江、金山等西部长三角沿线高端制造业协同发展轴，以及宝山、长兴岛、金桥、祝桥、临港、奉贤等东部沿海高端制造业开放发展轴。其主要作用是建立上海与周边区域的供应链与价值链联系，服务于长三角世界级产业集群建设与长三角一体化进程。

5. 提升现代服务业能级

结合上海市现代服务业布局，加大先进制造业的现代服务供给。一是加快现代服务业关键领域的开放进程，落实"非禁即入"，加大与国际通行的开放规则接轨，打造一流的现代服务软环境。二是借鉴自由贸易试验区、服务业扩大开放综合试点和深化服务贸易创新发展试点已取得的经验，培育一批专业性强的研发设计、现代物流、商务咨询等生产性服务业企业。三是推进生产性服务业功能区发展，突出产业转型升级和产业链延伸，建设形成空间布局合理、产业特色明晰、功能配套完整的功能性园区。四是深化大数据、物联网、人工智能在服务业领域的应用，鼓励发展平台经济、分享经济等现代服务领域的新业态。

（1）金融服务业方面

陆家嘴承担金融要素市场、总部金融、航运金融的功能；黄浦区、静安区、虹口区等中心城区充分发挥金融要素市场、新兴金融、外资金融、资产管理的作用；张江核心区、徐汇区、杨浦区等科创功能较为突出的园区发挥科技金融、文化金融、小微金融作用；长宁区、虹桥商务区、青浦区等具有重要枢纽区域，发展会展金融、贸易金融、物流金融、金融培训等。

（2）生产性服务业方面

中心城区多提供非银金融专业服务、专业中介服务、培训教育服务；浦东新区作为上海科创重镇，主要引领研发设计、信息服务、专业维修、检验检测、供应链管理；嘉定、宝山、金山等专业化园区，主攻细分领域的研发设计、检验检测；枢纽型区域提供供应链管理、总集成总承包（见表5-12）。

表5-12 现代服务业重点建设情况

产业类别	所属区域	产业定位/特色园区
金融服务业	陆家嘴	金融要素市场、总部金融、航运金融
	黄浦区	金融要素市场、新兴金融

续　表

产业类别	所属区域	产业定位/特色园区
金融服务业	虹口区	财富管理、资产管理、金融科技
	张江核心区	金融信息服务
	静安区	外资金融、资产管理
	徐汇区	文化金融、科技金融
	长宁区	航空金融、股权投资
	普陀区	金融科技、财富管理
	杨浦区	科技金融
	青浦区	会展金融、物流金融
	宝山区	小微金融、科技金融
	闵行区	股权投资、科技金融
	松江区	科技金融
	嘉定区	汽车金融、科技金融
	奉贤区	财富管理、金融培训
	虹桥商务区	贸易金融
生产性服务业	中心城区	非银金融专业服务、专业中介服务、培训教育服务
	浦东新区	研发设计、信息服务、专业维修、检验检测、供应链管理
	闵行区	总集成总承包、检验检测、研发设计
	宝山区	电子商务和信息化服务、研发设计、节能环保
	嘉定区	研发设计、电子商务
	松江区	研发设计、检验检测、总集成总承包
	青浦区	供应链管理、研发设计、总集成总承包
	金山区	信息服务、供应链管理
	奉贤区	研发设计、检验检测、供应链管理
文化创意	东西向文化创意产业发展轴	大虹桥会展产业园区、昌平路设计集聚带、环人民广场演艺活力区、陆家嘴、上海国际旅游度假区等
	沿中外环新经济圈	金领之都、长江软件园、木文化博览园、智慧照明四新经济产业基地、越界创意园等
	沿黄浦江、苏州河文化创意发展带	徐汇西岸传媒文化走廊、浦东世博前滩文化园区、世博城市最佳实践区、普陀长风文化生态园等

续 表

产业类别	所属区域	产业定位/特色园区
文化创意	—	环同济创意设计集聚区、上海江南智造文化创意产业集聚区、金沙江路互联网影视集聚带、上海虹桥时尚创意产业集聚区、国家数字出版基地、国家音乐产业基地、西虹桥、金山国家绿色创意印刷示范园区、南上海文化创意产业集聚区、松江影视产业集聚区、环上大影视产业集聚区、东方美谷小镇等
现代物流业	外高桥保税物流园区	保税物流
	洋山深水港物流园区	口岸物流与临港产业物流
	浦东空港物流园区	航空物流与临空产业物流
	西北综合物流园区	城市配送与商贸物流
	西南综合物流园区	制造业物流与电子商务物流
	全国快递行业转型发展示范区、国家火炬上海青浦智慧物流特色产业基地	快递物流
	其他专业物流基地	先进制造业物流、农产品物流、陆路综合货运物流

6. 以重大工程与重点项目促进与园区联动

服务国家战略、抓住产业机遇,通过重大工程和重点项目实施,带动相关园区的积极参与和能级提升。针对产业基础提升、共性技术研发、产业转型升级等,组织实施五个系统工程;围绕集成电路、生物医药、智能汽车等重点领域,组织实施四个专项工程。在系统工程与专项功能内部,细化基础设施建设、平台建设、示范应用工程建设、产业转型示范、重点生产线建设、配套体系培育、"卡脖子"技术攻关等重点领域,组织项目联合实施,协同推进工程进展。

产业基础再造工程,重点关注基础零部件/元器件、基础工业软件、基础材料、基础制造工艺和装备。产业创新基础设施工程,重点进行电镜中心、先进医学影像集成创新中心、医疗大数据训练设施建设。创新平台体系工程包含集成电路"1+4"平台、人工智能平台、生物医药平台,聚焦三大核心产业领域。其中,张江核心园发挥着至关重要的作用。新兴技术示范应用工程包含5G网络、高性能计算设施、卫星互联网、人工智能、区块链、智能网联汽车、智慧医疗和在线教育,以专业特色园区发挥特长为主(见表5-13)。

表 5‑13　重大工程重点执行园区分析

重大工程	重点领域/重点建设项目/合作项目		重 点 园 区
产业基础再造工程	基础零部件/元器件		宝山园、金山园、奉贤园、松江园、青浦园、嘉定园、临港园
	基础工业软件		张江核心区、青浦园、静安园、闵行园、金桥园
	基础材料		上海化工区、宝山园、金山园、松江园、嘉定园、奉贤园、青浦园、临港园
	基础制造工艺和装备		闵行园、松江园
产业创新基础设施工程	电镜中心		张江核心园
	先进医学影像集成创新中心		张江核心园、闵行园
	医疗大数据训练设施		张江核心园
创新平台体系工程	集成电路"1+4"平台	以张江国家实验室为引领,国家集成电路研发中心等为支撑的"1+4"平台体系	张江核心园
	人工智能	围绕"算法、算力、数据",建设人工智能计算与赋能平台等5个开放创新平台	张江核心园、临港园、徐汇园、闵行园
	生物医药	以生物医药和脑科学国家实验室为牵引,建设药品和医疗器械长三角审评检查分中心等5个重大平台	张江核心园、徐汇园
新兴技术示范应用工程	5G网络		金桥园
	高性能计算设施		张江核心园、静安园、杨浦园、徐汇园、闵行园
	卫星互联网		杨浦园、嘉定园、闵行园、青浦园
	人工智能		张江核心园、临港园、杨浦园、徐汇园、长宁园、闵行园、松江园、嘉定园、青浦园、奉贤园
	区块链		陆家嘴园、长宁园
	智能网联汽车		嘉定园、徐汇园

69

续 表

重大工程	重点领域/重点建设项目/合作项目	重 点 园 区
新兴技术示范应用工程	智慧医疗	张江核心园、徐汇园、闵行园、嘉定园
	在线教育	杨浦园
集成电路重大产线建设工程	中芯国际 SN1/SN2	张江核心园
	华虹康桥二期等先进工艺生产建设	康桥工业区
	积塔半导体二期项目	临港园
	格科 12 英寸 CIS 等特色工艺生产线建设	临港园
	第三代化合物半导体重大项目建设	金山园
医企联合协同创新工程	上海临床研究中心	张江核心园
	上海国际医学科创中心	张江核心园
新能源汽车跨越发展工程	上汽集团产品转型	嘉定园、杨浦园
	特斯拉新建产能	临港园
	恒大国能松江项目	松江园
大飞机配套体系本土培育工程	航空动力	临港园、闵行园
	航电系统	闵行园
	机电设备	松江园
	复材结构件	宝山园
	关键零部件制造	临港园
	大飞机"一谷一园"建设	临港园

7. 辅助保障性措施支持

辅助保障性措施涵盖组织管理、政策保障、空间布局、营商环境、部门联动、空间联动 6 个重要方面(见表 5-14)。在组织管理上,要确保组织主体市场化、服务体系集成化,完善权力实施清单、责任清单和负面清单管理机制,推进园区商事制度改革。在政策保障上,加强新形势下的政策引导,加大人才、产业支持、税收优惠、产权保护的政策供给,进行"一园一策"、重大项目"一事一议"尝试,在自贸区、综保区、示范区政策上实现突破。在空间布局上,融入"园-区-市-区域"产业空间体系,处理好"园中园"关系,推进存量土地高效利用,形成配合产城功能融合的空间组合。在营商环境上,形成园区服务品牌,加强产业生态建设,创新招商模式,引进硬核项目。在部门联动上,围绕重大项目和重点任务的部门协作,建立园区管理联席会议制度,实行市级统筹、管委会协调、分园管理。在空间联动上,围绕重大项目和重点任务的园区协作,推进分园发展规划、政策实施、行政审批联动,统筹规划分园产业发展用地、环保和能耗指标。

表5-14 园区发展保障性措施

措 施	重 点
组织管理	组织主体市场化
	服务体系集成化
	完善权力实施清单、责任清单和负面清单管理机制
	推进园区商事制度改革
政策保障	加强新形势下的政策引导
	加大人才、产业支持、税收优惠、产权保护的政策供给
	"一园一策"、重大项目"一事一议"
	自贸区、综保区、示范区政策突破
空间布局	融入"园-区-市-区域"产业空间体系
	处理好"园中园"关系
	推进存量土地高效利用
	配合产城功能融合的空间组合
营商环境	形成园区服务品牌
	加强产业生态建设
	创新招商模式,引进硬核项目
部门联动	围绕重大项目和重点任务的部门协作
	建立园区管理联席会议制度
	市级统筹、管委会协调、分园管理
空间联动	围绕重大项目和重点任务的园区协作
	分园发展规划、政策实施、行政审批联动
	统筹分园产业发展用地、环保和能耗指标

中编　上海大都市圈协同创新研究与规划[①]

---

① 本编内容主要基于屠启宇、李健、薛艳杰、戴伟娟、刘玉博承担的"上海大都市圈协同创新的动力机制构建与关键空间布局"(项目编号:18692180100)软科学基地课题成果。研究开展期(2018年)讨论的上海大都市圈协同创新范围主要涵盖沪、苏、锡、通、嘉、甬、舟等7市。2019年10月17日,上海大都市圈空间协同规划编制领导小组第一次会议确定的范围为沪、苏、锡、常、通、嘉、甬、舟、湖等9市。文中提到的"近年""目前""未来""预计"等皆以当时时间为基点。本编研究的判断现今仍然适用。

随着上海市城市总体规划(2017—2035年)获国务院批复，上海大都市圈在区域发展体系中的地位也得以确认。上海与兄弟省市正在紧锣密鼓地推进关于上海大都市圈发展的总体规划，上海大都市圈在上海区域发展战略中的地位日益得到认可和重视。创新是上海大都市圈经济社会发展的核心主线。本编以技术预见-创新生态系统-创新空间规划组织的逻辑框架，突出上海大都市圈不同城市协同创新发展的产业和技术预测、动力组织与机制、经济社会生态系统支撑、不同尺度的创新空间组织，把握创新驱动这一未来经济社会的发展主线，提出协同创新、创新一体化等框架。

需要特别说明的是，上海大都市圈的空间范围从学术讨论到行政校核经历了持续的调整。当前正在进行的上海大都市圈协同规划则采用了"1+8"的范围，即上海、南通、苏州、无锡、常州、嘉兴、宁波、舟山、湖州。本研究对于常州市和湖州市的研究覆盖度有限，主体研究对象是"1+6"范围。但研究主体判断现今仍适用。

第六章 区域尺度创新空间规划的理论与工具

本章基于科技创新层（创新发展预见）、战略支撑层（创新生态系统）、空间组织层（创新城市规划），构建创新空间规划基本的组织框架。在规划实践工作中，基于上述三个层面的创新空间规划具有很强操作可行性，特别是在城市和区域创新与创新经济空间规划的层面。

第一节 科技创新层的构建

一、提升基础研究和知识策源能力

创新产业链涉及基础研究/知识策源、技术开发、项目孵化、商业运营/产业运作四个环节。如果在区域层面考察，这种链条表现得更为明显。其中最上游为基础研究与知识策源能力的培育，在该环节发展的重点包括：

第一，高水平高校、高水平学科的建设。面向国家重大的战略需求，面向经济社会主战场，面向世界科技发展前沿，突出建设质量效益、社会贡献度和国际影响力，突出学科交叉融合和协同创新等新导向，突出与产业发展、社会需求、科技前沿紧密衔接，深化产教融合，培育建设更多大学和学科等进入世界一流行列。

第二，推动重要研究机构和平台的建设，例如国家实验室和国家工程技术研究中心等。聚焦区域重点学科和产业领域，整合高校院所、龙头企业乃至科技服务机构等力量，建设国际一流水平的研发机构和国家级创新基地，开展有重大引领作用的跨科学、大协同科学研究，突破一批核心基础理论和关键技术，成为具有国际影响的研究基地。

第三，建设重大科技基础设施集群。聚焦区域重大科技基础和产业发展需求，瞄准国家乃至区域赋予的重大任务，以国际上先进技术和设施建设为根本导向，推动区域重大科技基础设施建设。

二、优化技术开发与试验平台搭建

技术开发与试验是将基础知识向实用技术转化的实验室途径，打造技术开发与试验平台是科技创新产业化发展的重要环节。从实践发展看，目前中国的技术开发与试验平台包括各种研发机构、重大工程化创新平台、企业高端研发载体等。

鼓励设立各种形式的新型研发机构，特别是鼓励高校和科研院所参与和建立各种混合所有制、企业化运作的新型研发机构，鼓励新型研发机构建立多方参股的股权结构，引导新型研发机构向特定创新空间集聚，充分发挥集聚和规模效应。围绕特定的创新功能集聚区，发挥地方高校和科研院所固有的基础研究和知识等优势策源力量，建设一批集应用基础研究、技术集成与开发、成果转化等为一体的重大工程化创新平台，促进科技创新与产业发展无缝对接。

引导龙头企业深度参与国际竞争、融入全球性产业分工，在前沿交叉、优势特色领域建设具有国际影响力的国家重点实验室、海外研发机构。推进高端研发机构集聚计划，鼓励外资企业积极在区域布局研发机构，支持骨干企业研发机构牵头组建区域性产业技术创新联盟。支持大中型企业和规模以上高技术企业都与高校院所、国内外一流研发机构更加紧密合作，提升企业研究院、工程（技术）研究中心、企业技术中心、重点实验室等研发中心的研究能力。

三、加快科技成果孵化体系建设

科技成果孵化体系是从基础研究、技术开发到实现产业化开发的关键环节，只有实现科技成果的成功孵化，才能实现大规模商品化生产。在这个发展过程中，包括高校、科研院所与地方的充分融合、科技成果的项目落地、创业型企业发展以及创新创业支撑环境的建设都是关键。

促进校地融合发展，支持地方大学等面向区域科技产业创新需求，探索开设新学科和新专业。按照"教育＋科技＋产业"模式，支持高校院所与国际名校合作在区域举办特色学院和高端服务机构。推动科技成果项目落地，推动相对成熟的科技成果项目落地、市场化运作、企业化运营，促进科技成果高效率转移转化。探索"互联网＋产学研"新模式以及市场化的开放实验室运营模式，建立高校、科研院所科技资源向企业顺畅流动的新机制。加大力度扶持中小企业和初创企业，建立市科技型中小企业信息库，建立从初创期、成长期到发展壮大期的全程跟踪服务机制，对有重大科技潜力和对区域产业有重大支持的高科技企业，优先纳入区域科技计划和科技创新券等支持范围。支持有条件的企业开展基础研究和前沿技术攻关，加速向科技前沿进军。高水平建设国家"双创"示范基地，充分利用地方高校人才和资源等优势，以众创空间建设为抓手、以知识产权保护为突破、以弘扬双创文化为基础，率先形成辐射带动区域创新发展的创新创业环境。

四、打造创新型高科技产业体系

从区域角度考察，科技创新最终的结果还是打造有竞争力的区域高科技产业体系，支撑区域经济的发展。在这个进程中，需要充分考虑区域高科技产业自身发展的方向，把握区域高科技产业创新发展的质量。

聚焦区域高科技产业重点发展方向，打造区域未来的主导产业，要突破产业关键技术，培育和壮大一批未来产业。组织实施"产业链＋创新链"专项，攻克一批制约对国家有重大支撑的产业发展核心关键技术。强化产业发展预见研究，联动各区域城市政府共同实施区域性"优势产业关键技术突破工程行动计划"，选择有潜力和近期有重大突破的科学技术进行支持，推进关键科研机构的建设。提升区域高科技产业创新发展的质量，深刻把握产业发展的规律，坚持高端化、智能化、绿色化、集群化为发展方向，把项目作为现代产业体系构建的"牛鼻子"，招引一批科技含量高、带动力强、贡献度大的龙头和旗舰项目。强化高新园区等在产业发展中的主战场作用，围绕主导产业和资源优势，进一步富集创新要素、汇聚优势资源，加快打造特色创新集群以及产业集群，努力形成特色鲜明、错位发展、协同发展的空间格局。

第二节　战略支撑层的构建

创新活动并非是简单的一类经济活动。根据波特"四阶段"理论，创新又是继要素、资本之后的一类新的经济社会发展动力,因此创新会嵌入城市经济社会发展的一切活动,进而推动城市经济、社会、文化、人口、空间等重塑转型。从更长远或者研究服务的对象看,创新发展未来更可以引申为:面向未来,创新发展能够担当起全域发展的主线。这包括两个层面的思路设计:一是创新空间部署从局部的空间到城市的全域空间;其次是城市创新驱动力设计嵌入区域和城市整体发展战略。具体包括:

(1)创新核心功能、战略预见、关键技术环节,在城市和区域总体规划之中得以体现,形成以创新为导向的城市功能定位、战略愿景和主要工作抓手。(2)科技创新基础设施与功能布局、建设与运行,转型为以创新为导向的城市总体布局、都市圈一体化布局。(3)创新人才的汇聚、培养、创业与宜居,以城市国际化、区域一体化的开发协同等发展予以实现。(4)创新发展规则与立法保障,体现在以治理体系现代化为导向的城市总体规划制度创新与建设之中。(5)创新的政策设计、实施与评估,体现在以创新为核心的全方位政策响应与政府管理现代化之中。(6)创新生态系统培育,体现在城市总体规划中关于绿色人文内涵的城市本底,并升级成为创新创意创业发展最佳土壤。

一、打通创新供给侧,以"创新价值链"释放创新功能

强化创新经济全产业链建设,打通不同环节供需的联系,通过创新供给——创新需求的供应链建设,充分释放区域创新功能的。与一般产业发展不同,创新经济涵盖了从知识策源到最终产品生产的全过程,这也说明创新经济涵盖了高科技产业体系。由此,形成知识策源(高校和科研院所等为主体)、技术开发(各等级实验室、企业研发中心)、项目孵化(孵化器以及创业中心)、商业运作(高科技企业、中小型科技企业)等互相联系和功能支撑的创新价值链条。

在打通创新产业链联系与支撑的过程中,一是注重创新活动者的实际需求,根据创新活动者的需求配套政策,特别是围绕知识、技术、人才、资本等创新经济中的核心要素进行定向、专项服务,推动要素的顺畅流通;二是提供更好的中介服务,政府通过设立科技金融服务、专利交易平台、成果转化服务平台等,更好地为创新产业链的联系和沟通服务;三是注重既有体制机制障碍的破除,特别是围绕政府与企业关系、机构与企业关系、机构与个人知识产权关系等进行改革,激发科研人员创新活力,更好地让创新发展融入市场化力量。

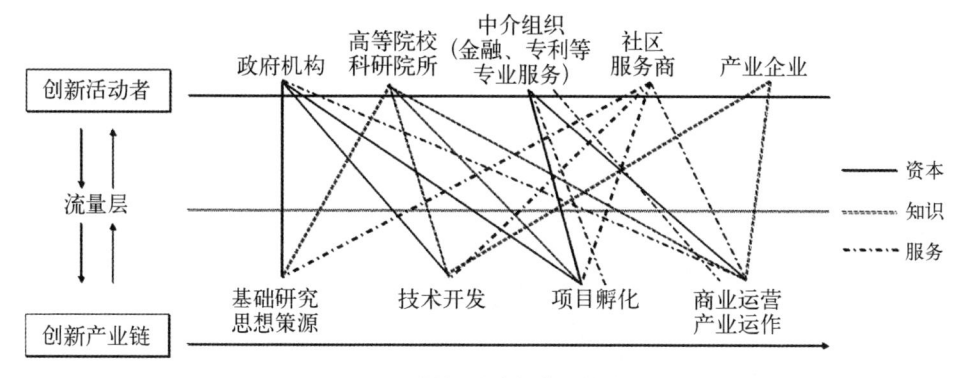

图 6-1 创新活动与产业链交互

二、打通创新需求侧，以"智慧城市"建设释放创新功能

需求引导在新兴产业和新兴经济发展过程中永远发挥重要的作用。区域创新经济的发展也离不开政府的支持，包括政策方面，但更包括政府营造市场需求方面。由于本研究为广义创新经济的概念，因此，提出以"智慧城市"乃至以"智慧区域"建设释放创新功能，特别是推动区域科技创新流量的流动与特定节点的驻足，打通科技创新链从知识策源到技术转化，到成果孵化、产业化发展，再到智慧城市、智慧区域的实际应用。

"智慧城市"或者"智慧区域"建设释放创新功能包括两条发展路径：第一，以城市和区域智慧运行为需求侧推力，结合智能制造升级、产业化创新为供给侧拉力，推动城市和区域的全域创新。第二，智慧城市、智慧区域的建设更可扩展至生产、生活、生态多个维度的实际需求，因此其对创新发展的需求更可以从多个维度进行分析，如政务管理、电子商务、应急指挥、交通管理、环境保护、社会安全服务、生态与环保监测、社区服务、智慧物流、智慧健康、社区卫生服务、家庭服务等多个领域。

三、深度结合创新要素需求，推进区域"创新生态系统"建设

与传统的CBD、交通枢纽商务区的内在特质有所不同，一个完整的区域创新空间一般包含了经济性、物理性以及网络性三类要素。这些要素与一种互助性、风险担当的文化氛围共同构成了一种"创新生态系统"(innovation ecosystem)（布鲁金斯，2014）。区域是最早出现的关于创新系统研究的空间尺度。

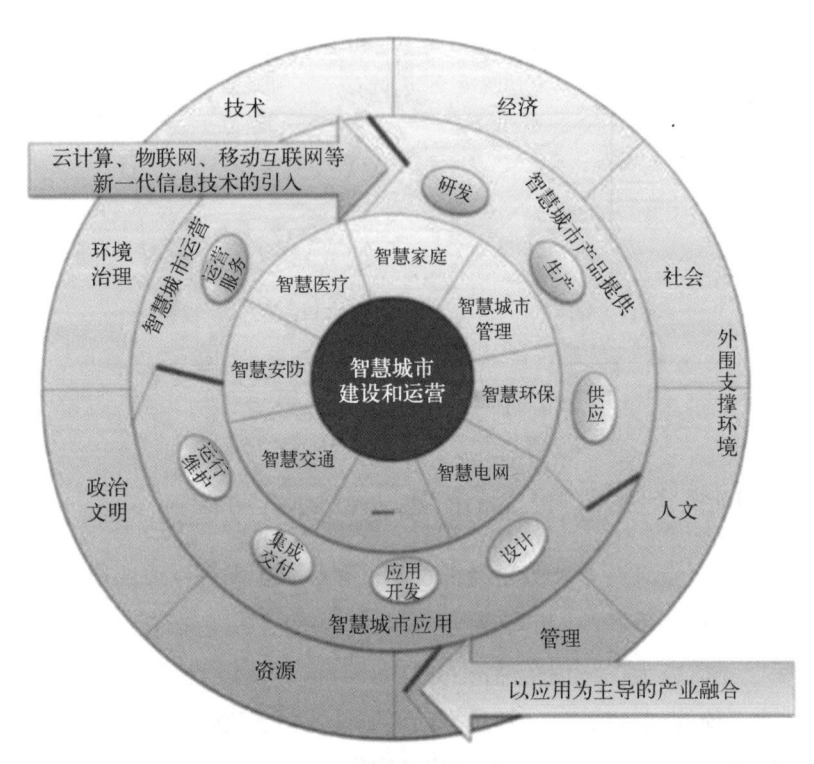

图 6-2 智慧城市建设和运营

(一) 经济要素: 创新经济的活动者

其中, 经济要素(Economic Assets)包括驱动、培育与支撑创新性环境的企业、机构与组织等。这类要素可分为三类主体: 创新驱动者、创新培育者以及社区便利设施。

第一, 创新驱动者主要为以市场化为目标, 开发前沿技术、产品以及服务的研发机构、科研机构、大企业、小微企业、创业企业与企业家等力量。由于区域产业结构各有不同, 因此, 不同创新城区的创新驱动者的组成情况也大相径庭, 从而形成各自的特色, 比如上海(综合科技创新为特色)、苏州(跨国公司研发创新为主)、嘉兴(地方科研院所和工程技术中心支撑的地方创新体系)都存在很大区别。

第二, 创新培育者主要是为创新个体、企业及其创意的发展提供支持的公司、组织以及相关群体, 包括孵化器、加速器、创意论证中心、技术交易平台、地方高校、就业培训企业以及促进专业技能学习的社区学校。在一些发达的创新空间,专利律师以及风险投资公司、银行也都投入创新领域的服务。创新培育者的高度集聚成为新型的创新城区区别于传统商务区、研发园区的重要特征,也是区域创新生态系统。

第三,社区便利设施为区域内的居民与就业者提供重要的服务,包括医疗诊所、商店、酒店、咖啡馆、小型宾馆、地方零售等。相关社区便利设施不仅能满足创新空间的消费需求,而且能够辐射更大的区域范围。

(二)物理要素:创新经济的承载空间

物理空间要素(Physical Assets)主要包括三类主体,分别是:产业与公共空间、城市更新改造的功能空间、连接创新空间与大都市区的交通以及通信工具。

第一,产业与公共领域物理空间转型升级的创新功能主要载体,例如工业园区、高新区、服务业集聚区等具有活力的地方性空间。这种产业与公共空间,在经济活动者、园区资产、创新支持者、社会环境等方面都与传统的产业空间有很大的不同,同时具有数字化的可通达性,即在空间内嵌入式配备高速互联网、无线局域网、计算机与数字播放设备等,与区域各层级创新要素实现无障碍的通信联系。

第二,城市更新改造的功能空间主要是城市针对老旧的产业区、居住区进行更新改造,以新手段促进创新行为的建筑与空间。这些城市更新改造的功能空间往往来源于传统类资产如工业区、办公楼宇、住房、社区服务零售店、商业及商务复合体等,经过重新设计改造,以服务创新型人群。

第三,对于区域创新系统及空间而言,消除先进研发机构与科技创新产业链其他功能载体的物理阻隔十分关键,相关手段包括快速交通联系通道建设、快速通信网络联系等。

(三)网络联系:区域创新经济背后的社会互动与要素流通程度

网络联系提升创新经济集群的价值与产出的能力已经得到各界的认可。从类别上看,网络要素(Networking Assets)主要分为"强连接"与"弱连接"两种,其判别的标准主要包括行为体之间的联系方式、联系频度、联系的互惠程度等。

第一,强连接网络要素主要指推动强化相似领域的相互联系。如技术联盟、研发联合团队等具有一定协议或合作模式限定的组织方式。

第二,弱连接网络要素主要指推动建立新兴、跨领域间的创新联系。其形式包括:创新交流会、交流联系餐会、跨产业的融合交流会议以及技术创业课程班。

第三节　空间组织层的构建

创新空间布局规划要充分考虑创新组织联系,通过合理布局推动创新要素(知识、专利、人才、信息、思想等)流量、流速等效率的提升,强化创新网络的空间组织和沟通联系。从布鲁金斯(2017)的研究看,创新空间的等级体系并不在于创新要素的规模,而在于创新要素在这里的集聚和辐射总量。这对创新空间的规划布局具有重要启示意义。

一、点-线-面组织

从发达国家典型创新型城市的案例看,由于在要素组织、发展驱动力、地理区位、经济社会环境等存在很大差异性,创新空间的组织运行模式存在很大的差异性,但从创新空间的起源和驱动力来看,也存在很多的发展共性。大多数创新空间可归纳为以下三种类型模式。

(一)"核心节点"(anchor node)

该模式的创新空间在区域创新空间系统中主要位于各城市创新功能集聚区,其典型特征为:在主要的支柱创新机构周边形成大规模混合功能开发;参与创新资源商业拓展的相关公司、延伸企业、服务企业等形成大量积聚的格局。

(二)"城市更新改造区"(re-imagined urban areas)

该模式的创新空间一般位于城区衰落地区。该区域内的工业或仓库区处于物理空间及其经济结构的转型过程当中,创新性增长为这种转型提供了一条新路径。改变进程往往受益于交通体系重塑、历史建筑遗存改造、与高租金的市中心区的邻近性,上述因素与先进研发机构与支柱性企业共同推动区域的创新发展。

(三)"城市化科技园区"(urbanized science park)

此类创新城区一般位于郊区及城市远郊区域。这些以往孤立、蔓延式的创新区域通过提升密度以及融合一系列零售、酒店等新功能等举措推进了城市化水平。北卡罗来纳创新三角区域,作为20世纪最具有标志性的研发型郊区,成为此类模式的典型代表。早在2012年,创新三角区发布新的未来50年战略规划方案。该规划提出集中建筑与基础设施的原则,计划新增一个具备活力的中心区,包括居民住区、零售业及轻轨交通体系等,从而避免以往依赖轿车的隔离性生产环境。

二、创新空间布局：点-线(环廊)

创新空间的线条，在空间规划中表现为环、廊、带等形式，其组织逻辑包括：板块整合、资源整合、产城融合。

一是按照创新价值链的组织，从知识产出、技术研究、实验室测试(中试)、技术开发、产业化运作(商业化运作)的链条自上到下推演组织。例如，浦东南北创新走廊、复旦创新走廊、嘉定中部创新走廊(菊园工业区)、紫竹创新走廊。

二是按照连通(交通)主干道的组织，连接多个创新型产业园区和创新发展平台，典型如G60创新走廊、广深科技创新走廊。

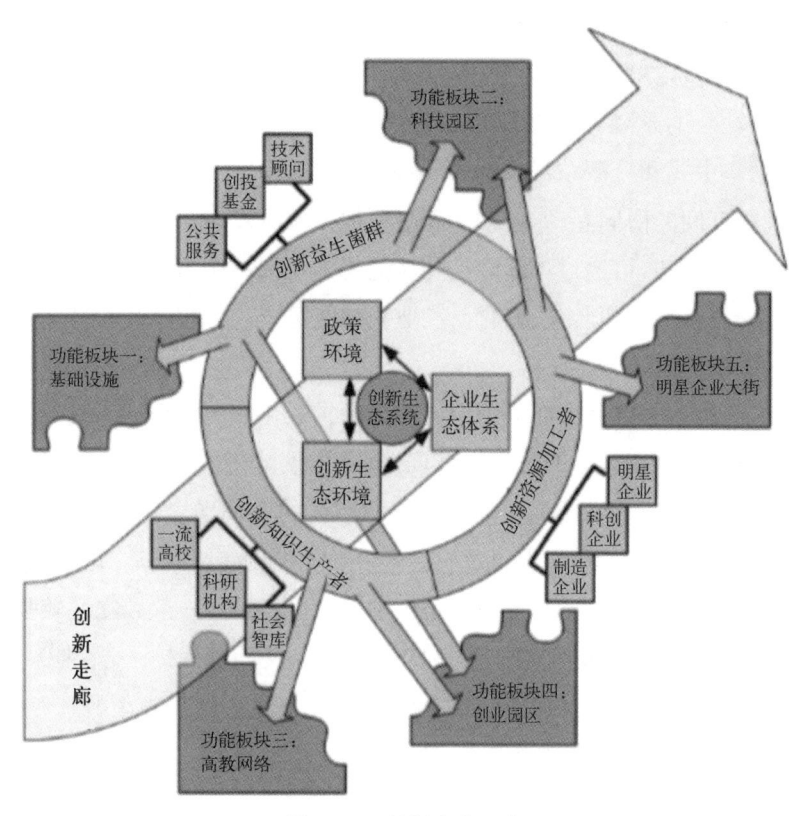

图6-3 创新走廊示意

三、创新空间一般架构：点-线(环)-面(网络)的组织

区域创新空间的网络包括了网和络。网是指要素的流通和联系，包括人才、

知识、技术、专利、产品等的流通情况；络是强调承接要素流通和联系的各种节点的情况。在理论模型构建中，网通过络实现联系。在本研究中，络的分析包括了综合创新核心、近邻创新节点和末端创新节点三类。

（一）综合创新核心

综合创新核心是区域创新要素最集聚的地域，担当区域创新核心驱动功能，引领区域产业整体转型升级，对于区域创新生态系统的发育和整体发展具有关键性领导作用。综合创新核心是区域创新网络的核心节点，在功能方面以知识创造和研发转化为核心活动，各类支持、配套、衍生要素环境集聚且组合良好，强调良好生态系统建设，充分利用城市服务体系和基础设施，创新活动与金融活动之间的响应充分，实现良好的社会支撑。

（二）近邻创新节点

以科技园、工业区、高新产业园区等形式存在的次级城市创新空间通常规模较大，包括集中式和分散布局式等多种空间形态间。该类创新空间同样强调功能组合及相互间的协同互动，但创新功能更加强调研发、生产等功能。与核心城市的关系较为密切，可通过不断建设和功能建构与核心城市逐渐融合到一起，成为区域创新系统的重要转化、孵化与产业化功能区。

（三）末端创新节点

当前，区域创新空间的布局出现了明显的扩散化倾向。作为末端创新节点，该类地域对综合创新核心的依赖性较弱，创新发展的内容已远远超过"产业"或"企业"本身，包括与大学城以及高科技产业园区的互动融合。该类城市创新节点是一种集合学习、创新、研发以及生产等多功能的创新综合体。由于缺乏与综合创新核心的联系和缺少服务配套，该类型城市创新节点一般独立性较强，有大型的生活、商业、娱乐、休闲设施，还有大片绿地以及环境保护区，不但为企业也为公众和社会创造了良好的生活和娱乐条件，更为重要的是为高科技产业所必需的创新环境的形成创造一个理想的景观和氛围。

第四节　区域划分与研究工具箱

不同类型的产业与空间是有指向关系的。科技要素、服务要素、资源要素、环境要素等在区域空间中并非均匀分布，创新发展预见将依赖空间所具有的要素类型与多寡归纳其所能发展的具有相似要素特点的产业,最终实现产业需求与空间供给的有效匹配。全球层面、国家层面包含要素相对丰富,难以归纳出区域与产业的对应关系。城市层面多以城市功能区为单位进行分类,结合产业创新发展的影响要素,将城市功能区按照产业属性划分为中心区、过渡区、发展区、特殊资源区等四类。

扩展到区域层面后,我们试图探讨区域层面的产业预见分析与区域空间尺度的更好融合,分为核心区、紧邻区、辐射区三个层面分析,以此推进科技创新发展与空间规划的更好融合。在创新生态系统分析中,继续划分为知识技术子系统、经济子系统、文化子系统、社会子系统、生态子系统以及治理子系统六个维度进行工具箱构建分析。在空间组织层中,沿着点-线-面基本组织结构,保持核心区、紧邻区、辐射区三个空间层面,进一步构建创新极核、创新节点、创新廊道以及创新网络空间组织。

一、核心区

客户群规模最大且集聚程度最高的区域一般为核心区,是创新要素尤其是高端科技创新最集中的区域。核心区域一般具有便捷的交通、成熟的商业环境、集聚的创新资源和专业人才,鼓励发展生产性的高端服务功能和总部功能,成为产业技术及创新产品商贸、展示、宣传区域。

在知识子系统中,核心区是知识技术研发的高地,并具备最大的知识技术消费能力,是区域知识技术扩散与转型的极核,引领区域参与国际竞争;在经济子系统中,具有超大的经济体量并能够支配较大范围的腹地,引导区域产业发展形成错位布局;在文化子系统中,核心区域具有最强的区域文化资源,积极容纳不同类型的文化融合,构建区域特色鲜明的创新文化环境;在社会子系统之中,呈现多元化社会和人口构成;在生态子系统中,是区域交通网络和区域大型创新技术设施网络的核心节点,引导形成区域创新网络的组织联系;在治理子系统中,通过创新网络要素的活跃流动,以确定自身在区域中在最高等级节点地位。

在空间组织体系中,打造区域创新网络中的核心区,并能够通过创新走廊与周边的紧邻区、辐射区形成多条联系通道,并构建基于知识、专利、产业、交通、信息等要素组织的多重网络。

二、紧邻区

紧邻区是指邻近核心区、有便捷交通支撑，并且兼具服务要素和较低成本的区域。这类区域因其紧邻着核心区，适合发展高科技产业、文化生产、创意设计、互联网等产业。

在知识子系统中，紧邻区集聚一定数量的高校以及科研院所，同时会吸引企业研发部门的集中。在经济子系统中，紧邻区一般具有相对独立的经济发展体系，但在创新经济发展中与核心区形成创新产业链的联系，更擅长打造基于知识技术成果转化开发、孵化与产业化发展平台，形成高科技产业基地；在文化子系统中，积极接受核心区开放、包容创新文化环境的辐射，形成传统与新型文化融合的异质性空间；在社会子系统中，类型相对核心区要相对简单，承受核心区的巨大辐射；在生态子系统中，是区域交通网络和创新基础设施网络的重要节点，进而形成创新活跃区；在治理子系统中，是区域创新网络的次级核心节点，集聚与辐射都较为活跃。

在空间组织体系中，紧邻区是区域创新网络中次级节点地区，是核心区与辐射区联系的联结者，核心区与紧邻区的联系构成区域创新网络的主要廊道，是区域创新要素流动最活跃的联通道路。

三、辐射区

辐射区是区域中较为边缘的地区或者是邻近核心区但交通不便捷的地区，具有成本优势和土地优势。因此，辐射区多数建有大规模的工业区、高新技术产业区、经济开发区等。这些区在发展过程中已经形成了若干科技创新要素，对城市功能的需求相对较弱。辐射区以制造业为基础，鼓励发展总部、研发、中试等功能，逐渐将塌陷的城市边缘地区转变为辐射周边城市的新增长极。

在知识技术子系统中，辐射区多是承受区域知识技术体系的辐射，是知识技术重要的消费市场，承接核心区和紧邻区的知识技术梯度扩散和转移，主要是实现知识技术的产业化生产；在经济子系统中，辐射区是知识技术创新成果主要转化地，产业以高端制造为主，园区平台是主要的经济载体；在文化子系统中，辐射区主要以高端制造业工人为主的群体为基础，创新文化更多是制造业产业文化，区内文化特质性强但较为单一；在社会子系统中，辐射区承接较大规模的外来蓝领工人,与本地社会系统存在一定的割裂,亟待产城融合、社会融合等措施进行社会治愈;在生态子系统中,辐射区是区域交通网络和区域创新基础设施网络的一般节点,但也存在创新要素较大规模的流量。

在空间组织体系中,辐射区一般以一般节点和不在创新主廊道的热点形式而存在,是区域创新网络中创新廊道的末端,或者区域创新网络毛细血管的节点,承担重要的高端制造功能。

表6-1 区域发展与产业布局的对应关系

要素名称	主要功能	产业建议	实际案例
核心区	知识技术的策源性生产	金融、信息、文化、服务	昆士兰创意产业园、韩国数字媒体城、徐汇(科技服务)、杨浦(创新创业)
紧邻区	知识技术成果转化开发、孵化与产业化发展	高科技、创意设计、互联网	裕廊国际商务区、松江G60科创走廊、嘉定科学城
辐射区	以制造业为基础,鼓励发展总部、研发、中试等功能	智能制造、战略性新兴产业	剑桥科技园、横须贺科学研究园、上海临港(智能制造)、苏州工业园区

第七章　上海大都市圈科技创新生态系统构成

第一节　上海科技创新发展现状

一、社会经济支持系统情况

(一) 经济发展情况

2017年上海全市实现地区生产总值（GDP）30 133.86亿元，较2016年增长6.9%，三次产业结构为0.3∶30.7∶69.0。按常住人口计算的上海市人均生产总值为12.46万元（18 300美元）。受国际、国内经济发展环境以及上海自身转型发展的影响，近五年上海市GDP增长保持相对低位的增长速度，增速连续两年低于6.9。但上海创新驱动、转型发展信念更加强化，"五个中心"目标通过城市总体规划予以明确，未来上海经济增长依然被看好。

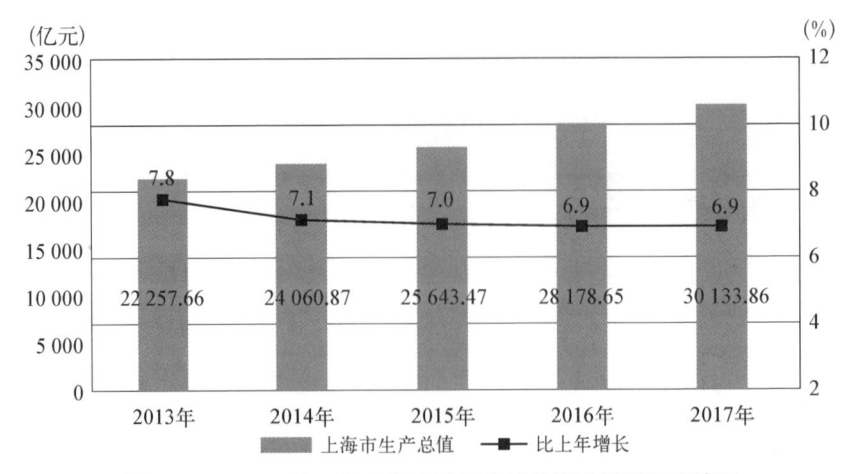

图7-1　2013—2017年上海市地区生产总值及增长速度情况

2017年上海完成工业总产值36 094.36亿元,增长6.5%。其中,规模以上工业总产值33 989.36亿元。其中,节能环保、新一代信息技术、生物医药、高端装备、新能源、新能源汽车、新材料等战略性新兴产业制造业完成工业总产值10 465.92亿元,比上年增长5.7%,占全市规模以上工业总产值比重达到30.8%。全年六个重点工业行业完成工业总产值23 405.50亿元,比上年增长9.0%,占全市规模以上工业总产值的比重为68.9%。

2017年,上海市战略性新兴产业增加值4 943.51亿元,比上年增长8.7%。其中,制造业增加值2 262.64亿元,增长8.1%;服务业增加值2 680.87亿元,增长9.2%。战略性新兴产业增加值占上海地区生产总值的比重为16.4%,比上年提高1.2个百分点。

表7-1　2017年上海六个重点行业工业总产值及其增长速度

指　　标	绝对值(亿元)	比上年增长(%)
六个重点行业工业总产值	23 405.50	9.0
电子信息产品制造业	6 505.04	7.6
汽车制造业	6 774.33	19.1
石油化工及精细化工制造业	3 798.68	1.8
精品钢材制造业	1 281.40	2.0
成套设备制造业	3 978.73	4.2
生物医药制造业	1 067.32	6.9

(二) 社会文化情况

至2017年底,上海市常住人口总数为2 418.33万人。其中,户籍常住人口1 445.65万人,外来常住人口972.68万人。据抽样调查,全年全市居民人均可支配收入58 988元,扣除价格因素,实际增长6.8%。城镇居民人均住房建筑面积36.7平方米,居民住宅成套率达97.3%。

2017年市民参与文化活动人数达到3 000万人次。大世界非遗中心、世博会博物馆、上海交响音乐博物馆对外开放。全市共有市、区级文化馆、群众艺术馆25个、艺术表演团体210个,市区级公共图书馆24个,档案馆49个,博物馆125个。全市共有公共广播节目22套,公共电视节目25套。全市共有医疗卫生机构5 144所,卫生技术人员18.80万人。全年全市医疗机构共完成诊疗人次

2.73 亿人次。

（三）生态环境情况

2017年全社会用于环境保护的资金投入923.53亿元，相当于上海市生产总值的3.1%。全年环境空气质量（AQI）优良率为75.3%，比上年下降0.1个百分点。至2017年末，城市污水处理厂日处理能力达831.70万立方米，比上年末增长2.4%。全市生活垃圾末端处理能力24 650吨/日。全年清运生活垃圾899.5万吨，生活垃圾无害化处理率达100%。完成新造林6.5万亩，新建绿地1 358.5公顷，其中公园绿地830.8公顷，全市森林覆盖率达16.2%。至2017年末人均公园绿地面积达到8.02平方米，湿地保有量达46.46万公顷。

二、科技创新发展基础

至2017学年末，全市共有普通高等学校64所，从事科技研发的科研院所为132家，设立研发中心的规模以上企业为8 351家。普通高校从事科技活动人员为74 149人，科研院所从事科技活动的人员为38 065人，企业从事研发活动的人员为210 759人。2016年国家重点实验室为44个。

表7-2 2011—2016年上海科学技术活动人员增长情况

	2011年	2012年	2013年	2014年	2015年	2016年
科技活动人员合计（人）	375 269	389 060	431 593	450 968	448 099	498 801
科研机构科技活动人员（人）	34 038	37 273	39 132	40 251	40 731	42 847
规模以上工业企业科技活动人员（人）	187 932	197 945	206 825	222 922	212 559	210 759
高等院校科技活动人员（人）	62 510	63 410	64 086	65 406	71 658	74 149

2016年上海市研发经费投入首次超过1 000亿元，全年研发经费支出占上海市生产总值的比例为3.72%左右。2017年全市研发经费支出达到1 121亿元，占上海市生产总值的比例为3.78%。

2017年末，全市科技小巨人和科技小巨人培育企业共1 798家，技术先进型服务企业274家。年内共认定高新技术企业3 247家，全市2015—2017年有效期内高新技术企业总数达到7 642家，净增长704家。全年共认定高新技术成果转化项目493项。其中，电子信息、生物医药、新材料等重点领域项目

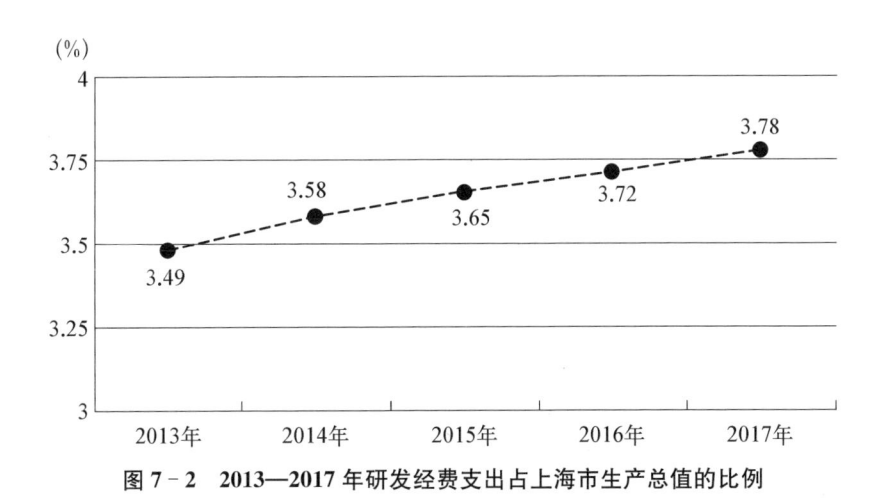

图 7-2 2013—2017 年研发经费支出占上海市生产总值的比例

占 87.4%。至 2017 年末,累计认定高新技术成果转化项目 11 462 项。累计有 172 家科技创新企业在上海股权托管交易中心"科技创新板"挂牌。

表 7-3 上海高新技术企业发展情况

	2015年合计	开发区内	开发区外	2016年合计	开发区内	开发区外
企业数(个)	6 071	2 936	3 135	6 938	3 078	3 860
年末职工数(万人)	134.44	77.29	57.15	142.37	72.66	69.71
♯大专以上人数(万人)	85.14	54.04	31.10	93.61	52.30	41.31
总产值(亿元)	12 223.56	6 690.68	5 532.88	12 485.21	6 677.73	5 807.48
♯人均(万元)	90.92	86.57	96.81	87.70	91.90	83.31
总收入(亿元)	18 001.09	10 832.02	7 169.07	20 044.95	10 398.60	9 646.35
♯高新技术及产品收入(亿元)	10 973.66	5 566.03	5 407.63	12 178.93	6 624.79	5 554.14
利税总额(亿元)	2 553.03	1 762.13	790.90	2 806.18	1 760.62	1 045.56
♯利润(亿元)	1 678.51	1 202.89	475.62	1 813.77	1 270.00	543.77
♯税金(亿元)	874.52	559.24	315.28	992.41	490.62	501.79
人均利税(万元)	18.99	22.80	13.84	19.71	24.23	15.00
科研开发费(亿元)	1 193.21	714.75	478.46	1 579.75	928.21	651.54

续 表

	2015年合计	开发区内	开发区外	2016年合计	开发区内	开发区外
创汇（亿美元）	399.75	255.67	144.08	314.28	195.85	118.43
开发完成高新园区（平方千米）	202.00	202.00	—	400.90	400.90	—

2017年，上海市加大海外人才和高层次人才引进培养力度，推进实施两批共22条海外人才出入境试点政策，引进海外人才110 426人。全年受理专利申请达到131 746件，其中，发明专利申请为54 633件。全年专利授权量为70 464件，发明专利授权量为20 681件。全年PCT国际专利受理量2 100件，比上年增长34.6%。至2017年末全市有效发明专利达100 433件，每万人口发明专利拥有量为41.5件，比上年增长17.9%。全年经认定登记的各类技术交易合同为21 559件，合同金额达867.53亿元。

三、科技创新发展规划

上海市科技十三五规划，提出要牢牢把握科技进步大方向、产业变革大趋势、集聚人才大举措，面向经济社会发展主战场，破除体制机制障碍，强化企业创新主体地位，营造良好的创新生态环境，以重大创新改革举措为抓手，加快向具有全球影响力的科技创新中心进军，为形成国际性重大科学发展、原创技术、高新科技产业重要策源地和全球重要创新城市打好框架。

（一）建设张江综合性国家科学中心

瞄准世界科技前沿和顶尖水平，汇聚各类创新资源，力争在基础科技和关键核心技术领域取得大的突破。依托张江地区已形成的国家重大科技基础设施，打造超强超短激光、活细胞成像平台、海底长期观测网、高效低碳燃气轮机试验装置等高度集聚的重大科技基础设施集群。

建设世界一流科研大学和学科，汇聚培育全球顶尖科研机构和一流研究团队。大力吸引海内外顶尖实验室、研究所、高校、跨国公司来沪设立全球领先的科学实验室和研发中心。聚焦生命、材料、环境、能源、物质等基础科学领域，发起设立多学科交叉前沿研究计划。

探索实施科研组织新体制，建立符合科学规律、自由开放的科学研究制度环境,探索改革国家重大科技基础设施运行保障制度。

(二) 推进重大战略项目、基础前沿工程和创新功能型平台建设

聚焦国家战略布局、上海自身有基础、有望突破且能填补国内空白的领域,实施航空发动机与燃气轮机、高端医疗影像设备、高端芯片、新型显示等一批重大战略项目,实施脑科学及人工智能、量子通信等一批基础前沿工程,率先突破一批关键技术,代表国家参与国际科技合作与竞争。

在信息技术、生命科学和医学、高端装备等领域,重点建设若干开放式共性技术研发支撑平台。围绕技术转移、成果孵化、军民融合等领域加快建设科技成果转化和产业化服务支撑平台。

(三) 加快推进国家全面创新改革试验

建立符合创新规律的政府管理制度,加快政府职能从研发管理向创新服务的转变。改革政府支持方式,加大创新产品和绿色产品的政府采购力度。建立财政科技投入统筹联动机制,提高财政资金用于人力及软投入比例,对基础前沿类科技计划,建立持续稳定的财政支持机制。

扩大科研院所自主权,赋予创新领军人才更大的人财物支配权、技术路线决策权。构建市场导向的科技成果转移转化机制,完善科技成果的使用权、处置权、收益权归属制度,探索实施科技成果转化普惠税制。

实施激发市场创新动力的收益分配制度,大幅提高科技成果转化收益中科研人才收益的比例,建立职务发明法定收益分配制度,探索完善股权激励机制和配套税征制度。健全企业主体的创新投入制度,探索进一步扩大高新技术企业认定和研发费用加计扣除范围,激发企业创新投入动力。在上海证券交易所建立"战略新兴板",加快发展股权托管交易中心科技创新板。

探索设立国有资本和民间资本共同参与的非营利性新型产业技术研发组织。改革药品注册和生产管理制度,试点推进创新药物上市许可持有人制度。

(四) 建设各具特色的科技创新中心重要承载区

着力打造全球化新态势的创新创业生态系统,推进国家全面创新改革试验、国家自主创新示范区、自贸试验区联动发展,把张江国家自主创新示范区建设成为创新环境开放包容、创新主体高度集聚、创新要素自由流动的国际一流科技园区。把紫竹国家高新技术产业开发区打造成为科技成果转化示范区。推进杨浦国家创新型试点城区产城融合、学城融合,建设万众创新示范区。在嘉定新兴产

业发展示范区建设半导体芯片和传感器、新能源汽车、高端医疗装备等领域产业研发平台。建设漕河泾科技服务示范区，打造临港智能制造示范区。

鼓励各区县因地制宜，主动作为，闯出各具特色的创新发展新路，建设各具特色的科技创新功能集聚区。

（五）加快形成大众创业万众创新蓬勃发展局面

激发人才创新创业热情，鼓励敢于承担风险、勇于开拓创新、志于追求卓越，推动全社会形成鼓励创新、宽容失败的氛围。开展降低实体经济企业成本行动，优化企业发展环境。促进众创、众包、众扶、众筹等创新模式的支撑平台发展，打造专业化、市场化的众创空间。研究探索鼓励天使投资等创新创业的普惠税制。

发挥政府创业投资引导基金作用，鼓励更多社会资本发起设立创业投资、天使投资和股权投资。探索开展投贷联动等金融服务模式创新，形成创业投资和天使投资集聚活跃、科技金融支撑有力的创新投融资体系。健全科技中介等创新创业服务体系。支持科技型中小企业健康发展，培育一大批领军型创新企业。

实行严格的知识产权保护，推进创新主体运用国际知识产权规则的能力建设，提升知识产权质量和效益，深化知识产权领域改革，发展知识产权服务业，加强知识产权交易平台建设，推进上海亚太知识产权中心城市建设。

四、战略性新兴产业发展

按照高端化、智能化、绿色化、服务化要求，促进产业融合发展，不断完善以现代服务业为主、战略性新兴产业引领、先进制造业支撑的新型产业体系，不断提升服务经济特别是实体经济发展的质量和水平。到2020年，服务业增加值占全市生产总值比重达到70%左右，制造业增加值占全市生产总值比重力争保持在25%左右。

（一）积极发展战略性新兴产业

紧密结合科技创新中心建设，推进信息技术与制造技术深度融合，发展基于工业互联网的新型制造模式，向高端制造、智能制造迈进，成为世界级新兴产业创新发展策源地。

实施战略性新兴产业重大项目，突破一批国家亟须、具有国际影响力的关键核心技术,在半导体装备材料、工业机器人、深远海洋装备等领域填补国内空白,加快形成产业化能力。进一步提升自主发展能力和国际竞争力,发展壮大新一代信息技术、生物医药与高性能医疗器械、高端装备、新能源与智能网联汽车、航空航天、新材料、节能环保、服务型制造和生产性服务业等产业。实施工业强基工程,夯实制造业基础,全面提升上海在传统优势产业、极限制造、精密制造、成套制造等领域的能力。

(二)改造提升传统优势制造业

实施"互联网+"行动,推动传统制造业拥抱互联网,实施设施装备智能化改造,加快生产方式向数字化、网络化、智能化、柔性化转变。推动制造业运用现代设计理念和先进设计手段,使用绿色、节能和多功能多用途新型材料,加快向价值链高端转型,提高产品附加值率。

做强汽车、船舶等传统优势产业集群,提升其在全球产业链和价值链中的地位。汽车产业向智能网联汽车和新能源汽车升级。船舶产业向高端船舶和海洋工程装备产业升级,形成研发设计、总装建造、关键设备和技术服务于一体的海洋工程产业体系。钢铁、石化产业要向新材料领域延伸产业链。都市工业加快向文化创意产业转型升级。制定并动态更新产业结构调整的负面清单,坚定不移加大劣势产业和落后产能淘汰力度。

(三)加快发展新技术新产业新业态新模式

顺应产业跨界融合的大趋势,大力培育新技术、新产业、新业态、新模式,形成经济增长新动能。大力实施"互联网+"动计划,加快分享经济发展,推动"新硬件"制造。破除制度性瓶颈,创新监管方式,促进平台经济、移动互联网、大数据、云计算、物联网等加速发展。关注和呵护中小微企业发展,健全扶持和保障中小微企业发展的政策法规体系,着力营造适合中小微企业发展土壤,鼓励企业做精做深做强,培育"专精特新"中小企业,打造细分市场"隐形冠军"。

第二节 江苏三市科技创新发展现状

苏州、无锡和南通三市分别位于上海市的西部和北部,是上海大都市圈的重要组成部分。三市与上海地缘和文化相近,经济社会联系紧密,是深化协同创新的重要区域。

一、社会经济支持系统情况

苏州、无锡和南通三市土地总面积近 2.4 万平方千米,约为上海市土地面积的 3.8 倍。2017 年三市常住人口约 2 454 万人,略高于上海市,经济总量约 3.6 万亿元,约为上海市的 1.2 倍。

2017 年,苏州、无锡和南通三市分别实现地区生产总值约 1.73 万亿元、1.05 万亿元和 0.77 万亿元,分别比上年增长 7.1%、7.4% 和 7.8%,增速均高于上海市及全国平均水平;地均生产总值分别达到 2 亿元/平方千米、2.27 亿元/平方千米和 0.73 亿元/平方千米,均明显低于上海(约 4.75 亿元/平方千米)。

2017 年末,三市常住人口分别为 1 068.4 万人、655.3 万人和 730.5 万人,其中苏州和无锡两市的常住人口高于户籍人口,人口净流入;南通市常住人口少于户籍人口,人口呈净流出格局。2017 年苏州地方财政一般公共预算收入超过 1 900 亿元,无锡和南通的该指标处于 500 亿—1 000 亿元之间,与上海存在较大差距。2017 年苏州和无锡的城镇居民人均可支配收入均达 5 万元以上,南通城镇居民人均可支配收入超过 4 万元。

表 7-4 2017 年江苏三市与上海面积、人口和经济主要指标及比较

地区	土地面积(平方千米)	常住人口(万人)	GDP(亿元)	增长(%)	一般公共预算收入(亿元)	城镇居民人均可支配收入(元)	农村居民人均可支配收入(元)
上海	6 340.5	2 418.33	30 133.86	6.9	6 642.26	62 596	27 825
苏州	8 657	1 068.4	17 319.51	7.1	1 908.1	58 750	29 900
无锡	4 627.46	655.3	10 511.8	7.4	930	52 659	28 358
南通	10 549	730.5	7 734.6	7.8	590.6	42 756	20 472

资料来源:土地面积数据来自各市 2017 年统计年鉴,其他数据来自各市 2017 年国民经济和社会发展统计公报和 2017 年 12 月统计月报。

当前,苏州、无锡和南通三市均已形成"三、二、一"型产业结构,但第三产业和第二产业的比重差距较小,总体呈现工业和服务业基本并重的经济结构特征。其中,苏州、无锡两市第三产业占经济结构中的比重达到 50% 以上,南通市该指标尚低于 50%。2017 年,苏州和无锡两市的人均生产总值均已突破 16 万元,高于上海,南通人均生产总值突破 10 万元,低于上海。2017 年,苏州和无锡城镇

化率分别达到76.1%和76%,南通城镇化率为66%,均低于上海,但高于全国平均水平,并已步入城镇化中后期发展阶段。

表7-5 2017年江苏三市与上海主要发展指标比较

地 区	产业结构(%)			人均GDP（万元）	城镇化率（%）
	第一产业	第二产业	第三产业		
上海	0.3	30.7	69	12.46	87.9
苏州	1.3	47.5	51.2	16.21	76.1
无锡	1.3	47.2	51.5	16.07	76
南通	4.9	47.1	48	10.59	66.0

注：上海市城镇化率数据为2016年值,苏州人均GDP数据根据GDP和常住人口数据计算。
资料来源：上海市城镇化率数据来自《中国统计年鉴2017》；其他数据来自表中各市2017年国民经济和社会发展统计公报或2017年12月统计月报。

综上分析,苏州、无锡和南通三市的城市规模能级及影响力、区域经济总量、人口规模、人口密度、地均产出、地方财政一般公共预算收入等低于上海,区域经济发展阶段和城镇化进程落后于上海。但苏州、无锡和南通三市综合发展实力较强,经济发展水平处于长三角城市群前列,尤其是苏州和无锡两市,人均GDP、农村居民人均可支配收入等水平高于上海。三市与上海的发展差距较小,人口和资源要素在区域内的流动性较强,区域间经济社会联系紧密,有利于优势互补,多空间、多领域、多层次深入开展协同创新。

二、科技创新发展基础

近年,苏州、无锡和南通三市加大对科技创新的支持引导力度,创新载体建设发展速度加快,创新资源要素不断集聚。

(一) 创新载体不断扩张升级

近年,江苏三市科技创新载体建设发展速度较快,呈现数量规模增长,能级水平提升的发展态势。

2017年,苏州新落户中科院上海技术物理所苏州研究院、上海交通大学人工智能研究院、东南大学苏州医疗器械研究院、哈佛大学韦茨创新中心、科大讯飞苏州研究院等科研院所。2017年末,苏州共有省级以上工程技术研究中心677家,其中年度内新增67家；省际以上企业技术研究中心447

家,其中年度内新增 66 家;省级以上工程中心(实验室)79 家,其中年度内新增 11 家;省级以上公共技术服务平台 60 家,其中国家级 15 家;国家级众创空间 51 家,其中年度内新增 19 家;省级众创空间 148 家,省级以上科技孵化器 107 家。

2017 年,无锡新增省级工程技术研究中心 22 家、省级企业技术中心 23 家、国家技术创新示范企业 1 家;年末共有国家级工程技术研究中心 6 家、省级以上重点实验室 9 家、省级以上企业重点实验室 6 家、国家级国际合作基地 10 家、省级国际技术转移中心 8 家、省级众创空间 36 家、省级创业示范基地 24 家。2017 年无锡市规模以上工业企业中,有研发活动的企业 2 840 家,占规模以上企业数的一半以上,企业办科技机构 2 749 家。

2017 年南通新建省级工程技术研究中心 18 家、省级企业院士工作站 3 家、省级研究室工作站 42 家;新建市级公共技术服务平台 2 家、市级工程技术研究中心 65 家、企业研究院 2 家、重点实验室 4 家;新建科技孵化器 47 家,其中国家级 14 家、省级 26 家。

(二) 人才实力不断增强

2017 年,苏州各类人才总量达到 259.2 万人,其中高层次人才 22.3 万人,年内新增 2.25 万人;高技能人才 54.6 万人,年内新增 2.2 万人;国家"千人计划"人才 237 人,年内新增 18 人,省"双创计划"人才 782 人,年内新增 99 人;全市拥有各类专业技术人员 176.4 万人。

2017 年,无锡加大人才引进和培育力度,实施"太湖人才计划"升级版,举办高层次人才创新创业无锡交流大会、"百企千才高校行"和青年企业家基业长青"百千万工程"活动,全年新引进各类人才 7.5 万人。至 2017 年,全市累计培育国家"千人计划"专家 88 人,其中,年内自主培育 4 人。2017 年末在无锡的创新创业"千人计划"专家总计有 245 人。

2017 年,南通市落实"人才八条"新政,制定 22 个配套政策和中央创新区专项政策,新增省"双创"人才 61 名、团队 7 个,均居全省前列。

(三) 高等院校支撑能力较好

2017 年,苏州共有普通高等院校 26 所,普通高等学校在校学生 21.75 万人,毕业生 6.55 万人;成人高等学校在校学生 2.89 万人,毕业生 1.19 万人。

2017 年,无锡共有普通高等学校 12 所,在校生 10.55 万人,毕业生 3.20 万人;研究生教育招生 0.26 万人,在校生 0.72 万人,毕业生 0.19 万人。

2017 年,南通共有普通高等学校 8 所,在校学生 9.95 万人;成人高校 2 所,在校学生 1.8 万人。

三、科技创新发展规划

(一) 政策支持引导力度加大

2017 年,苏州加大对科技创新发展的支持力度,设立创新产业发展引导基金,发放"科贷通"贷款 70 亿元,全市创投机构管理资金 1 203 亿元。落实研发费用加计扣除等政策,推动企业研发投入增长 10%;全市财政性科技投入 123.7 亿元,占一般公共预算支出的 7%;研发经费支出占地区生产总值的比重达到 2.82%。

2017 年,无锡围绕苏南国家自主创新示范区建设目标,组织实施"创新驱动核心战略 30 条""知识产权强市建设 15 条"等政策措施,科技进步综合评价排名上升到全省第二位。深入实施高新技术企业培育计划,实施"强内拓外"产学研工程,推动市域企业与 140 多家高校院所建立校企联盟 910 家,推进建设产学研合作新型研发机构 21 家、院士工作站 139 家。企业研发经费占销售收入比重提高到 1.75%,列全省第一。全社会研发投入占地区生产总值比重提高到 2.86%,科技进步贡献率提高到 63.5%,保持全省领先水平。

2017 年,南通出台《建设国家创新型城市打造创新之都行动方案》,落实通创币、创新券等政策,规划建设众创社区,深化产学研合作,新建技术转移中心 4 家。组建产业技术创新联盟,举办"企业家面对面"活动。全社会研发投入占地区生产总值的比重达到 2.69%,较上年提高。

(二) 知识产权建设不断加强

2017 年,苏州知识产权强市建设加快,苏州知识产权法庭获准成立,江苏国际知识产权运营交易中心投入运营,苏州成为国家知识产权运营服务体系建设重点城市。2017 年,苏州专利申请量 113 694 件,其中发明专利申请量 45 768 件,实用新型专利申请量 60 357 件;专利授权量 53 223 件,其中发明专利授权量 11 618 件,实用新型专利授权量 36 566 件;年末万人有效发明专利拥有量 45.5 件,较上年末增加 7.5 件。

2017 年,无锡发明专利申请量 20 122 件,发明专利授权量 4 826 件;万人有效发明专利拥有量达34件。

2017年,南通市专利申请量54 742件,其中,发明专利申请量13 386件;专利授权量19 057件,其中发明专利授权量2 630件;万人发明专利拥有量23.8件,增长30%;PCT专利申请量达988件,增长79%。

四、战略性新兴产业发展

近年,江苏三市高新技术产业和战略性新兴产业等科技产业总体都呈现较快的发展势头。

2017年,苏州共有高新技术企业4 469家,其中年内新增1 573家,占总量的1/3以上;新兴产业制造业产值达1.63万亿元,占规模以上工业总产值的比重达50.8%,较2016年比重提高1个百分点。六大工业新兴产业中,工业机器人产业产值比2016年增长35%,产量比2016年增长80%;集成电路产业产值比2016年增长15%,产量比2016年增长10%;3D打印设备产量比2016年增长70%。全年新兴产业投资项目2 797个,完成投资约1 410亿元,占全社会固定资产投资的25.2%,比重较2016年提高;其中工业新兴产业投资1 308亿元,占工业投资的65.9%。

2017年,无锡深入实施高新技术企业培育计划,年内新增省级科技小巨人企业4家,年末共有高新技术企业1 669家,高新技术产业产值达6 670亿元,占规模以上工业总产值比重达到42.3%,新认定省级高新技术产品1 165个。战略性新兴产业重点行业特色与优势增强,发展态势较好。作为中国物联网发源地的影响力提升,成功举办2017世界物联网博览会,华为、阿里巴巴、腾讯、中电海康等一大批高科技企业项目相继落户,鸿山物联网小镇建设顺利推进,雪浪、慧海湾物联网小镇和浪潮大数据产业园、国家智能交通综合测试基地启动建设,物联网产业营业收入增长18%。江阴高新区获批国家集成电路封测高新技术产业化基地,华虹集成电路研发和制造等一批龙头项目相继落地,无锡作为集成电路重要产业基地的地位进一步巩固提升。制定实施《智能制造三年行动计划》,积极开展"中国制造2025"苏南城市群试点示范,组织实施270个智能化改造项目,新增省级示范智能车间17家,惠山智能制造物流装备产业基地获批国家火炬特色产业基地。

2017年,南通高新技术企业突破1 000家,达到1 045家,新增省级高新技术产品927项;高新技术产业产值7564.3亿元,占规模以上工业比重50.3%,居全省第二。船舶海工、电子信息、高端纺织加快智能化改造,新增国家试点示范企业3家、制造业单项冠军企业3家、技术创新示范企业1家。六大新兴产业产值5083.6亿元,占规模以上工业的比重达33.8%;电子信息、智能装备、新材料产业等三大重点支柱产业均实现两位数以上的较快增长。

第三节 浙江三市科技创新发展现状

一、社会经济支持系统情况

尽管在经济总量方面与上海存在一定差距,但在人均收入等指标方面,浙江三市与上海相差不大,呈现出市域经济发达,消费能力强,良好的经济发展前景。这对于三市科技创新发展提供了较好的社会经济基础。

表7-6 浙江三市经济社会发展总体情况

	宁波	嘉兴	舟山	上海
陆域面积(平方千米)	9 816	4 223	1 440.12	6 340
常住人口(万人)	800.5	465.6	116.8	2 418.33
城镇化率(%)	72.4	64.5	67.9	
城镇居民人均可支配收入(元)	55 656	53 057	52 516	58 988
2017年GDP(亿元)	9 846.9	4 355.24	1 219	30 133.86
产业结构	3.2∶51.8∶45.0	3.1∶53.0∶43.9	11.7∶36.5∶51.8	0.3∶30.7∶69.0
人均GDP(常住人口)(元)	124 017	93 964	104 811	124 600
GDP增长率(%)	7.8	7.8	8.8	6.9
18—59岁人口比例(%)		61.06	61.75	56.82

资料来源:各地2017年统计公报,为2017年数据。其中,18—59岁人口比例数据为2016年数据,来自各地2017年统计年鉴。

基于经济社会发展的合作和升级需求,浙江三市积极与上海合作,在长三角地区建设异地合作园区和开发区分区就有张江平湖科技园、漕河泾开发区海宁分区、上海药谷嘉兴产业园等。

二、科技创新发展基础

(一) 创新主体情况

嘉兴有各类高等教育学校10所,在校生9.22万余人,其中全日制普通高校6所,在校生6.92万人。2017年,嘉兴全市发明专利申请量和发明专利授权量分别为9 493件和1 850件。全市年末有国家级高新技术企业889家,省级科技型中小企业2 791家,比上年增加638家。科技创新投入力度加大,全年全市规模以上工业企业科技活动经费支出增长23.1%,占主营业务收入比重为2.2%。2017年,宁波有高校16所,在校学生19.6万人。2017年,舟山有普通高等院校4所,招生8 108人,在校生25 285人,毕业生7 183人。

(二) 创新载体情况

浙江三市有科技孵化器、生产力促进中心、企业研究院、高新技术开发区、火炬计划特色产业基地、高新技术特色产业基地,从空间分布情况看较为均衡。这些创新载体对于各市科技创新发展具有重大支撑作用。

表7-7 浙江三市拥有的孵化器

序号	孵化器名称	批准年份	是否国家级	升为国家级年份
1	宁波市科技创业中心	1999	国家级	2002
2	嘉兴科技创业服务中心	2003	国家级	2005
3	舟山市普陀海洋高科技创业中心有限公司	2003	—	
4	宁波保税区科技促进中心	不详	国家级	2006
5	宁波市江东科技创业服务中心	2005		—
6	浙江秀洲慧谷科技创业中心	2005	国家级	2010
7	宁波经济技术开发区科技创业园	2006	国家级	2008
8	嘉善县科技创业服务有限公司	2006	国家级	2007
9	海盐县科技创业服务中心	2006	国家级	2015
10	嘉兴市南湖科技创业服务中心	2007	国家级	2009
11	浙江大学科技园宁波发展有限公司	2008	国家级	2009
12	宁波市大学科技园发展有限公司	2008	国家级	2015

续表

序号	孵化器名称	批准年份	是否国家级	升为国家级年份
13	银江孵化器股份有限公司	2008	国家级	2011
14	浙江赛博科技孵化器有限公司	2009	国家级	2010
15	浙江清华长三角研究院科技企业孵化器	2009	—	—
16	海宁市科技创业中心	2009	国家级	2015
17	舟山市创意软件园创业中心	2009	—	—
18	宁波市鄞创科技孵化器管理服务有限公司	不详	国家级	2009
19	舟山定海区海洋科技创业中心	2011	—	—
20	宁波甬港现代创业服务中心	2011	国家级	2013
21	中国计量大学国家大学科技园	2011	国家级	2014
22	平湖市科技创业孵化中心	2011	国家级	2013
23	嘉兴天盈科技发展有限公司	2012	—	—
24	桐乡市濮院毛针织技术服务中心	2012	—	—
25	浙江清华长三角研究院杭州分院	2016	—	—
26	嘉兴颐高数码科技有限公司	2016	—	—
27	嘉兴创新园发展有限公司	2016	—	—
28	中节能(嘉兴)环保科技园发展有限公司	2016	—	—
29	舟山市海创科技发展有限公司	2016	—	—
30	宁波市鄞州鄞创大学生创业园管理服务有限公司	2016	国家级	2016

表7-8 浙江三市拥有的国家级高新技术产业开发区

序号	名称	所在地	批准年份
1	宁波国家高新技术产业开发区	宁波市	2007
2	嘉兴秀洲高新技术产业开发区	嘉兴市	2015
3	嘉兴省级高新技术产业园区	嘉兴市	1997
4	舟山省级高新技术产业园区	舟山市	2010

续表

序号	名称	所在地	批准年份
5	海宁省级高新技术产业园区	嘉兴市海宁市	2010
6	舟山船舶装备高新技术产业园区	舟山市	2012
7	宁波杭州湾高性能新材料高新技术产业园区	宁波市	2013
8	嘉兴南湖高新技术产业园区	嘉兴市	2015
9	宁波江北光电新材料高新技术产业园区	宁波市	2016
10	乌镇大数据高新技术产业园区	嘉兴市	2016

表7-9 浙江三市拥有的国家火炬计划特色产业基地

序号	名称	所在地	批准年份
1	国家火炬计划宁波电子信息产业基地	宁波市	2002
2	国家火炬计划海宁软磁材料产业基地	嘉兴市海宁市	2003
3	国家火炬计划桐乡新型纤维产业基地	嘉兴市桐乡市	2004
4	国家火炬计划嘉兴电子信息产业基地	嘉兴市	2004
5	国家火炬计划平湖光机电特色产业基地	嘉兴市平湖市	2004
6	国家火炬计划嘉善新型电子元器件产业基地	嘉兴市嘉善县	2005
7	国家火炬计划北仑注塑机产业基地	宁波市北仑区	2005
8	国家火炬计划海宁纺织新材料产业基地	嘉兴市海宁市	2005
9	国家火炬计划宁波鄞州新型金属材料产业基地	宁波市鄞州区	2006
10	国家火炬计划嘉兴汽车零部件特色产业基地	嘉兴市	2009

表7-10 浙江三市拥有的省级高新技术特色产业基地

序号	名称	所在地	批准年份
1	宁波磁性材料省级高新技术特色产业基地	宁波市	2001
2	平湖光机电省级高新技术特色产业基地	嘉兴市平湖市	2002
3	嘉善电子信息省级高新技术特色产业基地	嘉兴市嘉善县	2002
4	海宁软磁省级高新技术特色产业基地	嘉兴市海宁市	2002
5	桐乡新型纤维省级高新技术特色产业基地	嘉兴市桐乡市	2003

续 表

序号	名　称	所在地	批准年份
6	海盐智能仪器仪表省级高新技术特色产业基地	嘉兴市海盐市	2003
7	宁波鄞州新型计量仪表省级高新技术特色产业基地	宁波市鄞州区	2003
8	宁波北仑注塑机省级高新技术特色产业基地	宁波市北仑区	2003
9	海宁纺织产业新材料省级高新技术特色产业基地	嘉兴市海宁市	2004
10	宁波宁海塑料模具省级高新技术特色产业基地	宁波市宁海县	2004
11	定海塑料挤出机省级高新技术特色产业基地	舟山市定海区	2004
12	普陀海洋药物与生化产品省级高新技术特色产业基地	舟山市普陀区	2005
13	宁波镇海临港石化省级高新技术特色产业基地	宁波市镇海区	2006
14	宁海汽车橡胶零部件省级高新技术特色产业基地	宁波市宁海县	2007
15	海宁复合包装材料省级高新技术特色产业基地	嘉兴市海宁市	2007
16	桐乡先进毛针织材料及制品省级高新技术特色产业基地	嘉兴市桐乡市	2008
17	海宁太阳能省级高新技术特色产业基地	嘉兴市海宁市	2009
18	秀洲新能源省级高新技术特色产业基地	嘉兴市秀洲区	2010
19	嘉善高分子材料省级高新技术特色产业基地	嘉兴市嘉善县	2011

表7-11　浙江三市拥有的生产力促进中心

序号	中　心　名　称	所在地	批准年份
1	宁波市生产力促进中心	宁波	2001
2	嘉兴针织毛衫业生产力促进中心	嘉兴	2009
3	宁波市生产力促进中心	宁波市	2001
4	舟山船舶修造省级区域科技创新服务中心	舟山市	2003
5	平湖环保省级区域科技创新服务中心	嘉兴市平湖市	2003
6	嘉兴针织毛衫业省级区域科技创新服务中心	嘉兴市秀洲区	2004
7	海宁皮革业省级区域科技创新服务中心	嘉兴市海宁市	2005
8	舟山水产品精深加工省级区域科技创新服务中心	舟山市普陀区	2005
9	舟山塑机螺杆省级区域科技创新服务中心	舟山市定海区	2006
10	毛衫染整省级区域科技创新服务中心	嘉兴市桐乡市	2006
11	海宁经编业省级区域科技创新服务中心	嘉兴市海宁市	2006

续　表

序号	中　心　名　称	所在地	批准年份
12	嘉善蔬菜产业省级区域科技创新服务中心	嘉兴市嘉善县	2006
13	嵊泗贻贝省级区域科技创新服务中心	舟山市嵊泗县	2006
14	浙江电子电声省级区域科技创新服务中心	嘉兴市	2007
15	海盐畜禽产业科技创新服务中心	嘉兴市海盐县	2008
16	桐乡市杭白菊产业科技创新服务中心	嘉兴市桐乡市	2008
17	嵊泗深水网箱省级区域科技创新服务中心	舟山市嵊泗县	2010

表7-12　浙江三市规模以上企业科技创新情况

	舟山	嘉兴	宁波
企业数量（家）	375	—	7 285
有R&D活动企业（家）	151	1 412	3 544
有研发机构的企业（家）	125	1 546	2 099
R&D人员（人）	5 526	41 930	90 009
R&D经费内部支出（万元）	176 676.5	1 044 441	1 848 716.3
专利申请受理（件）	3 544	32 208	68 244
专利申请发明（件）	1 529	—	4 291
专利授权量（件）	1 836	19 957	40 792
专利发明授权量（件）	497	1 654	5 669
技术市场成交额 输出（万元）	8 945.75	—	—
有效发明专利数（件）	—	—	7 903

（三）创新成果与成效

嘉兴科技产出成果日益丰厚。2017年，全市发明专利申请量和授权量分别为9 493件和1 850件，获得市级以上各类科技成果114项，经认定登记技术交易金额25.04亿元，交易合同数121项。工业新产品产值快速增长，2017年全市规模以上工业企业新产品产值为3 546.32亿元，新产品产值率为40.8%。

2017年宁波专利申请量62 104件，发明专利18 497件；专利授权36 993件，其中发明专利5 382件。全年有179项科技创新获得国家自然科学基金项目支持。全年宁波市新认定省级企业研究院22家，省级高新技术企业研究开发中心46家,计390家;新增国家认定企业技术中心1家,累计20家;新增省级以上众创空间13家,其中国家级4家,国家级众创空间累计达23家;新增国家级科技企业孵化器1家。全年全市共认定登记技术合同2 080项,合同成交总金额42.8亿元,增长95%;全市吸纳全国各地技术3 073项,增长12%,合同成交总金额75.7亿元,增长62%。

2017年舟山组织实施各级各类科技项目543项;其中,国家级54项、省级260项。申请专利3 649件,授权专利1 920件;其中,申请发明专利1 778件、授权发明专利501件。年末全市有高新技术企业101家,省级创新型试点、示范企业13家,省级科技型企业626家,省级农业科技企业90家,省级高新技术研发中心49家,省级农业科技企业研发中心38家。

三、战略性新兴产业发展

2017年,嘉兴重大基础设施投资、高新技术产业投资、重大产业项目投资分别增长38.9%、23.6%和21.8%。高新技术产品出口122.53亿元,增长26.9%。

2017年,宁波市规模以上工业科技活动经费支出248.1亿元,比上年增长21.7%。规模以上工业新产品产值5 144.1亿元,增长19.7%,新产品产值率提高到32.4%,再创历史新高。结构调整积极推进,规模以上工业中,全年战略性新兴产业、高新技术产业、装备制造业增加值分别为872.2亿元、1 337.5亿元和1 585.5亿元,分别增长15.7%、10.4%和14.1%。

舟山规模以上工业中高新技术产业总产值增长15.8%,产值占规模以上工业的32.1%;装备制造业总产值增长12.6%,产值占规模以上工业的45.4%;战略性新兴产业总产值增长20.7%,产值占规模以上工业的37.7%。

第四节　上海大都市圈科技创新现状总体评价

一、经济社会系统

(一)都市圈整体经济社会发展基础较好

上海大都市圈是支撑和引领长三角地区转型升级发展的重要引擎、长三角城市群的核心功能区。2017年末,上海大都市圈"1+6"市的土地总面积约为4.6万平方千米,常住人口约为6 255万人,地区生产总值约为8.2万亿元。"1+6"市以占长三角城市群26市约1/5的土地面积,集聚了26市2/5以上的常住人口,产出了26市近1/2的经济总量和3/5以上的一般公共预算收入,是长三角城市群的经济社会核心区。2017年,"1+6"市平均城镇化率超过70%,最低城镇化率接近65%,最高超过80%,总体步入城镇化中后期发展阶段;区域常住人口人均GDP超过13万元,城镇居民人均可支配收入5.4万元以上,农村居民人均可支配收入2.8万元以上,均高于长三角城市群平均水平。

分地区比较,在长三角城市群26市中,2017年上海大都市圈"1+6"市中6市的人口密度、一般公共预算收入居前十位;5市的常住人口规模、GDP总量、人均GDP居前十位;4市的城镇化率居前十位。上海大都市圈的总体发展阶段及发展水平位居长三角地区前列,协同创新的经济社会基础较好。

表7-13 2017年上海大都市圈各市主要指标在长三角城市群中的排序

常住人口	排序	人口密度	排序	GDP	排序	人均GDP	排序	一般公共预算收入	排序	城镇化率	排序
上海	1	上海	1	上海	1	苏州	1	上海	1	上海	1
苏州	2	无锡	2	苏州	2	无锡	2	苏州	2	无锡	4
宁波	5	苏州	4	无锡	5	上海	6	宁波	5	苏州	5
南通	7	嘉兴	5	宁波	6	宁波	8	无锡	6	宁波	7
无锡	9	宁波	8	南通	7	南通	10	南通	8	舟山	11
嘉兴	14	舟山	10	嘉兴	15	舟山	11	嘉兴	10	南通	13
舟山	26	南通	12	舟山	23	嘉兴	14	舟山	23	嘉兴	18

(二) 都市圈内部发展水平存在梯度差异

上海大都市圈内部发展水平存在较明显的梯度差异,这种地区差距不仅表现在首位城市与其他市之间,而且也呈现在其他6市之间。例如,从常住人口来看,若以500万人为一个梯度,上海大都市圈"1+6"市即形成4个梯度。其中,上海市常住人口超过2 400万人;苏州市常住人口超过1 000万人,宁波、南通、无锡三市常住人口介于500万—1 000万人之间;嘉兴、舟山两市人口低于500

万人;都市圈内的城市首位度达2.26,上海市常住人口密度超过3 800人/平方千米,是第二位城市苏州的3倍多。从地区经济总量来看,以5 000亿元为一个梯度,上海大都市圈"1+6"市形成5个梯度。其中,上海市GDP超过3万亿元;苏州市GDP介于1.5万亿—2万亿元之间,约为上海市的1/2略多;无锡市GDP超过1万亿元;宁波、南通两市GDP介于0.5万亿—1万亿元之间,其中宁波市已接近1万亿元;嘉兴、舟山两市GDP低于0.5万亿元,其中嘉兴市介于0.4万亿—0.5万亿元之间。从地方一般公共预算收入来看,上海市是第二位苏州市的近3.5倍。

上海市作为上海大都市圈的一级核心城市,常住人口规模、地区经济总量、地方财政收入等绝对量指标,及单位面积创造的GDP、城镇居民人均可支配收入、城镇化率、人口密度等部分相对量指标明显领先。但其他市近年发展速度较快,且部分地区的发展质量指标好于上海。例如,论人均GDP水平,苏州、无锡两市明显高于上海;论农村居民人均可支配收入,嘉兴、宁波、舟山、苏州、无锡等5市均高于上海;论城乡居民收入比,其他6市均好于上海,并且除南通市外,其他5市比值均低于2,城乡发展较均衡。

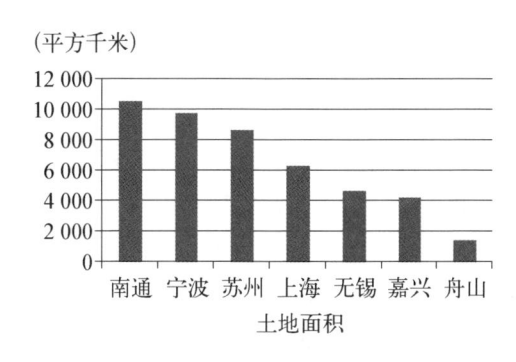

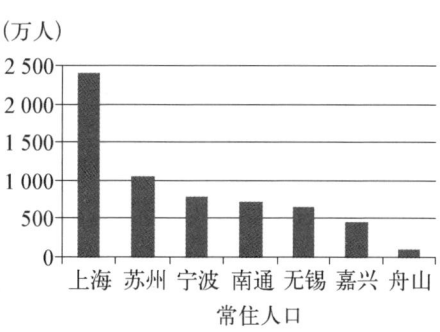

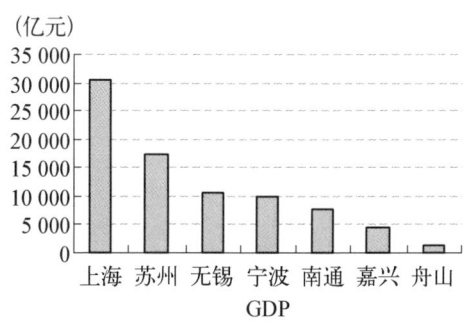

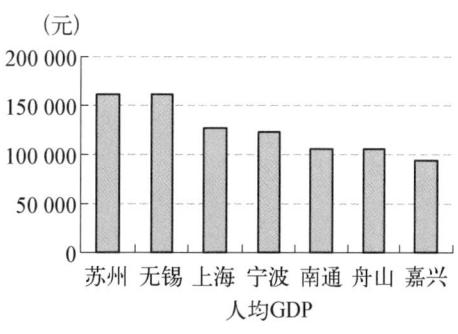

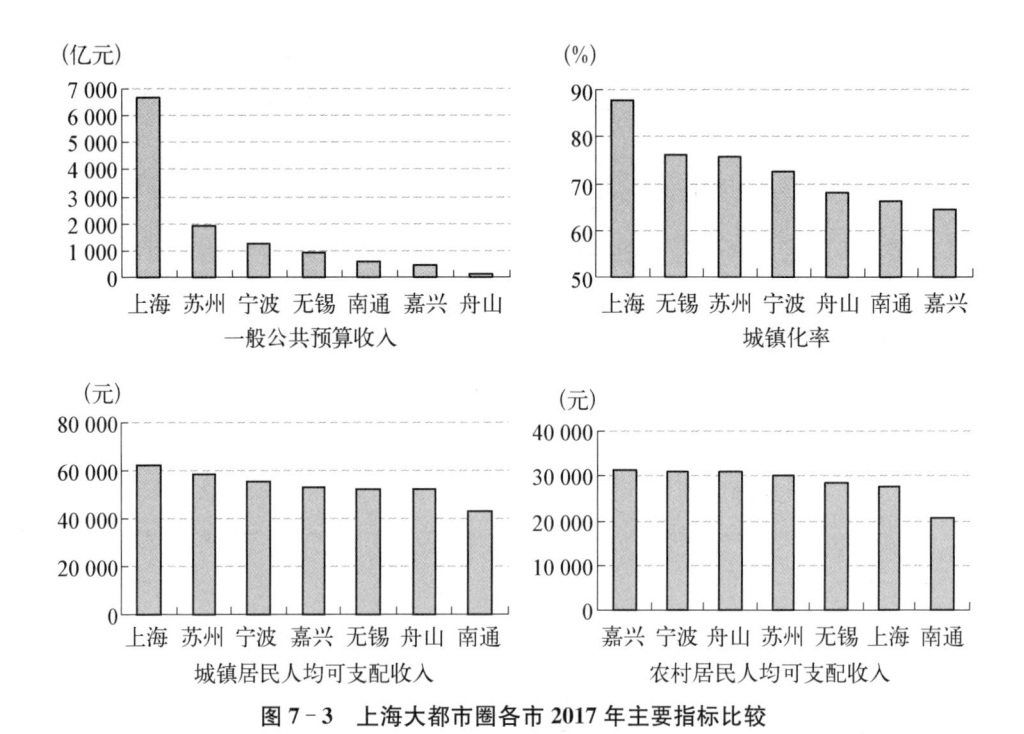

图 7-3　上海大都市圈各市 2017 年主要指标比较

从区域发展阶段来看,上海市 2017 年人均 GDP 超过 1.8 万美元,地区生产总值构成中工业增加值比重降至 27.4%,第三产业增加值比重为 69.2%,第一产业增加值比重仅为 0.3%,城镇化率达到 85% 以上,步入后工业化发展阶段。苏州和无锡两市人均 GDP 达到 2 万美元以上,城镇化率超过 75%,服务经济在区域经济结构中的比重过半,但工业经济比重仍然较高,与服务经济比重差距较小,农业经济比重接近 1%,处于工业化后期,服务经济和工业经济双轮驱动为主的发展阶段。宁波市人均 GDP 达到 1.8 万美元以上,城镇化率超过 70%,但工业经济比重仍略高于服务经济比重,农业经济比重接近 3%,处于工业化中后期阶段。南通市人均 GDP 超过 1.5 万美元,城镇化率超过 65%,自 2008 年以来工业经济比重不断下降,服务经济比重稳步提升并超过工业经济,农业经济比重接近 5%,大致处于工业化中期向后期过渡阶段。嘉兴市人均 GDP 超过 1.3 万美元,城镇化率超过 60%,工业经济比重高于服务经济比重,农业经济比重接近 3%,大致处于工业化中期阶段。舟山市人均 GDP 高于 1.5 万美元,城镇化率超过 65%,但农业经济比重达 10% 以上,工业经济比重不到 25%,服务经济比重过半,属于工业经济不发达、服务经济主导的地区。

表 7-14　2017 年上海大都市圈各市发展阶段比较

地　区	人均 GDP（美元）	产业结构（%）	其中：工业比重（%）	城镇化率（%）
上海	18 756	0.3∶30.5∶69.2	27.4	87.7
苏州	24 051	1.3∶47.6∶51.2	43.9	75.8
无锡	23 802	1.3∶47.2∶51.5	43.3	76
南通	15 685	4.9∶47.1∶48.0	39.3	66.03
宁波	18 359	3.1∶52.0∶44.9	46.9	72.4
嘉兴	13 998	3.1∶52.9∶44.0	48.2	64.5
舟山	15 534	11.5∶33.0∶55.5	24.2	67.9

综合分析,上海大都市圈经济社会发展的整体发展水平较高,对科技创新的支撑能力较强;同时区域内部发展阶段和发展水平存在较明显的梯度差异,更利于都市圈内部不同地区之间分工协作、协同推动科技创新。

二、科技创新基础

(一) 科技创新资源载体丰富

上海大都市圈拥有数量众多、类型多样的科技创新资源和平台载体,且近年呈现较快的增长势头,科技创新的基础支撑能力较强。2017 年"1+6"市共拥有普通高等学校 134 所,在校学生超过 119 万人,平均每万人拥有大学生 190 人。其中,论普通高等学校数量、在校学生、每万人拥有大学生数等,上海市均居首位,其次为苏州市,第三位为宁波市。其他市中,无锡市拥有普通高等学校数量超过 10 所,在校生数量超过 10 万人;南通、嘉兴、舟山等市高校资源相对较薄弱。2017 年末,上海市科学研究和技术服务业从业人口 48.55 万人,占总从业人员的 3.5%;无锡市科学研究和技术服务业从业人口 11.63 万人,占总从业人口的 3%;宁波市科学研究、技术服务和地质勘查业从业人员 14.71 万人,占总从业人口的 2.8%。

表 7-15　2017 年上海大都市圈普通高等学校概况

地　区	普通高等学校(所)	在校学生(万人)	每万人拥有大学生数(人)
上海	64	51.49	213
苏州	22	22.37	209

续　表

地　区	普通高等学校(所)	在校学生(万人)	每万人拥有大学生数(人)
无锡	12	11.27	172
南通	8	9.27	127
宁波	14	15.61	195
嘉兴	6	6.92	149
舟山	4	2.21	189
合计	134	119.73	190

企业是上海大都市圈科技创新的重要主体。2017年上海大都市圈"1+6"市规模以上工业企业中,有R&D活动的单位约1.68万个,R&D人员约56.69万人。其中,论有R&D活动单位及人员数量,苏州市均居首位。论有R&D活动单位数量,上海市居第四位;论R&D人员数量,上海市居第二位。论有R&D活动单位数量,宁波市居第二位;论R&D人员数量,宁波市居第三位。舟山市工业总量规模小,规模以上企业有R&D活动单位和人员数量均明显低于其他各市。

表7-16　2017年上海大都市圈规模以上工业企业科技创新资源概况

地　区	有R&D活动单位数(个)	R&D人员(人)
上海	2 057	120 229
苏州	4 422	155 764
无锡	2 840	85 720
南通	2 051	54 807
宁波	3 693	99 714
嘉兴	1 609	45 976
舟山	146	4 687
合计	16 818	566 897

上海大都市圈拥有国家自主创新示范区、高新园区、经济技术开发区、科技企业孵化器、特色产业基地、重点实验室、工程技术研究中心、双创示范基地、科技创新服务平台等类型多样的科技创新载体;分属于政府部门、企业、高校和科研院所,涵盖国家级、省级、地市级、县市级等多个层级。例如,"1+6"市拥有2

个国家级新区、3个国家自主创新示范区、11个国家级高新区、28个国家级经济技术开发区、4个国家级双创区域示范基地,以及多个高校和科研院所示范基地、企业示范基地。

表 7-17　上海大都市圈部分科技创新载体概况

载体类别	所属地区		载 体 名 称
国家级新区(2)	上海市(1)	上海(1)	浦东新区
	浙江三市(1)	舟山(1)	舟山群岛新区
国家自主创新示范区(3)	上海(1)	上海(1)	上海张江国家自主创新示范区
	江苏三市(1)	含苏州、无锡	苏南国家自主创新示范区
	浙江三市(1)	含宁波市	宁波、温州国家自主创新示范区
国家级高新区(11)	上海(2)	上海(2)	上海张江高新区、上海紫竹高新区
	江苏三市(7)	苏州(4)	苏州高新区、昆山高新区、苏州工业园、常熟高新区
		无锡(2)	无锡高新区、江阴高新区
		南通(1)	南通高新区
	浙江三市(2)	宁波(1)	宁波高新区
		嘉兴(1)	嘉兴高新区
国家级经济技术开发区(28)	上海市(6)	上海(6)	闵行经济技术开发区、虹桥经济技术开发区、上海漕河泾新兴技术开发区、上海金桥出口加工区、上海化学工业经济技术开发区、松江经济技术开发区
	江苏三市(15)	苏州(9)	苏州工业园区、昆山经济技术开发区、吴江经济技术开发区、常熟经济技术开发区、太仓港经济技术开发区、张家港经济技术开发区、吴中经济技术开发区、浒墅关经济技术开发区、相城经济技术开发区
		无锡(2)	锡山经济技术开发区、宜兴经济技术开发区
		南通(4)	南通经济技术开发区、海安经济技术开发区、海门经济技术开发区、如皋经济技术开发区
	浙江三市(7)	宁波(4)	宁波经济技术开发区、宁波大榭开发区、宁波石化经济技术开发区、宁波杭州湾经济技术开发区

续　表

载体类别	所属地区		载　体　名　称
		嘉兴(3)	嘉兴经济技术开发区、嘉善经济技术开发区、平湖经济技术开发区
国家级双创区域示范基地(4)	上海市(2)	上海市(2)	上海市杨浦区、上海市徐汇区
	浙江三市(2)	宁波(1)	宁波市鄞州区
		嘉兴(1)	嘉兴南湖高新技术产业园区

此外,上海大都市圈还拥有其他数量众多、类型多样的科技创新平台载体。例如,2017年末,苏州市共有省级以上孵化器107个、科研机构155个,省级以上工程技术中心677个、企业技术中心447个、工程中心(实验室)79个,省级以上公共技术服务平台60家,省级众创空间148家。近年上海大都市圈高能级的科技创新载体发展速度加快。例如,2017年,苏州市新增省级以上工程技术研究中心67家、省级以上企业技术中心64家、省级以上工程中心(实验室)11家,新增国家级众创空间19家、省级众创空间60家;宁波市新认定省级企业研究院22家、省级高新技术企业研究开发中心46家,新增国家认定企业技术中心1家,新增省级众创空间9家、国家级众创空间4家。

(二) 科技研发投入力度较大

近年,上海大都市圈研究与试验发展(R&D)经费呈现较快的增长势头,科技研发的资金支持能力不断提升。2017年,上海大都市圈"1+6"市R&D经费内部支出约2 577亿元,约占区域生产总值的3.16%。其中,上海市2017年R&D经费内部支出超过1 200亿元,相当于2010年投入额的2.5倍多,相当于2017年全市生产总值的3.93%,比重较2010年提高1个多百分点。上海市R&D经费总量规模及比重均明显领先于上海大都市圈其他各市。论R&D经费规模,苏州市居第二位,无锡市居第三位;宁波、南通、嘉兴三市总量规模及比重较相近;舟山市R&D经费总量规模及比重均很小,明显低于其他各市。从R&D内部经费执行主体来看,上海大都市圈各市均是以企业为主。其中,上海市规模以上企业R&D经费内部支出约占全市R&D内部经费支出的44.8%,苏州、无锡、南通、宁波四市企业R&D经费内部支出占全市比重均达到80%以上,嘉兴和舟山两市达到100%。

表 7‑18 2017 年上海大都市圈 R&D 经费投入概况

地 区	R&D经费内部支出(亿元)	相当于全市生产总值比例(%)
上海	1 205.21	3.93
苏州	488.4	2.82
无锡	300.6	2.86
南通	208.1	2.69
宁波	241.91	2.46
嘉兴	120.5	2.75
舟山	12.56	1.03
都市圈合计	2 577.31	3.16

此外,地方财政对科技创新的支持投入力度增强。2017 年,上海市地方财政科技经费支出 389.9 亿元,占地方财政支出的 5.2%;苏州市财政性科技投入 123.7 亿元,占一般公共预算支出的 7%。

(三) 科技创新成效较明显

近年来,上海大都市圈科技成果数量持续增长,科技产业发展活跃,经济支撑作用增强,科技创新质量逐渐提升。2017 年,上海大都市圈"1+6"市的专利授权量合计约 23.1 万件,其中发明专利约 2.7 万件,平均万人发明专利拥有量约 28.7 件。其中,上海和苏州两市的发明专利均达到 1 万件以上,万人有效发明专利拥有量超过 40%,明显领先于其他各市;舟山市专利授权量和发明专利拥有量最低,其他各市处于中间水平。就国际 PCT 专利申请量而言,上海和苏州两市均超过 1 000 件,南通市接近 1 000 件,无锡、宁波低于 500 件,嘉兴低于 100 件,舟山刚刚实现零突破。

表 7‑19 2017 年上海大都市圈专利授权及拥有量概况

地 区	专利授权量(件)	其中:发明专利(件)	万人发明专利拥有量(件)
上海	72 806	20 681	41.5
苏州	53 223	11 618	46.0
无锡	28 926	4 825	35.1
南通	19 057	2 630	23.8

续 表

地 区	专利授权量（件）	其中：发明专利（件）	万人发明专利拥有量（件）
宁波	36 993	5 382	25.9
嘉兴	18 244	1 850	13.7
舟山	1 920	501	14.8
合计	231 169	26 806	28.7

注：上海、苏州、无锡为万人有效发明专利拥有量。

上海大都市圈的技术交易市场较活跃。2017年，上海市实现各类技术合同项目21 559项，技术合同成交金额867.53亿元；苏州、无锡两市技术合同成交额分别达到150亿元和100亿元以上，分别位列当年江苏省设区市技术合同成交额的第二位和第三位。宁波和嘉兴两市技术合同成交额较低，不足100亿元；舟山市最低，不足5亿元。

近年，上海大都市圈科技产业呈现较好的发展态势，经济贡献份额不断提升，成为支撑和引领地区产业经济发展的重要力量。2017年，上海大都市圈"1+6"市共有高新技术企业近1.8万家，高新技术产业产值或增加值占规模以上工业的平均比重值超过40%。其中，高新技术企业数量最多的是上海市；第二位为苏州市；无锡、南通、宁波三市高新技术企业数量较少，但均超过1 000家；嘉兴市不到1 000家；舟山市最少，2017年刚突破100家。论高新技术产业产值比重，南通市最高，超过50%，苏州、无锡、宁波、嘉兴等市超过40%，舟山市超过30%，上海市超过20%。"1+6"市战略性新兴产业产值或增加值占地区规模以上工业的比重平均值为36%。其中，苏州市战略性新兴产业产值占规模以上工业总产值的比重最高，达到50%以上；上海、嘉兴、舟山等市比重在30%以上；宁波市比重高于25%。

表7-20 2017年上海大都市圈科技产业发展概况

地 区	高新技术产业 企业数量（家）	高新技术产业 总产值或增加值占规模以上工业的比重（%）	战略性新兴产业 总产值或增加值占规模以上工业的比重（%）
上海	7 642	21.2	30.8
苏州	4 464	48.2	50.8

续 表

地 区	高新技术产业		战略性新兴产业
	企业数量（家）	总产值或增加值占规模以上工业的比重(%)	总产值或增加值占规模以上工业的比重(%)
无锡	1 669	42.3	—
南通	1 045	50.3	33.8
宁波	1 975	40.9	26.7
嘉兴	889	47.1	36
舟山	101	32.1	37.7
合计	17 785	40.3	36.0

注："—"代表未查到公开数据。

综上分析，上海大都市圈科技创新资源要素和平台载体数量众多、类型丰富，科技创新资金投入力度较大，支撑能力较强，科技创新发展较活跃，发展质量稳步提升。但上海大都市圈内部科技创新资源要素分布、科技创新基础实力等还存在较明显的地区差距，强化了上海大都市圈协同推动科技创新的现实需求及可行性。

第八章 上海大都市圈科技创新格局分析与评价

第一节 区域协同创新发展战略框架

一、区域协同创新背景

(一)区域协同创新的现实背景

由于科技创新活动的复杂性和不确定性需要众多企业通过合作实现技术革新,从竞争走向竞合的跨区域协同创新正逐渐成为科技创新的新趋势。《上海市城市总体规划(2017—2035年)》提出"以都市圈承载国家战略"。作为国内经济最发达、科技创新要素最集中、区域协同合作起步最早的地区之一的长三角地区以及长三角地区核心区域上海大都市圈,需要在当前"科技创新中心"建设的大背景下,加大科技创新合作和协同发展的力度。

(二)区域协同创新的政策背景

2003年,江浙沪三地共同签署《沪苏浙共同推进长三角创新体系建设协议书》,是长三角进入政府主导区域合作的开端。随后,2004年长三角区域启动重大科技项目攻关,16个城市签订共建大型科学仪器设施协作共用平台的协议。2006年,科技部正式启动了《长三角"十一五"科技发展规划》。2008年上海、浙江、江苏、安徽三省一市联合发布了《长三角科技合作三年行动计划(2008—2010)》。2014年10月长三角区域科技部门签署成立了"长三角科技发展战略研究联盟",长三角区域内的科技创新协作"在结合中整合,在整合中融合"的趋势更加明显,长三角的经济与社会发展因素越来越依赖于彼此间的知识、信息、技术等方面的协同发展。2016年6月国家发改委发布《长江三角洲城市群发展规划》，也明确提出长三角要加强科技协同创新的思路，长三角城市群建设中要"坚持科技创新和制度创新并进，整合科技创新资源，强化科技成果转化，共建技术创新链和区域协同创新体系，率先实现经济转型升级"。

二、协同创新理论框架

（一）协同创新体系

创新网络化有利于集群内部各主体的互动，从而促进集群内部企业实际创新行为的发生。一个组织可以从其外部和内部同时获得有价值的创意和优秀的人力资源，运用外部和内部的研发优势实现研发成果商业化，并在使用自己与他人的知识产权过程中获利。笔者认为，区域协同创新是科技创新的新范式，本质是区域内企业、政府、知识生产机构（大学、研究机构）、中介机构和用户等为了实现重大科技创新而开展的大跨度整合的创新组织模式。其主要特点：一是整体性。创新生态系统是各种要素的有机集合而不是简单相加，其存在方式、目标、功能都表现出统一的整体性。二是动态性。创新生态系统是不断动态变化的。

（二）区域协同创新的动力

协同创新是区域内外不同创新主体之间以及参与主体与环境之间形成协同交互的结果。创新网络内存在的知识溢出效应、知识转移和共享是促进协同创新网络形成的主要动力，创新的速度和效率取决于所获取的有效技术信息和知识的数量，以及自身对这些信息和知识的协同整合能力。

三、区域协同创新范式

基于中国创新资源配置严重失衡的现状，尤其是中国科研机构、高校与企业在空间上、组织上的分离，需要采用战略联盟、虚拟组织、网络组织等运作模式，实现协同创新。

笔者认为，应构建"战略-知识-组织"三重互动的产学研协同创新模式，以提升大学、科研机构与企业构建战略性伙伴关系。破除"各自为政"局面是推动都市圈协同创新的关键，地方政府之间必须进行跨城际合作与协调，而实现这一目标的最佳模式就是创建跨城际合作联盟。在组织机制保障上，需要设置相应的组织机构形式，如科技联席会议制度、创新体系建设领导小组以便联合组织实施重大科技攻关项目。

四、上海大都市圈协同创新的内涵

（一）上海大都市圈协同创新要素

都市圈协同创新体系是由节点（城市、组织）、节点之间的链接（基础组织、关系网络、纽带）、要素流动（人才、物质、信息、资本）和网点所构成。都市圈创新体系是由与技术创新相关的机构和组织所构成的网络系统，包括创新体系内的企业、大学与科研机构、中介服务组织以及各级政府部门等要素。

（二）上海大都市圈协同创新效应的产生

创新是"各种要素新的组合"，都市圈内企业与供应商、用户以及研究机构之间密切的协同关系，能够促进协同创新效应的产生。都市圈协同创新效应主要源于都市圈内协同成员之间形成的协同网络关系，网络的松紧强弱在某种程度上决定了都市圈协同创新效应的大小，与都市圈协同创新网络中的知识溢出、技术扩散、社会资本关系等相关。

第二节　上海大都市圈科技创新发展主要统计指标[①]

一、投入：上海研发强度优势凸显

从规模方面来讲，2017年上海市研发经费投入1 205.2亿元，占上海大都市圈研发经费投入的46.8%。从强度方面来讲，2017年上海市研发强度最高，研发投入占GDP比重达4.0%；除舟山研发强度较低，为1.0%外，其余5市研发强度相差不大，为2.5%—2.9%。整体来看，上海大都市圈研发经费投入规模达2 573.3亿元，占长三角[②]研发经费投入的比重为48.3%，平均研发经费投入为367.6亿元；研发强度平均为2.7%，与长三角2.8%的研发强度平均水平基本持平。

进一步以科技经费支出占财政支出比重和教育经费支出占财政支出比重反映各城市科创投入情况。其中，就科技经费支出比重而言苏州最高，为5.89%，其

---

①　如无特别说明，本节数据来源于各省2018年统计年鉴，以及《2018中国科技统计年鉴》。
②　文中长三角包括：上海市、江苏省、浙江省和安徽省。

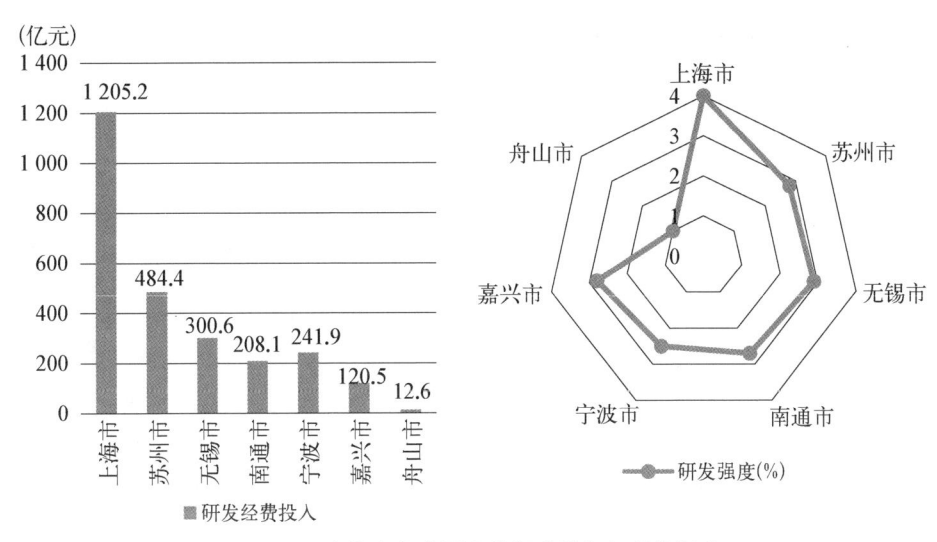

图 8-1　上海大都市圈研发经费投入与研发强度

次为上海（4.94%），舟山最低（2.35%）。就教育经费支出比重而言南通和嘉兴最高，分别为 20.67% 和 20.29%，上海和舟山比重相对较低，分别为 12.15% 和 11.64%。

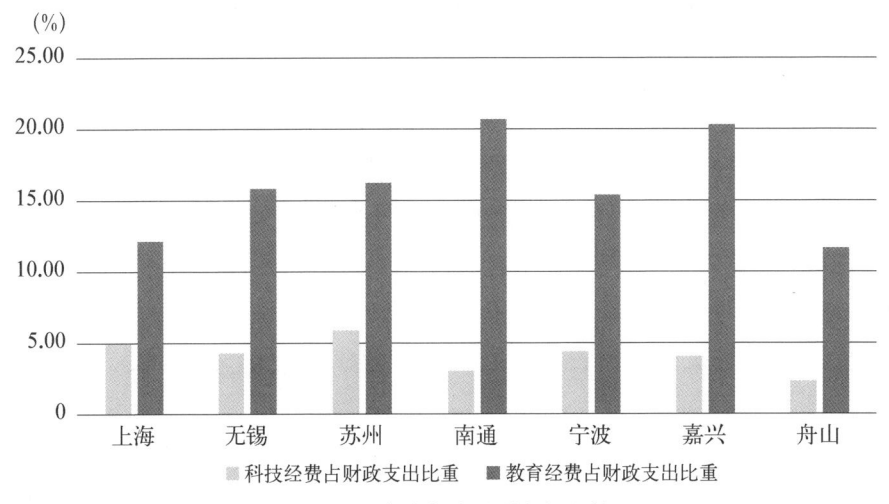

图 8-2　上海大都市圈科创投入情况

资料来源：各地 2017 统计年鉴。

二、产出：苏州人均发明专利授权量高出上海

2017 年上海大都市圈发明专利授权总量为 47 488 件，占长三角地区比重为

45.7%，平均授权发明专利为 6 784 件。其中，上海发明专利授权量占比为 43.5%。上海大都市圈平均人均发明专利授权量为 6.4 件，高于长三角 5.2 件的平均水平。值得注意的是，苏州万人发明专利授权量为 10.8 件，高于上海 8.5 件的平均水平，其次为无锡和宁波，分别为 7.3 件和 6.6 件。

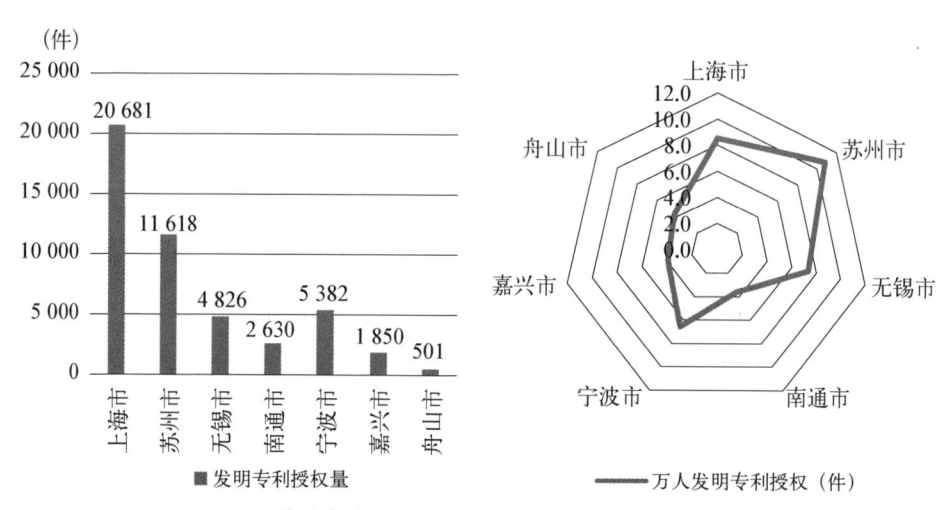

图 8-3　上海大都市圈发明专利授权数与万人发明专利授权数

三、人才：上海都市圈人才培养滞后于人才引进

2017 年上海大都市圈在校大学生数总量为 112.9 万人。其中，上海 2017 年

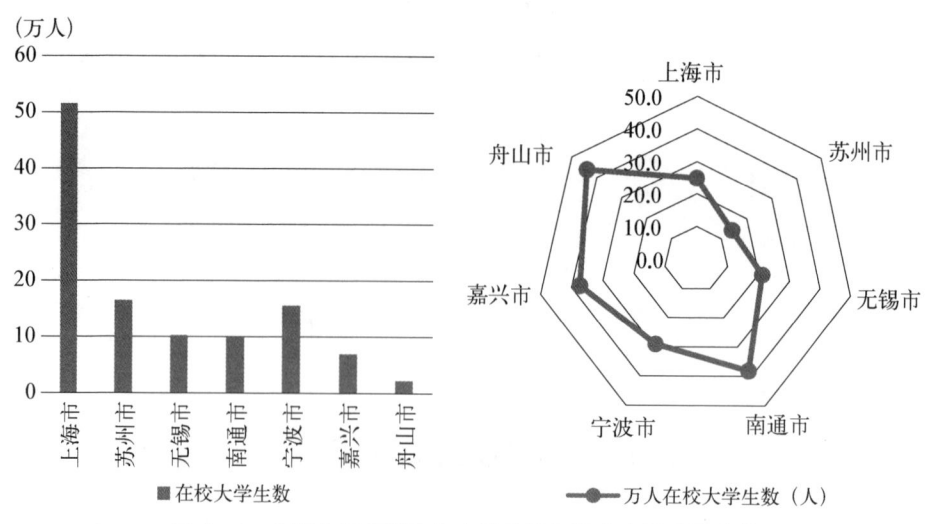

图 8-4　上海大都市圈在校大学生数与万人在校大学生数

在校大学生数规模为51.5万人,占上海大都市圈比重为45.6%。从人均意义来讲,2017年上海大都市圈万人在校大学生数为29.8人。上海大都市圈中,舟山、南通和嘉兴万人在校大学生数最高,分别为43.9人、38.0人和37.3人;苏州最低,仅为14.2人。

四、环境:科创基础设施和科创环境持续优化优化

分别以百人互联网宽带接入户数和万人科技勘查业从业人口反映上海大都市圈科创环境。苏州每百人互联网宽带接入户数最高,为44.18户;其次为宁波,为41.97户。从科创服务人员来看,上海万人科技勘查业从业人数最高,为95.88人;其他5个城市与上海差距较大,平均为26.82人。

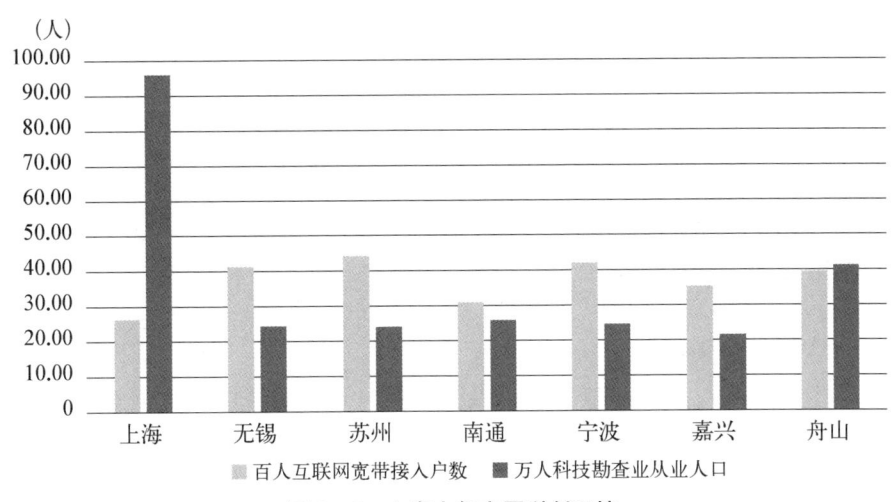

图8-5 上海大都市圈科创环境

五、成长性:上海几乎全数包揽都市圈独角兽企业

根据2018年3月长城战略咨询、科技部火炬中心和中关村管委会发布的《2017年中国独角兽企业榜单》[①],全国共有164家企业上榜。其中,上海大都市圈上榜39家,包含上海36家、苏州1家、无锡1家、宁波1家。上海几乎包揽所有上海大都市圈在榜独角兽企业。

---

① 文件中独角兽筛选标准:在中国境内注册的、具有法人资格的企业;成立时间不超过10年(2007年及之后成立);获得过私募投资,且尚未上市;企业估值超过(含)10亿美元。

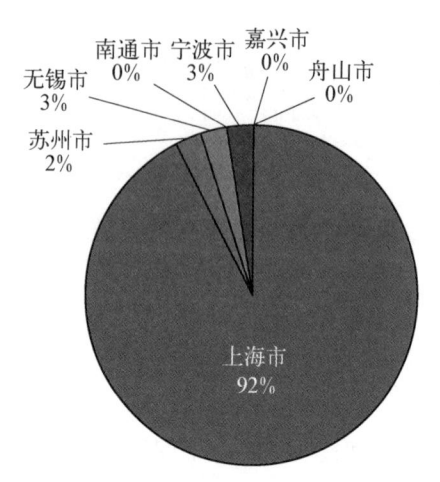

图 8-6 上海大都市圈独角兽企业分布

第三节 上海大都市圈科技创新发展指数与空间格局

一、科技创新指数的建立

(一) 统计指标体系

科技创新投入、科技创新产出以及基于投入产出效率的科技创新绩效是衡量一个城市或区域创新力最为主要的3个方面。除此之外，根据全国发展趋势，科技创新载体同样得到较多关注，包括科技研发载体、高新产业载体以及创新孵化载体等。因此，本研究建立包含科创投入、科创载体、科创产出、科创绩效4个一级指标、30个二级指标在内的指标体系，计算科技创新指数，进一步观察科创能力的空间特征。

表 8-1 科技创新指数

一级指标	二级指标	测算指标	单位
科创投入	研发投入	研发投入	亿元
		研发强度	%
		科技经费比重	%

续表

一级指标	二级指标	测算指标	单位
科创投入	人力投入	研发人员数	人
		万人从业人口研发人员数	人
		十万城市人口在校研究生数量	人
	基础投入	人均GDP	元
		地方财政支出	亿元
		人均教育投入	元
科创载体	研发载体	大学数量	所
		国家级工程技术中心、国家级企业技术中心	家
		国家级重点实验室	家
		规模以上工业企业中设立研发机构企业比重	%
	产业载体	国家级园区面积	平方千米
		国家级大学科技园区	家
	孵化载体	国家级科技企业孵化器	家
科创产出	研发成果	国内授权发明专利总数	件
		万人专利授权数	件
		科技论文发表总量	篇
		人均科技论文发表量	篇
	成果转化	技术合同交易额	亿元
		人均技术合同交易额	元
		高新技术产业产值	亿元
		人均高新技术产业产值	元
科创绩效	投入产出	每亿元研发投入产生的国内授权发明专利数	件
		每亿元科技经费产生的科技论文数	篇
		每亿元研发投入形成的高新技术产业产值	亿元
	驱动转型	高新技术产业产值占工业总产值比重	%
		从业人员人均规模以上工业增加值	元
		生产性服务业占服务业比重	%

（二）科创指数计算

对各项指标运用极值化方法对变量数据进行标准化处理，即通过变量取值的最大值和最小值，将原始数据转换为介于[0，1]之间的数值，以消除指标计量单位和数量级对指标得分的影响。具体公式为：

$$x'_{ij} = \frac{x_{ij} - \min\{x_{ij}\}}{\max\{x_{ij}\} - \min\{x_{ij}\}}$$

其中，x_{ij} 代表一级指标 x 第 i 项二级指标中第 j 个城市的统计性原始数据；$\min\{x_{ij}\}$ 为二级指标 x_i 的最小值，$\max\{x_{ij}\}$ 为二级指标 x_i 的最大值；x'_{ij} 为标准化后的数据，且 x'_{ij} 介于[0，1]。

对各项二级指标得分加权平均得到一级指数得分，计算公式为：

$$I_x = \sum_{i=1}^{m} x_i w_i$$

其中，I_x 代表一级指数 x 的综合得分，x_i 为 x 的第 i 项二级指标，w_i 为二级指标 x_i 的权重。将相应一级指数得分加总后可得科技创新指数得分。

二、上海大都市圈科技创新综合能力评价

表8-2为上海大都市圈科技创新指数得分。其中，上海得分最高（71.3分），其次为苏州（53.2分），舟山最低（21.2分）。从科创投入、科创载体和科创产出分类指标看，上海和苏州分别排第1位和第2位。从科创绩效来看，苏州排第1位，无锡排第2位，上海排第3位。

表8-2 上海大都市圈科技创新指数

	科技创新指数	科创投入	科创载体	科创产出	科创绩效
上海	71.3	79.7	72.7	76.0	50.3
苏州	53.2	45.6	54.4	60.1	53.1
无锡	39.6	36.8	32.2	39.7	51.0
南通	33.7	30.6	31.4	28.5	48.1
宁波	36.3	34.9	29.5	34.1	48.6
嘉兴	24.6	27.6	15.3	18.2	38.9
舟山	21.2	19.3	14.9	15.9	38.5

从科技创新指数得分来看上海大都市圈形成了科创梯次相对明显的发展格局。其中,上海科创综合能力较强,构成第1梯次;苏州构成第2梯次;无锡、南通和宁波构成第3梯次;嘉兴和舟山科创综合能力较弱,构成第4梯次。

三、上海大都市圈科技创新专项能力评价

以科创投入指数分析上海大都市圈科创投入布局。科创投入指数共包含9项指标,其中研发投入、研发强度和科技经费占比3项指标反映科技研发投入;研发人员数、万人从业人员研发人员数和万人在校研究生数反映人力资源投入;人均GDP、地方财政支出和人均教育投入反映创新基础投入。

以科创载体指数分析上海大都市圈科创载体格局。科创载体指数共包含7项指标,其中大学数量、国家工程技术中心数量、国家级重点实验室数量和规模以上工业企业设立研发机构企业比重反映科技研发载体;国家级园区面积和国家级大学科技园区数量反映高新产业载体;国家级科技企业孵化器数量反映创新孵化载体。

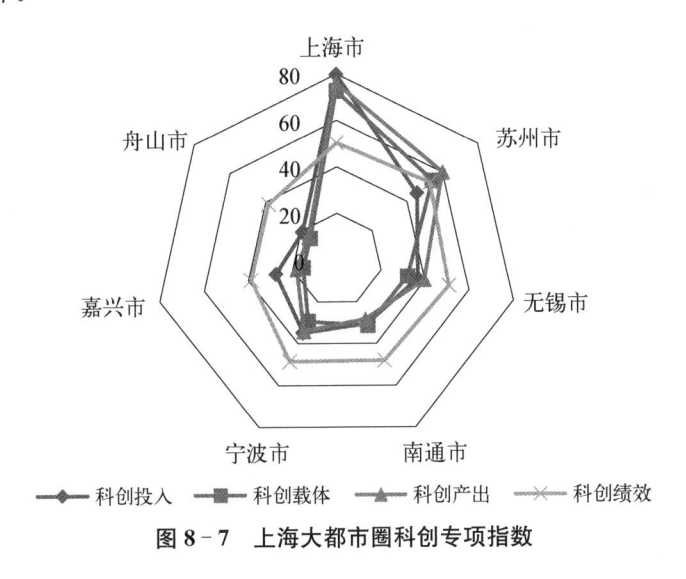

图8-7 上海大都市圈科创专项指数

以科创产出指数分析上海大都市圈科创产出格局。科创产出指数共包含8项指标,其中国内授权发明专利总量、人均国内授权发明专利数量、科技论文发表总量、人均科技论文发表数量反映科技研发成果;技术合同交易额、人均技术合同交易额、高新技术产业产值、人均高新技术产业产值反映成果转化与产业化成效。

以科创绩效指数分析上海大都市圈科创绩效格局。科创绩效指数共包含6项指标，其中每亿元研发投入产生的国内授权发明专利数、每亿元科技经费产生的科技论文数、每亿元研发投入形成的高新技术产业产值反映科创投入产出绩效；高新技术产业产值占工业总产值比重、从业人员人均规模以上工业增加值和生产性服务业占服务业比重反映驱动转型绩效。

由图8-7可知上海大都市圈4项科创能力综合水平中，科创绩效指数相对较弱。从科创投入、科创载体和科创产出3项指数来看，上海和苏州得分最高，苏州紧追上海排第2位。结合本章第二节科创发展事实数据，虽然科创投入、科创产出总量不及上海，但在人均科创水平方面，苏州正在比超上海，苏州人均发明专利授权量实际已超出上海人均水平。

第四节　上海大都市圈协同创新发展存在的主要问题

一、政府主导多，市场推动少

上海大都市圈内协同创新的先决条件主要依赖政府之间的科研计划或项目的推动，市场自发行为较少。成熟的协同创新模式应包含以下四个特点：一是技术和知识市场发育充分，以技术转让为主要内容的知识转移较为频繁；二是创新产品或服务的设计、评估、优化和退出等过程不断改善；三是创新信息化系统较为完备；四是知识产权保护、通信便利性等保障措施比较健全。目前邻沪地区与上海科创协同主要依靠政府推动，还未建立资源共享、机制共建、平台互通和信息完备的科创协同市场体系。

二、单向流动多，双向流动少

目前邻沪地区与上海开展协同创新以"研发在上海，生产在周边""核心在上海，配套在周边"的产业协同模式为主。因此，一般要素流动的方向是单向的。在产业结构方面表现为产业链下游企业向邻沪地区的单向流动，在人才结构方面则表现为上海高端人才向邻沪地区的单向转移。一定程度上呈现出上海资源溢出多、合拢态势少的现象。

三、政策竞争多，创新合作少

从上海大都市圈协同创新实践看，长期以来，邻沪地区之间以竞争为主，存在抢人才、抢项目、抢资本现象。邻沪地区竞争性接轨上海科创产业，导致不同城市之间公共服务标准差异很大、产业重复、产能过剩等，即便是新能源、新兴产业也很快在短时间内出现饱和、过剩的局面。政策竞争过多而导致各类创新资源存在趋于分散、重复建设、利用效率不高的危险。

四、点上项目多，机制保障少

上海大都市圈内其他城市与上海科创产业的协同主要靠点上人脉关系来推进对接，长效保障机制相对较少。虽然毗邻地区制订了对接上海的中短期计划，如《湖州市加快融入上海同城化都市圈三年行动计划（2018—2020年）》，但对接目标多限于打造园区合作紧密关系、引进大型产业项目数量，很少涉及两地合作长效机制的建立，如两地技术市场完善、协同创新管理、信息化应用系统、知识产权保护等。

第九章　美国大都市区创新发展态势与经验

第一节　纽约都市区创新发展趋势与区域协同特点

一、纽约创新经济结构性变化与转型升级

2001年"9·11"事件后,纽约金融业发展受到重大打击,时任市长布隆伯格意识到过于单一的产业发展存在风险,提出纽约不能光靠华尔街,经济要多元化发展,将高科技产业作为新的发展方向。2008年爆发的金融危机再次验证了他的高瞻远瞩,纽约市政府开始正视过度依赖华尔街存在的巨大发展风险,强调科技创新和高科技制造业的发展成为城市战略规划的重要内容,在新版的纽约城市战略规划《一个纽约》(*One New York*)中提出"支持新兴创新经济的发展,推进纽约成为全球最具活力的城市"。

从不同阶段纽约创新经济发展的重点内容看,存在一定迭代升级的特点。第一阶段是在2001—2010年间,重拾20世纪90年代以来惨败的互联网经济,突出模式创新,主要以"互联网+"形式推进新科技与金融、媒体、文化、时尚等产业的融合,不断拓展原有支柱产业的涵盖范围。2010年后进入第二阶段,以"Applied technology"(应用科学计划)为代表,标志着在原有支柱产业"老瓶装新酒"的发展模式基础上,纽约开始真正重视科技创新,即转向新技术、新产业发展,包括打造世界顶尖的应用科学学术和研究设施,专注新技术、新产业研发和突破,推进纽约经济多元化发展等。从纽约创新经济发展经验看,成功的科技创新政策是创新经济发展的最大保障。此外,丰富资本投入、对创新的开放和包容

态度、创新市场的开发、创新人才的培育、信息平台建设等也是科技创新集聚纽约的重要动力。在推进科技创新发展的基础上,纽约努力搭建创新创意与"纽约制造"(Made in NYC)之间的互动平台,包括经济激励和生产技术支持。通过这样的发展政策,实现真正的"纽约制造",从创新创意到生产加工都实现纽约本土化,推动纽约高端制造及时尚制造业的发展,确保提升城市竞争力。

二、纽约创新政策的突破方向与主要方向

近年来纽约市政府致力于发展创新经济,科技创新发展政策的重要性日益突出。从纽约近些年推进创新发展的主要策略看,人才吸引与培养、多元化投资渠道、税收和办公空间全方位财政支持、信息平台建设等成为扶持高科技产业发展的主要政策方向。纽约的创新发展战略关注优化迭代升级版创新产业发展支撑环境,让纽约焕发出更多的创新发展活力,逐步成长为真正的科技创新中心(非技术中心)。

在科技人才方面,纽约将视野扩展至全美国乃至全球范围,广泛吸引科技人才到纽约工作以及创业。此外,基于"应用科学计划",纽约近年已经成立三个以计算机、电子工程、生物医药等工科专业为主的研究型学院,为纽约高科技产业创新发展提供人才支持。

在金融资本方面,至2014年底,就接受风投资金的笔数、风投金额总数及科技公司IPO数量呈现加速增长态势,这些指标而言,纽约排在硅谷之后,居全美第二。

在产业发展及企业集聚方面,纽约成为仅次于硅谷的美国第二大科技创业基地。从2009到2014年底的5年内,科技产业成为纽约发展最快、就业增长率最高、收入最高的一个行业。纽约科技领域的就业增长率高达33%,比同期全市劳动力增幅快4倍多。科技行业成为纽约首要的就业增长点,每年大约提供29.1万个工作岗位和300亿美元的工资收入,仅次于金融业。纽约集聚了全美10%的博士学位获得者、10%的美国国家科学院院士及近40万名科学家和工程师,成功吸引了包括谷歌、IBM、雅虎等旗舰企业。位于曼哈顿的"硅巷"呈现出适合互联网和移动通信技术初创企业成长的业态系统。此外,纽约拥有科技大会和299个科技产业组织,涵盖金融、时尚、媒体、出版、广告等各类产业,建立起了产业互助系统,形成良性的科技创新生态系统。

三、以"创新-先进制造业"为核心的区域协同服务

后危机时期,在美国政府关注"重振制造业""制造业回流"对的背景下,美国大都市区提出"本地制造""消费本地"等产业发展方向。其中,纽约市提出的"纽约制造"概念和策略,成为创新-先进制造业能力融合发展的典型的表现。这一模式引起诸多城市的关注和追随。

(一)"纽约制造"项目的创新产业引领作用

在2005年,纽约市市长布隆伯格宣布了"纽约制造"项目,为纽约本土的电影、电视、剧院、数字化产品等提供"纽约制造"认证,随后这被推广到时尚业和高科技产业。在纽约创立的公司或75%的公司运营团队在纽约的公司,都能申请这个认证,其信息会被列在纽约制造数字地图(Made in New York digital map)上。这些公司可以统一在该网站公布招聘广告,增加自己被用户认识的机会。另外,这些本土创业公司还可通过承接市政府的订单积累自己的资本、行业知名度等,实现初期发展。

之后,"纽约制造"逐渐延伸至时尚产业制造和高科技产业制造。但相比金融等生产性服务业,总体来看纽约制造业规模偏小。据纽约市经济发展组织统计,纽约制造业现在只提供16%的私营部门的工作岗位。而且纽约的制造活动是高附加值产品制造,而不是大宗产品的制造,生产相当专业化,所能够获取的高附加值可能来自技术,也可能来自文化(或创意)。例如纽约正快速发展的3D打印、电脑数控机床(CNC Machines)、小型无人机、软件设计工作等,都属于微型制造产业(即 Micro-manufacturing)。这是基于信息、网络、新材料等新技术和新产业革命之后典型的新一代生产组织模式。

(二)区域创新生态系统的建立

在城区层面,纽约注重扶持对于空间需求不大而可以首先在大都市区中心城区开展的项目。比如微型制造项目不再需要大厂房,而更像是"制造工作室"。这是一种全新的产业空间形式。当前,包括曼哈顿的服装中心(Garment Center)、皇后区的长岛、布鲁克林的绿点(Greenpoint)和威廉斯堡(Williamsburg),都已经成为比较稳定的制造工作室聚集地。根据既有研究和规划,未来这些空间都逐渐由非政府组织承担提供稳定的制造工作室的任务,不会为了商业利益改变土地用途,即使住宅地产诱人,也能保持土地的商业或工业用途。

在区域层面,纽约强调创新与先进制造业在大都市区乃至城市群层面的扩散互动及效应示范。基于推广"纽约制造"强调本地生产、本地消费后,纽约提出加强创新与制造业之间的联系,以此提升区域出口能力,并吸引国际投资。

第二节 芝加哥大都市区[①]先进制造业发展及网络协同

20世纪60年代开始,随着产业结构转型,芝加哥大都市区制造业发展面临困境。面对复杂的城市经济、社会问题,作为大都市区主要行政当局的芝加哥市政府采取了产业多元化战略,进行产业调整、转型与升级。到20世纪90年代芝加哥大都市区基本完成经济调整转型,一方面,先进制造业的转型升级渐入佳境;另一方面,金融、会展、旅游、文化及传媒产业得到极大发展。在这样的发展基础上,芝加哥市政府对自身定位从"第二层次的全球城市",发展为"世界上引领性的金融中心之一",成为"全美交通中心和工业中心"。

一、芝加哥大都市区先进制造业的转型特征

(一) 先进制造业显著支撑芝加哥大都市区经济发展

制造业长期担当芝加哥大都市区区域经济的基石作用,即便在全球要素流动的时代,先进制造业依然是区域经济健康发展的关键性要素。20世纪90年代,芝加哥大都市区的制造业集群就业人数为58万人,是美国第二大制造业就业人群。芝加哥大都市区制造业的年均产值达到650亿美元,是区域经济的第二大组成部分。芝加哥大都市区制造业岗位的收入与产出比区域所有行业的平均值高出27%,为区域高质量的生活做出了贡献。

同时,先进制造业的影响力是高度多样化的,其影响范围几乎涵盖所有相关领域。芝加哥大都市区的先进制造业是区域创新能力的主要动力,提供了85%的私人研发力量。芝加哥大都市区制造业就业的连带效应也非常显著,远远超出其他行业。每创造一个新的制造业就业岗位,便会支撑至少2个区域经济中

[①] 芝加哥大都市区由芝加哥市及其周边的乔利埃特市(Joliet)和内珀维尔市(Naperville)共同构成,成立有共同的规划机构芝加哥大都市区规划署,行政上三市分立,但芝加哥市政府显然扮演着主导角色。

的其他就业岗位。其中,轨道装备制造业的就业乘数效应最为突出,其100个新增就业能够连带支撑407个区域的其他就业,其中124个在制造业集群内部,283个在制造业集群之外。在出口方面,芝加哥大都市区制造业在区域货物出口总量中占据2/3。

(二) 制造业效率提升助推产业转型

21世纪的第一个10年,芝加哥大都市区的制造业就业下降了三分之一,这与美国其他工业中心的情况相似。但另一方面,芝加哥大都市区制造业集群的生产效率却大为提高,这是先进技术应用与高附加值产品生产两者共同作用的结果。2001—2010年,芝加哥大都市区制造业就业人数从60.3万人下降为41.7万人,但制造业的产出却从511亿美元上升为640亿美元,此消彼长间,制造业效率提升的程度令人瞠目。

十年间芝加哥大都市区制造业向高技术产品转型的趋势,来自该区域对自身经济特质的全面认识和引导。芝加哥大都市区规划署认为,区域的竞争优势并不在于低技能、劳动密集型生产活动,此类生产也非常容易受到海外竞争的影响。相反,大都市区的制造业优势在于先进技术、先进方法以及先进产品的制造能力。目前,芝加哥大都市区制造业者已经进入"高产出-少用工"的发展阶段,由于产业结构持续向高科技产品与制造能力转变,在就业不断下降的同时,产值持续上升。同时,部分就业萎缩是源自企业提高了对临时工的使用。

(三) 制造业的综合化趋势

对芝加哥大都市区的制造业发展状况不能单纯以核心生产活动来进行分析,而应将视角置于制造业供应者、合作者、投资者以及顾客方等多元主体构成的区域制造业网络。制造业集群包含了制造业价值链中所有的相关方。芝加哥大都市区制造业的核心企业共拥有37.5万名员工,其行业分布十分多样化,包括从计算机至食品行业共九大门类。与美国其他制造业中心相比,芝加哥大都市区的立足之本在于综合性的生产范围,其核心行业几乎涵盖了制造业的所有领域。而其他绝大多数大都市区均只能专精于有限的几个行业。

这种综合性的趋势也使得芝加哥大都市区制造业就业结构中,没有任何一个单一行业拥有超过19%的就业比例。由于全球化与自动化的影响,芝加哥制造业的九大行业均会面临就业萎缩的困境。其中下降速度最快的是区域专业化程度较低的行业,包括计算机与电子、家具与服装,以及初级制造等。与之形成鲜明对照的是，区域专业化程度较高的生命科学、化学塑料、金属加工等行业则就业下降压力较小。

（四）制造业支持体系的重要作用

芝加哥大都市区制造业在支持、供应与客户服务等相关行业取得了较快发展。其中，物流产业与制造环节的良性互动，成为芝加哥大都市区超越其他制造业中心的重要特征。芝加哥大都市区的物流支持产业在过去十年中成为发展最为迅猛的领域，其就业在 2001—2011 年间增长了 16%。芝加哥大都市区在供应链管理以及货运方面的快速发展，有效降低了物流成本，芝加哥大都市区的产品从而不断进入新的市场。2010 年，芝加哥近 2/3 的出口货物为制造业产品，为全美最高比例。

（五）制造业劳动力结构的升级

芝加哥大都市区制造业的劳动力结构也发生了重要变化。为了对应全球化与快速技术进步的挑战，芝加哥大都市区的企业开始应用自动化机械取代人力，同时将劳动密集型部分转移到海外，这使得区域制造业劳动力数量缩水了 1/3。这种状况使得制造业企业更加依赖于高技能工人以及先进技术，以与全球的廉价劳动力竞争，从而形成区域制造业劳动力中的"技能提升"（up-skilling）趋势，并使得对于技能培训的需求迅速提高。根据芝加哥大都市区制造业的就业趋势，芝加哥大都市区对于高技能制造以及程序管理能力的需求将迅速提升，而对于低技能人工制造岗位的需求则将持续下降。

二、大都市区先进制造业与创新能力提升的有机互动

（一）发展纳米科技等新兴制造技术的开发能力，以获取新一代先进产品与制造程序

生化制造、纳米技术以及添加制造等新兴技术将极大地提升现有先进制造业的产品线，并开辟新的市场。芝加哥市政府关注在这些领域专业性能力的强化，以扭转芝加哥大都市区在私人部门研发方面相较其他大都市区的劣势，同时使本区域在全球经济中取得竞争优势。

（二）在大都市区的基础研发资源与私人市场之间建立联系，以提升技术的产业化水平

芝加哥大都市区作为新制造业技术的引领者，着力使既有公共性研发资源

向技术倾斜。芝加哥大都市区拥有其他区域所缺乏的大学与国家实验室体系。区域内有西北大学、芝加哥大学、伊利诺伊大学芝加哥分校、伊利诺伊技术研究所以及其他世界级高校。这些机构为芝加哥制造业能力的发展提供重要动力。同时,芝加哥大都市区还拥有两所联邦研究机构,即著名的费米实验室和阿格尼国家实验室,这些实验室聚能吸引了全球最顶尖的人才。芝加哥大都市区的创新策略将重点放在上述研究机构科研成果的商业化运用方面。

（三）注重、强化公共研发机构与私人部门之间的合作

这也是推进新技术产业化的重要条件。尽管对于高校与实验室的基础研究进行投资会带来显而易见的经济和收益,但更需要对于产业化加以关注以提升市场价值。当产业化前景明晰之时,私人部门也将有对于研发的巨大投资冲动。

（四）为最具有创新能力的制造业者提供早期融资机会

最有前景的技术仍需要风险资本的投入。区域的金融部门尽管与制造业部门保持着紧密的互动,但其主要的目标仍是提升现有企业的规模。芝加哥大都市区着力帮助创新型制造业企业获得更多的融资,进而使新创意能够更快、更多地转化为产品。

（五）为中小企业主提供研发支持,以更好地提升集群主体成员与创新生态系统之间的联系

促进区域中小企业发展对于塑造制造业集群的研发基础有重要的作用。小企业往往资源有限,在面对制造业创新技术时往往力不从心。芝加哥大都市区84%的制造业企业雇员少于50人,研发资源被几家大企业所垄断。都市区各市政府已关注采取措施,通过促进中小企业应用先进制造技术的能力以提升创新水平。

三、大都市区劳动力水平提升

（一）增强扩大产业、教育者以及培训部门之间的联系,提升科学、技术、工程与数学(STEM)人才培养,以满足产业对劳动力技能发展的要求

先进制造业需要新一代的技能工人,以适应不断变化的需求。这种新的技能不仅要求劳动者能够计算、阅读与思考,而且还需要对材料、物理、化学、电子工程以及计算机程序有深入了解。芝加哥市政府着力推动产业、培训者以及教育者共同努力以建立先进就业者的培养渠道。为达到这一目标,注重提高科学、

技术、工程与数学课程的质量,同时将企业的需求加入课程规划。如芝加哥城市学院就以先进制造业行业需求为指向,设立了专业化的培训课程。

(二)在次区域与地方层级提供定制性劳动力培训服务,以适应地方产业、企业与劳动力的特性

制造业企业各有差异,尽管绝大多数制造业企业依赖精确制造等通用技能,但它们往往更需要为本企业定制的机械与生产程序。若能为企业提供有针对性的劳动力与学徒服务,将有助于制造业雇主雇用最适合本企业的就业者。

四、大都市区基础设施建设配合

(一)为大都市区交通基础设施提供战略性投资,提升货运治理水平以保持芝加哥大都市区的区位优势

交通基础设施对于芝加哥大都市区的先进制造业发展至关重要。尽管受到全球化经济的影响,芝加哥大都市区先进制造业的大部分产品流向仍是区域性的。根据统计,美国的所有制造业产品,有50%移动距离不到50英里。先进制造业的区域性供应链仍然发挥着主导作用。因此,芝加哥大都市区的先进制造业企业更关心交通基础设施是否能够满足复杂的区域性供应链流动、货物出口运输以及高技能员工的通勤。因此,芝加哥大都市区着力进一步加强对交通体系的投资,这一投资将对制造业产业集群的竞争力优势乃至区域经济的发展都产生巨大作用。大都市区对艾琳-奥海尔西部通道等战略性交通枢纽增加投入。同时,通过金融领域创新手段解决投资来源问题,包括实施拥挤费等政策。此外,通过货运治理以引导投资有效流向交通体系。

(二)提高现存交通体系周边土地利用率

芝加哥大都市区通过土地规划与土地用途规制等手段,使交通设施邻近区域的空地能够为先进制造业所用。据估计,超过18.4万公顷邻近交通基础设施的土地处于空置状况。这些土地由于具有良好的交通条件,可更好地用于制造业的发展。

(三)推广联合热力能源(CHP)系统应用,提高区域能源利用效率

先进制造业的耗能已成为芝加哥大都市区所属伊利诺伊州最大的能源消耗部分。降低企业能源消耗,提高能源利用效率,是芝加哥大都市区制造业发展的重要方向。芝加哥大都市区注重CHP系统的应用,将系统产生的热量重新转化为能源，进而减少排放引起的能源消耗。目前伊利诺伊州的CHP发展仍有4倍于当前规模的广大空间，芝加哥大都市区制造业企业大规模应用CHP将有助于实现区域能源的高效与可靠性。

第三节　密歇根州推进大都市区经济协调发展的战略举措与特点

一、密歇根州大都市经济的发展方向

密歇根州是一个大都市州，主要城市与大都市集聚的巨额资产为该州提供了重要的动力。该州最大的14个大都市区集聚了82%的人口、84%的就业、85%的出口、86%的州GDP，以及91%的科技工作。

因此，密歇根州大都市的实力将极大地决定该州未来经济的前景。该州认为下一轮经济增长将源自创新，特别是先进制造业领域的创新。创新将通过创意与相关就业推动经济发展。新经济增长将借助于低碳技术、低碳流程以及低碳产品提供的强大动力。

二、密歇根州大都市经济加速发展的主要举措

密歇根州政府根据密歇根大都市的发展状况及经济特征，提出了促进下一阶段大都市经济发展的三个主体战略目标。

（一）加强创新与先进制造业之间的联系，以此提升区域出口能力，并吸引国际投资

密歇根州政府认为，创新已经成为美国几乎全部经济增长的源泉。创新也使密歇根州得以在新的世界经济变革中立于潮头。随着技术转型的加速，强大的创新能力正日渐成为区域经济发展的关键。而对于密歇根州，特别是该州大都市区而言，其可以成为美国创新的重要组成部分，为国家创新提供重要的基础设施。从私营部门、金融部门、高校、地方政府直至州政府，必须合作创造一种"创新生态系统"。但推动创新的工作绝不仅仅是促进创意的产生，一个健康的创新生态系统同样需要一个强有力的制造业体系作为支撑。尽管密歇根州的制造业经历了一个长时段的衰退，但该州的大都市区仍然拥有重要的先进制造能

力,这一制造能力也能扩展为创新能力。密歇根州的先进工业体系具有为持续创新与经济增长充当催化剂的潜力。通过保留与进一步开发大都市区的工业财富,密歇根州将能够为新技术及新的市场提供重要的资本。为实现上述目标,密歇根州大都市发展战略提出以下主要措施。

其一,为21世纪就业基金重新定位,以使其涵盖制造业与创新。密歇根州的21世纪就业基金(21st Century Jobs Fund)是该州推进科技型经济发展的最主要措施之一。该基金建立于2005年,旨在推动建立该州的新型产业,如生命科学、替代能源、先进汽车、先进制造业、新材料与防务产业。密歇根州认为,应转变此类基金的重点,以增加对于制造-创新基础条件的投资,减少对于个人企业的投资。

密歇根州认为,通过联合高校、社区学校、制造商联合会等不同的利益相关方,能够建立起先进制造业的研发中心,进而在创新与新技术应用两个领域间搭建起桥梁。先进制造业中心的网络将能够降低技术创造与应用的门槛,并有助于提升小微企业运用最新技术的能力。在21世纪就业基金对每个研发中心年均投资不到1 000万美元的情况下,州一级应建立多个研发中心,每个研发中心专精于一个或几个先进制造业的专业领域。在该基金的资助下,该州已经推动了密歇根生命科学走廊(MLSC)的建设,该项目促进生命科学技术研发机构与私人部门的合作,持续20年每年提供5 000万美元资助。

研发中心或实验室的主要资金来自公共部门而非客户,能使这些研发机构的工作有益于更大范围的企业。这样,研发中心的创新活动也成为密歇根州整体创新基础的有机组成部分。

其二,制定有力的国际直接投资(FDI)战略,吸引链接关键性先进制造业集群的创新企业。国际直接投资对于城市与大都市区具有重要的积极作用,尤其能够提供高质量的就业机会。国际直接投资高度集中于美国的制造业部门。2008年,国外企业提供了美国制造业产值的42%有余,制造业就业的1/3强。密歇根州国际直接投资提供的先进制造业就业数量高于美国平均水平。

密歇根州认为,需要制定一项清晰、有说服力的战略以提高其自身的国际直接投资份额,吸引国际投资强化该州先进制造业集群的实力以及不同集群之间的联系。该州首先对国际直接投资的来源和发展信息进行综合分析与整合。相关的调查不仅限于年度的国际吸引力分析,而且包含对于各县、各部门吸引国际直接投资的能力与原因的深入分析,并对进入该州的国际直接投资的来源国以及投向领域进行跟踪。上述信息的确定有助于明确州的国际直接投资吸引重点,并提供长时段的延续性决策依据。同时,密歇根州为国际直接投资争取联邦项目与区域经济发展项目等多层面的支持。在推进出口的同时,密歇根州也以同样的力度推进国际直接投资的吸引和发展。

其三,通过协助、营销、融资等扶持手段,帮助小型先进制造业与服务业企业提升出口能力。密歇根州制订了MI-EXPORT计划,以帮助州内企业提高出口能力。该计划对于州内企业进行了普查与分析,以判定各企业的出口能力,在此基础上制定计划以确定出口的目标国家、产业领域,并协调相关的资源以形成地区出口主体的伙伴关系。同时,密歇根州还根据联邦的《州贸易与出口促进计划》,建立了150万美元的配套基金。上述项目和基金,有半数以上用于向中、小型企业提供出口方面的服务。

为了解决中小先进制造业企业出口中的资本不足问题,密歇根州通过MI-EXPORT项目着力提供金融方面的帮助。该项目设立了8 000万美元的资金,为具备出口资质的合格企业提供金额在10万美元以上的小额融资。同时州政府还与进出口银行、小企业管理局以及商业银行进行协调,通过提供担保等形式,降低中小出口企业获得资金的门槛与限制。

(二) 强化区域体系,通过推进现有劳动力培训与新增就业促进经济增长

密歇根州的主要大都市区是该州最重要的劳动力市场,也是劳动力跨区域流动的主要区域。该州的大都市区高度集聚了拥有技能的劳动力以及具有大学学历的就业者(该州85%的大学以上人口均居住于大都市区),特别是科学、技术、工程以及数学领域的专业人才。

另一方面,密歇根州的劳动力增长与质量情况堪忧。该州14个大都市区中,有13个都市区就业年龄段人口增长低于全美平均水平。截至2011年10月,其中8个大都市区的失业率高于美国9%的平均水平。同时,密歇根大都市区的外裔居民数量极少,尽管这些外裔居民在受教育程度上远高于美国外裔居民的平均水平。该州12个大都市区的外裔居民拥有本科及专业学位的比例高于全美外裔居民的平均水平。密歇根州认为,尽管移民人口在该州总人口中的比例不大,但这些人能够成为推动创新与经济增长的积极力量。他们能够为本地企业与出口市场之间提供连接,并带来更多的国际投资机会。为了提升该州

大都市区的劳动力素质,特别是充分利用移民劳动力的作用,密歇根州大都市发展战略提出以下主要措施。

其一,利用劳动力存量资金,推进制定与产业集群实力相匹配的区域劳动力战略。由于每个大都市区都具有独特的社区、产业、企业、中介组织以及教育机构组合特征,因此各个大都市区都需要根据区域要素与劳动力状况制定合适的劳动力发展战略。以区域为出发点的州劳动力发展计划将为密歇根大都市区带来更大的灵活性,为经济发展的特定需求提供有针对性的劳动力发展与就业培训项目。密歇根州当前正着力解决的就业推进问题包括两方面:第一,缺乏区域性的合作体系;第二,就业培训内容与技术性雇主的需求之间的差距。

为适应上述需求,密歇根州大都市发展战略进行了具体的部署。在总体上,着力使联邦、州一级现有劳动力发展项目与区域、大都市区经济发展目标相协调与统一。该州一方面促进联邦"劳动力创新与区域经济发展"计划与该州不同区域劳动力创新机构的协同资助;另一方面着力通过州长、密歇根经济发展公司、人才投资委员会等州一级机构的共同努力,建立对区域持续的激励机制,以推动大都市引领的、创新性的劳动力发展体系。在区域层面,该州主要通过区域劳动力发展项目推进劳动力的培训与素质提升。在资金上,该州着力避免联邦与州一级劳动促进资金无差别使用的状况,规定此类资源应向区域劳动力发展计划倾斜,以此支持与鼓励地方劳动力投资部门、高校、社区学院、企业领导以及其他关键性机构之间的就业培训合作。

其二,协助具备高等教育水平的移民取得密歇根州专业资质。密歇根州认为,应将吸引与留住外来移民措施作为大都市区经济发展战略的重要内容。该州许多大都市区尽管拥有大量受过高等教育的移民专业人才,但由于烦琐的许可与资质要求、缺乏对就业程序了解,以及专业受限等,这些人才无法进入擅长的领域就业。这种情况对密歇根州先进制造业的发展有负面的影响。

为解决技术性移民的"脑力浪费"问题,密歇根州采取多种手段在大都市区增加这一群体的合适就业。该州大都市区发展战略提出,州内的资质授予机构应提供职业-专业方面的指南,以明确获得特定专业证书的程序细节。在这一方面,已有一家名为"Upwardly Global"的非营利组织提供了相关服务。该组织提供的指南中包含专业证书获取全过程的所有程序性内容,包括资格认证、考试,以及获得证书的时间与费用等细节。

同时，密歇根相关机构还鼓励一部分技术性移民从事与其专业有关的相近行业工作。这样有助于此类移民解决就业问题。此外，州相关机构与相关主体还着力降低技术移民在专业领域就业的障碍。信息与资质评估服务部门应协助移民翻译与认证外语文凭与证书。制定适应专业移民特点的就业培训项目也有助于移民成功获得工作机会。

（三）提供有针对性的投资，使城市与大都市区财富投向区域经济转型方向

后危机时期，美国各州都对大都市区进行了大量投资。相关投资进入基础设施与经济发展领域。同时，投资的分布城市过多，使资金的使用强度受到很大限制。密歇根州认为，应摆脱这种无重点的"烧钱"模式，将投资转向对于新经济发展相关的重点领域，以及具有区域特色的增长方向。

该州大都市发展战略指出，应整合资源与领导能力，推进以少数城市或大都市为主导的经济促进计划。该计划应带有以下特征：第一，由地方公共、私人、民间与慈善主体共同支持；第二，不仅能够推动大都市区转型，而且具有驱动全州转型的潜力；第三，目标城市数量有限，以避免资源和重点的分散；第四，通过竞争性程序进行投资目标选择，以城市与大都市项目形式出现。

密歇根州城市与大都市区投资促进计划将目标集中在两个相关方向上：其一，支持城市与区域产业与创新集群的发展；其二，推进新型"城市创新区"（urban innovation districts）的建设。其具体的推进策略包含以下几个方面。

其一，通过适应不同阶段发展特殊需要的资金项目资助一定数量的城市或大都市先进制造业产业集群。集群发展有助于提升地区企业、创新、就业的互动发展。同时，集群能够提升产业的创业成功率，对于新兴企业的成功与就业率提升具有强大的正面作用。根据布鲁金斯学会的研究，2003—2010年，在清洁能源领域，集群式企业的增长速度高于个体企业。因此，密歇根的许多城市均将发展企业集群作为推进城市或区域经济发展的关键性战略。

为了集中引导大都市的产业集群发展，密歇根州计划向部分城市或大都市区的现有产业集群工会或行业组织提供资助。此类资助的发放条件主要基于集群的发展表现及潜力。同时，密歇根州大都市经济发展战略认为，该州应制订计划，通过该州经济发展公司或其他主体，提供竞争性的资助项目，以扶持部分城市与大都市区的新兴产业集群。资助项目应考察授予集群的产业特性、国内国际联系、发展潜力等情况；同时，特别关注集群对于现有企业的容纳性和吸引外

来企业的能力,分析该集群对现有土地、基础设施的转化利用能力。

密歇根州认为,产业集群战略的重心不仅应关注如何使州的主要资源与地方产业集群发展相结合,而且应关注专业性、州引导下的产业集群策略。即通过州一级发展政策,将现有支持产业集群发挥的项目整合为一体化的投资计划,从而形成合力。上述策略不仅在于提升创新、企业发展以及就业水平,而且力图在资源有限的情况下,使州经济发展政策的效用最大化。

其二,建立新型"城市创新区",使创新驱动机构与基础设施、住房与服务设施形成联动发展。在支持地方性产业与创新集群的基础上,密歇根州还着力与城市领导人合作,发展建立"城市创新区"。这一工作旨在整合、创建地方性的经济、空间、社区财富综合体,以激发快速全球化的领域内与领域间的创新要素。与19世纪的工业区以及20世纪的科技研发园区不同,创新区更重视物理环境(基础设施、城市设计、建筑)与社区环境(可承受住房、社会活动、文化机构、大事件)的作用,以创造一个创新、合作以及企业发展要素相互渗透的共同区域。这种优越的环境能够鼓励新企业的创建,并推动形成"创新区"内企业、研发机构、区域性中介以及其他组织之间的新联动。

尽管创新区与以往的复合型计划有相似之处,但其相较传统措施更进步之处在于,创新区有意识地建立提升创新、合作与联系的物理、经济,以及社区空间。在物理层面,住房、商业空间、研发机构以及办公楼的良性混合,能够共同形成一种激励机制,从而增加区域密度,使民众和企业更为靠近,提高创新过程中形成伙伴关系与合作活动的机遇。步行空间、交通通达性、IT基础设施、建筑,以及绿色空间等差异化空间特质,将在很大程度上提升宜居性,并成为促进企业落户创新区的重要吸引要素。在经济层面,创新区通过面向集群的促进举措,鼓励创新型产业集群的崛起。此外,区域将以孵化器服务、创业竞争项目、采购策略,以及其他各种措施支持创业活动。在社区层面,创新区将提供面向各收入水平人群的可承受、具有吸引力的住房选择、零售与服务性行业,以及社会文化活动,从而为居民的居住、就业和娱乐营造良好的环境。

第十章　上海大都市圈科技创新产业发展预见

第一节　各城市战略新兴产业规划

科技创新必须有相应的产业体系予以响应，才能实现区域科技创新系统完整协同。从区域层面看，目前科技创新产业协同也还是最主要的区域协同创新模式和路径。但是，科技创新不完全等同于产业体系，在科技创新的基本导向下，必须把握住几个核心未来产业，把握住"牛鼻子"，进而推动上海大都市圈产业体系整体升级。结合当前国际层面技术、产业革命最新演化、上海大都市圈各城市"十三五"规划及战略新兴产业发展规划中以电子信息及芯片制造、智能装备制造、汽车、生物医药与高端医疗器械、航空航天、海洋工程与高端能源装备、新能源及新能源汽车的体系看，本研究认为人工智能产业、大数据产业、物联网产业、机器人、新能源汽车产业可以成为创新驱动力体系下，最可能推动大都市圈整体产业快速转型升级的未来产业，把握住这几个"牛鼻子"科技创新产业体系，能更好推动科技创新与区域产业的融合、协同与升级。具体分析包括全球产业发展预见、全国产业竞争格局、上海大都市圈产业链地图以及上海大都市圈产业发展要点四个要点。

表 10 - 1　上海市"十三五"规划中战略性新兴产业规划

战略性新兴产业	行　　业
新一代信息技术	集成电路
	下一代网络
	汽车电子

续 表

战略性新兴产业	行业
新一代信息技术	新型显示
	卫星应用与位置服务
	软件和信息服务
智能制造装备	机器人
	高档数控机床及专用加工装备
	增材制造装备
	传感控制与仪器仪表
生物医药与高端医疗器械	生物医药
	高端医疗器械
新能源与智能网联汽车	新能源与智能网联汽车
航空航天	航空产业
	航天产业
海洋工程装备	海洋工程装备
高端能源装备	核电装备
	气电装备
	智能电网与分布式能源装备
	高效清洁煤电装备
	风电及光伏能源装备
新材料	新材料
节能环保	先进环保
	高效节能
	资源循环利用

表10-2 江苏三市"十三五"规划科技创新产业

地区	科技创新重点产业	重点行业领域
苏州	纳米技术	微纳制造
		纳米材料
		纳米光电

145

续 表

地 区	科技创新重点产业	重点行业领域
苏州	纳米技术	纳米清洁
	新一代信息技术	新型平板显示
		高性能集成电路
		未来网络和物联网
		云计算大数据等高端软件
	高端装备制造	机器人
		智能制造装备
		数控机床和激光加工设备
		轨道交通装备
	新材料	金属材料
		高分子材料
		无机材料
		复合材料
	新能源与节能环保	太阳能光伏
		新能源汽车
		动力电池
		节能环保
	生物医药与医疗器械	生物技术药
		化学新药
		现代中药
		重大疾病与转化医学
		医用电子仪器和设备
		生物试剂
		医用材料
无锡	新一代信息技术	集成电路
		物联网
	高端装备制造	智能制造装备
		航空航天装备

续表

地 区	科技创新重点产业	重 点 行 业 领 域
无锡	高端装备制造	高端船舶和海工装备
		工业设计和文化创意
	节能环保	节能产品装备
		高端高效水处理技术装备
		高端高效大气污染纺织技术装备
		高端高效固体废弃物处理处置装备
		环境监测装备
		节能环保服务业
	生物医药	创新药物
		生物制品
		高端制剂
		现代中药
		医疗装备
		穿戴设备
		精准医疗
	新能源和新能源汽车	太阳能光伏
		风电
		新能源汽车整车及关键零部件制造
	新材料	新型功能材料
		先进结构材料
		高端精细化工新材料
	高端纺织及服装产业	
南通	智能装备	数控机床
		机器人
		3D打印设备
		智能控制系统
		自动化仪器仪表
	新材料	特种金属功能材料

147

续表

地 区	科技创新重点产业	重点行业领域
南通	新材料	高性能结构材料
		功能性高分子材料
		特种无机非金属材料
		先进复合材料
	新能源及新能源汽车	风电
		光伏
		核电
		新能源汽车
	航空航天	中小型飞机整机制造
		航空装备
	生物医药	基因工程药物
		抗肿瘤、抗肝病、治疗心血管疾病药物以及治疗感染的抗生素药物
		抗肿瘤抗体、抗肿瘤蛋白、基因工程胰岛素、新型疫苗、诊断试剂等
		海洋药物研发应用
	生物材料	神经再生
		神经修复
	节能环保	节能
		环保
		资源综合利用

表 10-3 浙江三市"十三五"规划科技创新产业

地 区	科技创新重点产业
宁波	新材料
	新装备
	新一代信息技术

148

续　表

地　区	科技创新重点产业
宁波	新能源
	海洋高技术
	节能环保
	生命健康
	创意设计
嘉兴	新能源
	新材料
	节能环保
	生物产业
	互联网产业
	核电关联产业
舟山	绿色石化
	船舶与海洋工程装备
	现代航空
	海洋电子信息（海洋大数据中心）
	海洋生物医药
	海洋新能源、新材料
湖州	新能源汽车及动力电池开发
	智慧城市及物联网
	半导体碳化硅晶体材料的开发应用
	生物医药及高端医疗装备
	智能制造装备及控制部件
	新材料应用及高性能产品
	资源与生态环境
	农业新品种选育与精深加工、智能农业装备

第二节 物联网产业

一、全球产业发展预见

(一) 全球物联网市场规模快速增长

整体来看,全球物联网相关技术、标准、应用、服务还处于起步阶段,物联网核心技术持续发展,标准体系加快构建,产业体系处于建立和完善过程中。未来几年,全球物联网市场规模将出现快速增长。据预计,未来十年,全球物联网将实现大规模普及,年均复合增速将保持在20%左右,到2023年全球物联网市场规模有望达到2.8万亿美元左右。

为此,发达国家和地区纷纷出台政策进行战略布局,抢抓新一轮信息产业的发展先机。美国以物联网应用为核心的"智慧地球"计划、欧盟的十四点行动计划、日本的"U-Japan"计划、韩国的"IT839"战略和"U-Korea"战略、新加坡的"下一代I-Hub"计划、中国台湾的"U-Taiwan"计划等都将物联网作为当前发展的重要战略目标。

(二) 制造业将成为主要应用领域

2018年,制造业成为最积极投资物联网解决方案的产业,预计支出金额将达到1890亿美元,占总体投资比重为24.47%;运输业和车联网、智能建筑等跨产业物联网的支出金额将分别达到850亿美元和920亿美元。2018年消费者物联网支出金额将达620亿美元,位居第五位,主要应用包括:智能家庭、家庭自动化、保全以及智能家电。

(三) 产业规模化应用是趋势

全球行业巨头在产业链不同环节加快布局,物联网的大规模商用正在快速形成。如高通在2011年收购无线芯片厂商创锐讯和蓝牙晶片厂商CSR,2015年发布用于工业物联网和M2M领域的基于LTE技术的芯片组,向30多个国家推出超过15款物联网设备,不断扩大物联网布局。谷歌在终端方面以32亿美元收购Nest,突破智能家居硬件入口,并同时在操作系统方面积极布局,将分散的物联网系统整合成统一平台,实现设备与云端及其他服务的连接。2016年初,思科以14亿美元收购物联网平台公司Jasper;4月,半导体公司赛普拉斯

(Cypress)收购博通(Broadcom)的物联网部门,开拓物联网多场景应用;7月,软银公司收购晶片公司ARM,实现各种设备和服务间的黏合,推动物联网行业的智能化发展;同月,德国芯片厂商英飞凌(Infineon)收购科锐旗下Wolfspeed功率和射频业务部门,致力于让Infineon的客户开发出能效更高、面积更小、成本更低的物联网系统。2016年10月,高通收购全球最大的车载芯片商恩智浦(NXP),弥补自己在物联网、汽车电子等领域的技术短板。2016年11月,Gartner收购物联网/M2M领域世界领先的市场情报和战略研究机构Machina Research。2016年12月,高新兴收购中兴通讯旗下的中兴物联,未来将开发物联网企业级市场。

二、全国产业竞争格局

近年来在制造强国、互联网+双创等带动下,中国物联网产业发展取得长足进步。在企业、高校、科研院所共同努力下,中国形成了芯片、元器件、设备、软件、电器运营、物联网服务等较为完善的物联网产业链,涌现出一批较强实力物联网领军企业,初步建成一批共性技术研发、检验检测、投融资、标识解析、成果转化、人才培训、信息服务等公共服务平台。

各地方政府也积极营造物联网产业发展环境,以土地优惠、税收优惠、人才优待、专项资金扶持等多种政策措施推动物联网产业发展,并建立一系列物联网产业联盟和研究中心。从空间分布来看,中国围绕北京、上海、无锡、杭州、广州、深圳、武汉、重庆八大城市建立物联网产业联盟和研发中心,已初步形成环渤海、长三角、珠三角、中西部四大区域物联网产业集聚发展总体产业空间格局,并逐渐向周边地区辐射。其中,长三角地区物联网产业规模位列四大区域的首位。

同时,各区域物联网产业集聚各有特色,物联网应用发展各有侧重,产业领域和公共服务保持协调发展。

表10-4 各地区物联网产业优势行业概览

发展重点	地区
芯片制造	江苏、上海、北京、四川、重庆、广东
传感器设备	上海、北京、广东、福建、湖北
标签成品	北京、广东、福建、湖北
读写器制造	江苏、北京、广东、福建

续　表

发展重点	地　　区
系统集成	北京、江苏、广东、四川、浙江
网络提供与运营服务	北京、上海、广东、江苏、山东
应用示范	北京、上海、广东、江苏、福建、重庆、湖北、山东

三、上海大都市圈产业链地图

目前，中国长三角地区以上海、无锡、南京、杭州、嘉兴等城市为主，上海大都市圈七个城市具有重要地位。上海产业技术基础雄厚，应用示范全面推开。上海是中国物联网技术和应用的主要发源地之一，在技术研发和产业化应用方面具有一定基础。无锡传感产业实力强大，产业集聚加速发展。无锡是国家唯一传感网创新示范区、全国产业集群区域品牌建设试点，物联网相关企业已经超过2 000家，从业人员超过18万人。2017年无锡物联网产业营业收入达2 437亿元，接近全省的1/2、全国的1/4。无锡牵头或参与制定物联网国际标准11项、国家标准49项，无锡成为全球物联网领域标准的重要策源地。苏州在物联网产业发展方面有很明显的产业基础优势。苏州目前在传感网核心技术领域有重点企业近150家。2017年6月中国电信在苏州建成新一代物联网实现NB-IoT（窄带物联网）全覆盖，逐步形成规模应用体系。2018年苏州加大4G和NB-IoT网络的网络优化部署力度，开展eMTC（增强类机器通信）网络试点和推进5G试点，建成领先的新一代运营商级的物联网网络。嘉兴依托内外力合作共建、推动产业化发展，推动嘉兴从传统工业向高新技术产业的成功转型。宁波以

表10-5　上海大都市圈主要城市物联网产业发展状况

	产业特色/优势	集聚区	研发与应用	发展重点
上海	射频识别标签、图像传感器、机器到机器通信、中高端工业传感器和汽车传感器	嘉定区、杨浦区和浦东新区物联网产业集聚区、物联网应用示范区，以及长宁区物联网创新及应用示范基地	上海机场防入侵传感网防护系统、世博园区基于物联网技术的电子围栏	先进传感器、核心控制芯片、短距离无线通信技术、组网和协同处理、系统集成和开放性平台技术、海量数据管理和挖掘等物联网技术

续 表

	产业特色/优势	集聚区	研发与应用	发展重点
无锡	智能传感产业链完善,牵头或参与制定物联网国际标准11项、国家标准49项	新区、滨湖区、南长区物联网产业聚集区;鸿山、雪浪、慧海湾3个物联网小镇;环保物联网产业园	重点研发机构达到44家,各类公共服务平台和信息基础设施建设测试中心58个;全国首个IPv6规模商用网络;全国首个窄带物联网全域覆盖	物联网核心产业、支撑产业和关联产业三大重点产业领域。加强感知、传输、处理、共性技术创新
苏州	电信物联网、工业物联网、智慧社区	昆山周庄的传感器件、工业园区通信及集成电路两大传感网产业集群		
嘉兴		嘉兴科技城		公共安全、交通物流、智能电网三个领域的示范应用;"感知嘉兴"的建设
宁波	工业物联网、以传感器为代表的智能设备	工业物联网特色产业园		

工业物联网特色为主、亟待扩大产业规模。宁波市工业物联网特色产业园拥有工业物联网企业近30家,主要是以硬件企业为主。宁波在软件产品和平台搭建方面有欠缺,规模集聚效应不明显。

四、上海大都市圈物联网产业发展要点

综合上海大都市圈各城市产业发展布署,预计到2025年,区域物联网技术在研发、系统集成、服务提供的能力将得到全面提升,建成集技术创新、规模发展和市场应用于一体的物联网产业体系;在远期,上海大都市圈有条件建成国内领先、具有国际影响力的物联网产业基地、科技创新高地和应用先行示范区。

第一,优化物联网基础设施建设。推进区域互联网基础设施的基础承载、枢纽汇聚和网络服务能力。近期重点推进5G网络建设,提升互联网用户体验度,形成多层次、高带宽、全覆盖的基础网络。加强工业信息基础设施建设,研究制定工业互联网整体网络架构方案,明确工业互联网的关键技术路径。

第二,推动物联网支撑产业发展。加快集成电路产业、信息通信等硬件产品、通信技术、平台技术、数据管理和挖掘技术、信息安全技术等产业的发展。如研发"未来网络"核心技术和体系架构、核心路由交换技术、新型路由交换技术;突破虚拟资源调度、数据存储处理、大规模并行分析、分布式内存计算、轻量级容器管理、可视化等云计算与大数据产业核心技术;加快虚拟现实/增强现实/混合现实(VR/AR/MR)产业的发展,积极布局智慧服务机器人产品及服务、机器学习、计算机视听觉、智能决策控制等人工智能前沿领域。

第三,推动工业物联网发展与示范。充分发挥物联网作为工业互联网加速前行助推器的作用,积极开展智能工业等领域的物联网应用服务与示范推广。推进两化融合发展,利用互联网信息技术对区域传统支柱产业进行智能化改造;推动企业借助大数据等实现与用户精准互动,促进以大数据、移动互联网、云计算、人工智能为代表的新一代信息技术与制造业、服务业等融合创新;促进企业实现研发设计协同化、生产管控集成化、购销经营平台化、制造服务网络化、技术支撑自主化。

第三节　机器人产业

机器人是衡量一个国家创新能力和产业竞争力的重要标志,已经成为全球新一轮科技和产业革命的重要切入点。国际机器人联盟(IFR)将机器人分为工业机器人和服务机器人。在现阶段,考虑到中国在应对自然灾害和公共安全事件中,将机器人划分为工业机器人、服务机器人、特种机器人三类。

一、全球产业发展预见

当前,全球机器人市场规模持续扩大,工业、特种机器人市场增速稳定,服务机器人增速突出。技术创新围绕仿生结构、人工智能和人机协作不断深入,产品在教育陪护、医疗康复、危险环境等领域的应用持续拓展,企业前瞻布局和投资并购异常活跃。

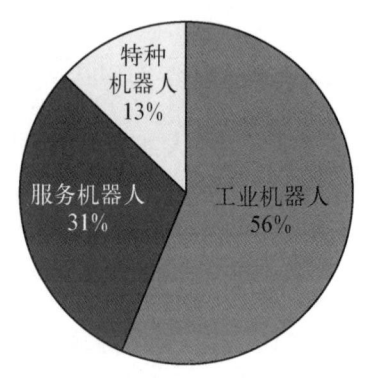

图 10-1　2018 年全球机器人市场结构

资料来源:根据 IFR、中国电子学会材料整理。

第十章　上海大都市圈科技创新产业发展预见

第一,市场销量稳步增长。2013 年以来,三类机器人产业规模增长率均为两位数。2018 年,全球机器人市场规模将达到 298.2 亿美元,近五年的平均增长率约为 15.1%。其中,服务机器人市场规模为 92.5 亿美元,特种机器人市场规模为 37.5 亿美元,工业机器人市场规模为 168.2 亿美元。亚洲是工业机器人最大的销售市场。

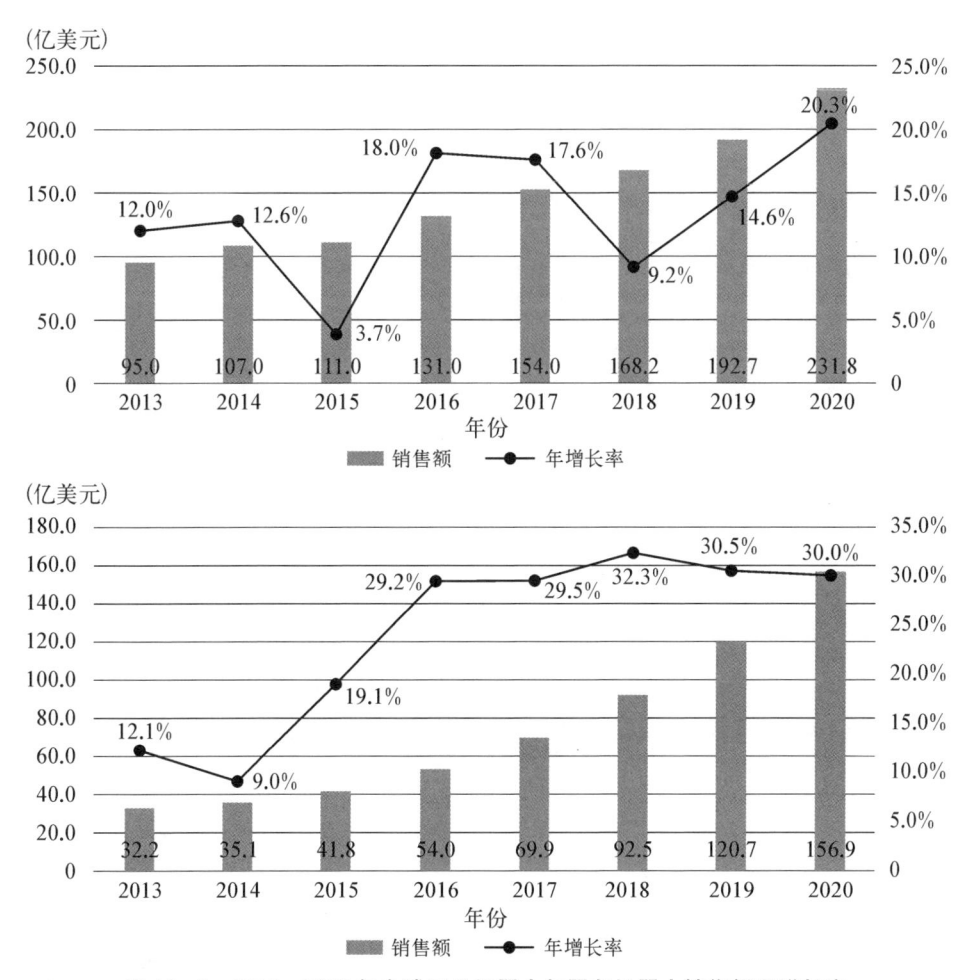

图 10‑2　2013—2020 年全球工业机器人与服务机器人销售额及增长率

资料来源：根据 IFR、中国电子学会材料整理。

第二,应用领域进一步拓展,适应性和自主性不断加强。人工智能技术目前正在从感知智能向认知智能加速迈进,并已经在深度学习、抗干扰感知识别、听觉视觉语义理解与认知推理、自然语言理解、情感识别与聊天等方面取得了明显的进步。目前,工业机器人在汽车、金属制品、电子、橡胶及塑料等行业得到了广泛的应用,应用领域正逐渐由搬运、焊接、装配等操作型任务向加工型任务拓展；人机协作正在成为工业机器人研发的重要方向；在服务机器人产业中,家用服务机器人占了近一半市场份额,智能服务机器人正由扫地机器人、送餐机器人向情感机器人、陪护机器人、教育机器人、康复机器人、超市机器人等方向延伸；特种机器人在军事、消防、采掘、建筑、交通运输、安防监测、空间探索、防爆、管道建设等众多领域都具有十分广阔的应用前景。

表 10-6 全球机器人产业概况

	工业机器人	服务机器人	特种机器人
2013年以来增速(%)	12.1	23.5	12.8
2018年销售额(亿美元)	160	92.5	37.5
发展方向	轻型化、柔性化、人机协作	向认知智能迈进,向各类应用场景渗透	智能性和环境适应性,自主能力提升
企业布局	工业互联网、智能工厂	无人车、仿人机器人	灾后救援、深海采矿

资料来源：根据 IFR、中国电子学会材料整理。

第三,各国政府相继展开战略布局,竞争优势在部分领域已然形成。美国提出"机器人发展路图",日本提出"机器人革命"战略,欧盟启动全球最大民用机器人研发项目。美国、日本和欧盟在特种机器人创新和市场推广等方面全球领先。瑞典ABB、德国库卡、日本安川、日本发那科被称为国际机器人产业的"四大家族"。

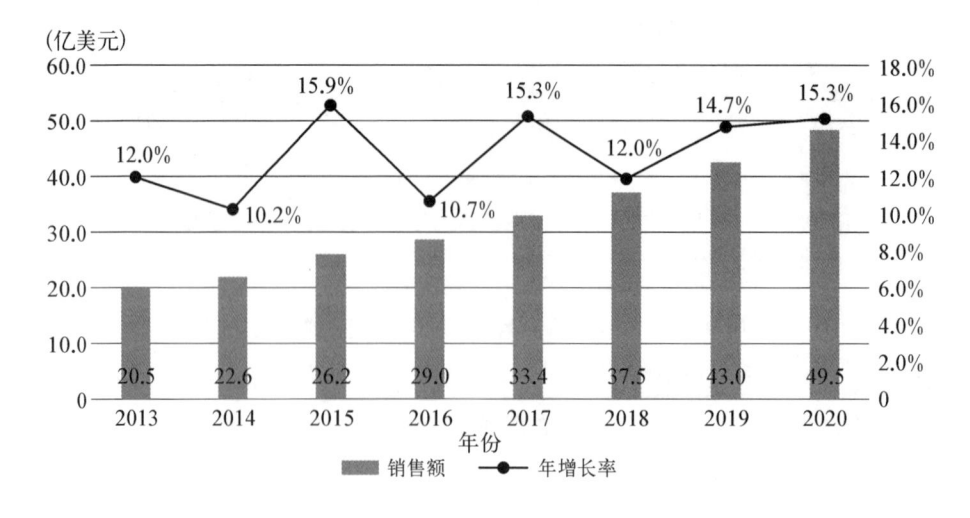

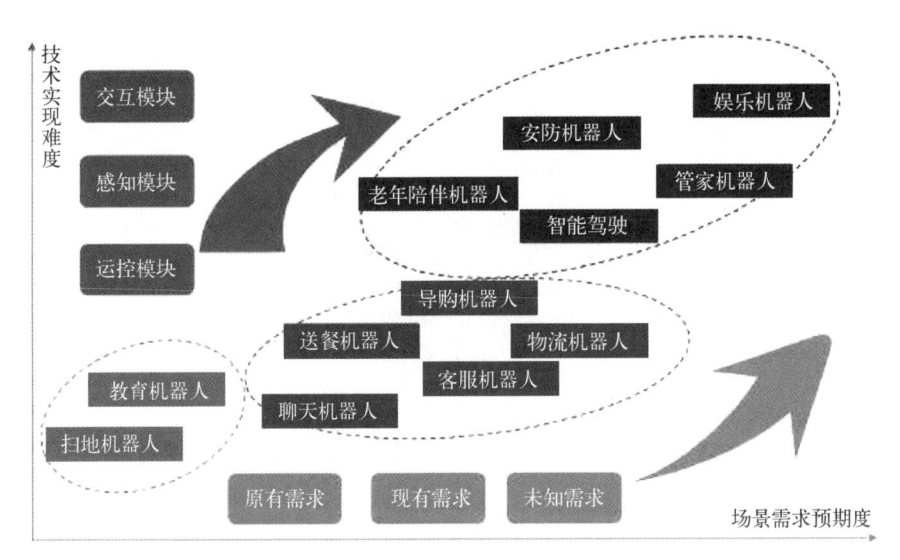

图 10‑3　2013—2020 年全球特种机器人销售额及增长率与服务机器人场景分布

资料来源：根据 IFR、中国电子学会的《中国机器人产业发展报告》整理。

二、全国产业竞争格局

（一）市场规模

中国机器人市场需求潜力巨大，市场增速显著高于全球平均水平。2018 年，中国机器人市场规模达到 87.4 亿美元，2013—2018 年的平均增长率达到 29.7%。其中工业机器人市场规模为 62.3 亿美元，服务机器人市场规模为 18.4 亿美元，特种机器人市场规模为 6.7 亿美元。与全球市场相比，中国机器人产业发展速度更快，增速均超过 20%，其中服务机器人产业增速超过 40%。

据 IFR 统计，2018 年中国工业、服务和特种机器人市场规模分别达到 62.3 亿、18.4 亿和 6.7 亿美元。2018 年中国工业机器人市场规模约占全球市场份额的 1/3，成为全球第一大应用市场。中国服务机器人存在巨大市场潜力和发展空间。随着中国企业对安全生产意识的进一步提升，能替代人在危险场所和危害环境中进行作业的特种机器人有广阔的发展前景。

（二）发展方向

中国机器人关键技术突破与多元化应用取得积极进展，部分领域已达到国际领先。目前，中国工业机器人初步实现了控制器的国产化，继汽车和电子之后，五金卫浴、家具家电也成为国内工业机器人的主要应用领域。服务机器人的智

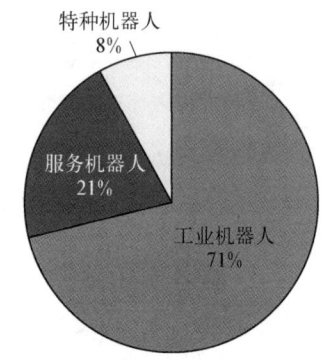

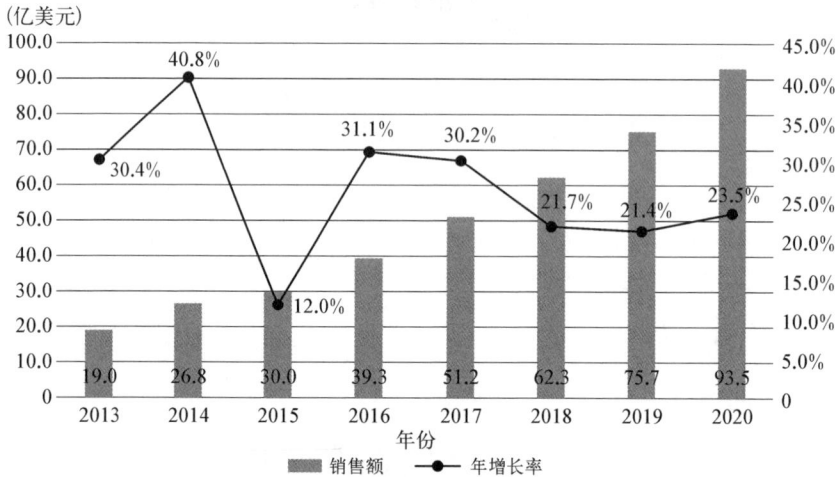

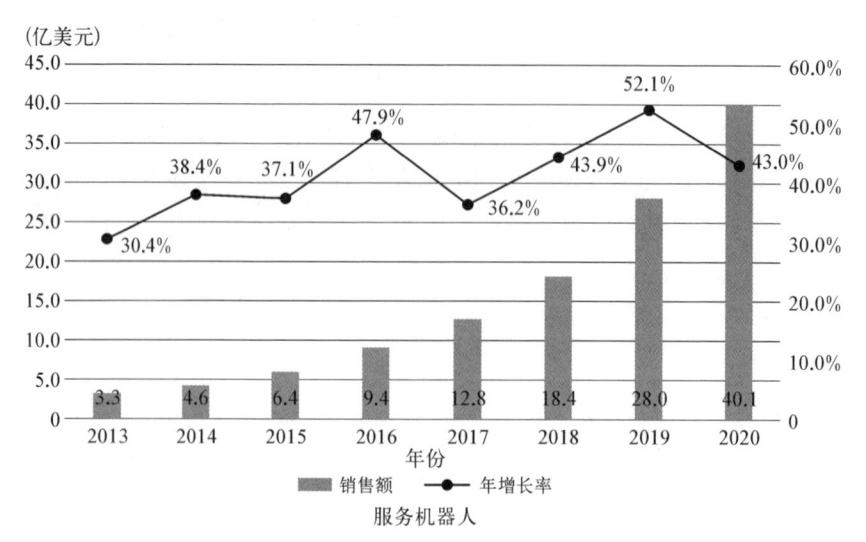

图10-4　2018年中国机器人产业市场结构与未来工业机器人销售额及增长率

资料来源：根据IFR、中国电子学会材料整理。

服务机器人

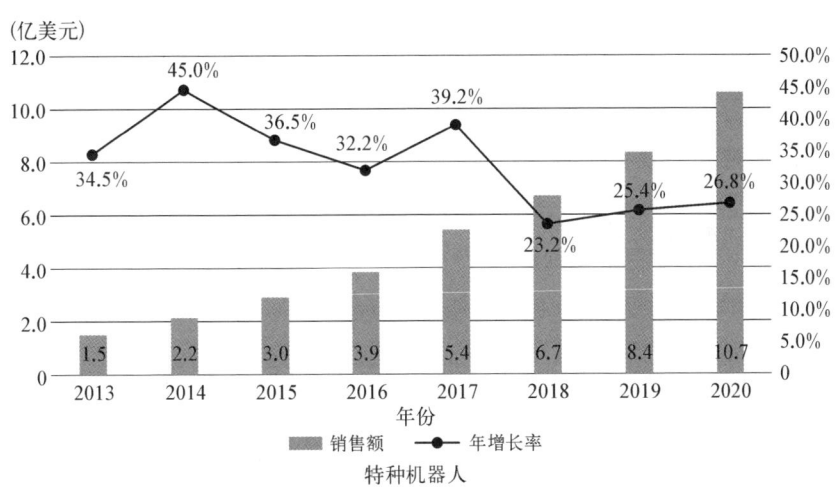

图 10‑5　2013—2020 年中国服务机器人和特种机器人销售额及增长率

资料来源：根据 IFR、中国电子学会材料整理。

能水平快速提升，已与国际第一梯队实现并跑，智能相关技术可比肩欧美，创新产品大量涌现。特种机器人主要依靠国家扶持，研究实力基本能够达到国际先进水平，部分关键核心技术取得突破，无人机、水下机器人等形成规模化产品。

（三）区域格局

在园区建设上，整体来看，中国机器人产业园建设呈现出"全面开花，区域集中"的特点，全国各主要省份大部分建有机器人产业园，而长三角、珠三角和京津冀等地区则成为机器人产业园的集聚之地。

总体来看，长三角地区的机器人产业发展基础最雄厚。长三角地区工业基础较好，机器人制造集成与应用市场起步较早，形成了以上海、昆山、无锡、常熟、徐州、南京为代表的产业集群。目前，长三角地区已经建立了功能相对完善、系统相对健全的机器人产业生态体系，在产业链构建、市场需求、创新资源布局等方面均走在全国前列。珠三角地区、京津冀地区机器人产业具有技术优势，覆盖领域包括工业机器人及其自动化生产线、工业机器人集成应用等产品和服务。东北地区具有一定机器人产业先发优势，占据国产工业机器人 1/3 的市场份额，但近年来产业整

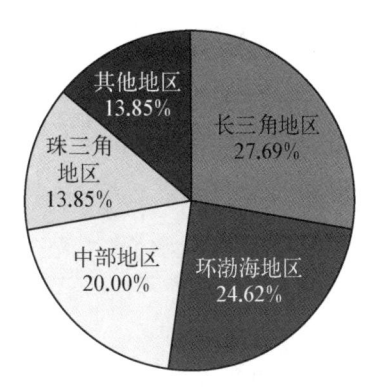

图 10‑6　2018 年中国机器人产业园布局情况

体表现欠佳。中部地区和西部地区机器人产业发展基础较为薄弱,但已表现出后发潜力。

三、上海大都市圈产业链地图

上海大都市圈作为中国机器人产业发展的重要区域,工业机器人产业起步早、发展基础较雄厚,目前在上海、苏州、宁波等地已形成集聚效应。

其中,上海具有完整的机器人上下游产业链,是国内最大的工业机器人产业聚集区。目前,上海已形成机器人研发、生产(整机和零部件)、系统集成、检测认证、服务应用等较为完整的全产业链,覆盖上游的伺服电机、减速器等核心零部件、中游本体和下游系统集成商,以及工业机器人、服务机器人和特种机器人;形成了宝山、嘉定、松江、浦东等机器人企业聚集区,拥有机器人相关企业近百家。2017年,上海整个机器人产业的产值同比增长了98%,相当于翻了一番,产值比重占全国的40%。宁波机器人产业集聚初具雏形,在工业机器人研发和制造领域已进入第一梯队。宁波已基本建成机器人全产业链和良好的产业生态系统,覆盖系统集成供应商、主要零部件和机器人本体;已初步具备减速器、控制器、伺服电机、应用软件、系统集成的研发生产能力;并高度重视提升核心软件支撑能力,大力开展相关设计、工艺、仿真、管理、控制类软件的研发和集成应用;行业年总产值超过50亿元。苏州机器人产业初具规模,初步构成完整的机器人产业链。苏州机器人产业规模已超千亿元,涉及机器人本体开发、系统集成和核心零部件,产品类型包括服务机器人与特种机器人。南通市机器人产业体系日趋完善,产业项目逐步兴起。无锡市也有一定的机器人产业基础,有机器人与智能制

表10-7 上海大都市圈主要城市机器人产业发展状况

城市	领域	研究机构	主要载体	标志性企业
上海	完整的机器人产业链、工业机器人、服务机器人、特种机器人、伺服电机、减速器、本体、系统集成	国家机器人检测与评定中心新松机器人与人工智能研究院、新松工业4.0综研院与创新孵化平台,以及多家校企联合实验室	上海机器人产业园(宝山)、上海智能制造及机器人产业园(张江普陀),以及嘉定、松江、浦东等机器人企业聚集区	ABB、Fanuc、Kuka、安川、新松、新时达、Nabtesco、中电二十一所、建博电子、龙工、柯马、蓝姆、君屹、伟本、上海微创、小i机器人、未来伙伴机器人、惊鸿机器人、同济宝冶机器人、反合时机器人等

续表

城市	领域	研究机构	主要载体	标志性企业
苏州	完整的机器人产业链,工业机器人	苏州智能制造研究院、江苏集萃智能传感技术研究所、苏州高端智能制造协同创新中心、吴中区智能制造产业联盟	昆山高新区机器人产业园,相城区和吴中区多个园区	哈工大机器人集团、上海新时达、华恒、永年激光、柯昆、徕斯、高晟、穿山甲机器人、艾博、北人等
宁波	机器人全产业链,系统集成、减速器、伺服电机等	宁波智能制造产业研究院、中科院材料所、浙大余姚机器人研究院、智能制造研究院、(浙江机器人产业集团联合海尔、阿里、凤凰网)智能制造创新平台、服务机器人技术研发基地与孵化平台	余姚"千人计划"产业园、杭州湾智能装备产业园、象保合作区机器人产业园、北仑智能装备研发园	海天塑机、宁波德鹰精密、新松、柏同、展华、大正、均胜、慈星、金泰哈斯迪、摩科机器人等
南通	RV减速器、焊接机器人		南通振康机器人产业园等	振康机电、中天智能、诺博特、交睿机器人、奇工智能装备、更酷科技、麦辉智能机器人等

造企业200多家。嘉兴以工业机器人、数控机床等智能制造装备为主导特色产业。舟山在机器人产业开始起步,以机器人在海洋经济企业中的应用和水下机器人为特色。

四、上海大都市圈产业发展要点

未来,上海大都市圈基于区域发展及区域产业发展的重点,将发展工业机器人、服务机器人、特种机器人及机器人关键核心部件,打造国际一流机器人产业集群。

(一)抢占智能服务机器人发展制高点,促进服务机器人向更广领域发展

围绕助老助残、家庭服务、医疗康复、救援救灾、能源安全、公共安全以及重大科学研究等领域,培育智慧生活、现代服务、特殊作业等方面的需求,重点发展消防救援机器人、手术机器人、智能型公共服务机器人、智能护理机器人等四种代表产品,推进专业服务机器人实现系列化,个人/家庭服务机器人实现商品化。

（二）推进大都市圈工业机器人智能化升级，推进工业机器人向中高端迈进

以机器视觉、自主决策为未来的突破方向，积极开发焊接、装配、喷涂、搬运、检测等智能工业机器人，实现高柔性、高洁净度、高危险等特定生产场景的快速响应，全面提升工业机器人传感、控制、协作和决策性能。聚焦智能生产、智能物流，攻克工业机器人关键技术，重点发展弧焊机器人、真空（洁净）机器人、人机协作机器人等标志性工业机器人产品，引导工业机器人向中高端发展。

（三）大力发展机器人关键零部件

针对工业机器人用的关键零部件性能可靠性差、使用寿命短等问题，从优化设计、材料优选、加工工艺、装配技术、专用制造装备、产业化能力等方面入手，全面提升高精密减速器、高性能机器人专用伺服电机和驱动器、高速高性能控制器、传感器、末端执行器等五大关键零部件的质量稳定性和批量生产能力，突破技术壁垒。

（四）强化区域产业创新能力

一是加强共性关键技术研究。针对智能制造和工业转型升级对工业机器人的需求和智慧生活、现代服务和特殊作业对服务机器人的需求，重点突破制约机器人发展的共性关键技术。积极跟踪机器人未来发展趋势，提早布局新一代机器人技术的研究。二是建立健全机器人创新平台。充分利用和整合现有科技资源和研发力量，组建面向全行业的机器人创新中心，打造政产学研用紧密结合的协同创新载体。重点聚焦前沿技术、共性关键技术研究。三是加强机器人标准体系建设。开展机器人标准体系的顶层设计，构建和完善机器人产业标准体系，加快研究制定产业急需的各项技术标准，支持机器人评价标准的研究和验证，积极参与国家和国际标准的编制、修订。四是着力推进应用示范。围绕制造业重点领域，重点针对需求量大、环境要求高、劳动强度大的工业领域以及救灾救援、医疗康复等服务领域，培育机器人应用系统集成商以及综合解决方案服务商，拓展工业机器人和服务机器人的市场空间。

第四节 人工智能产业

人工智能与基因工程、纳米技术一起，被称为 21 世纪三大尖端科技。从产业链来看，人工智能产业链主要包含三个核心环节：基础技术、人工智能技

术和人工智能应用。人工智能作为当今世界的前沿科学技术和新一轮产业变革的核心驱动力,将催生新的技术、产品、产业、业态、模式,从而引发经济结构的重大变革,实现社会生产力的整体提升。麦肯锡预计:到2025年全球人工智能应用市场规模总值将达到1 270亿美元,人工智能将是众多智能产业发展突破点。

一、全球产业发展预见

(一) 人工智能产业呈现爆发式增长趋势

在人工智能领域,美国与欧洲各国的投资较为广泛,投资项目数量较多,其次为中国、印度、以色列。自2012年起人工智能领域投资交易和投资额均呈快速增长趋势,2016年人工智能领域投资额超过50亿美元,较前一年增长60%,投资交易达658宗,和2012年的160宗相比,增长显著。

(二) 人工智能产业成为发达国家政策扶持重点

美国、英国、日本、德国等发达国家为大力发展人工智能,在政策、市场等多方面给予支持。如美国相继发布了《美国国家创新战略》《国家机器人计划》《创新神经技术脑研究(BRAIN)计划》《国家人工智能研究与发展战略规划》《2016美国机器人发展路线图——从互联网到机器人》等政策。2016年美国还成立了"人工智能和机器学习委员会",组织和协调美国各界在人工智能产业方面的行动,研究制定人工智能领域的相关政策和法律。英国在2013—2017年,相继推出了"现代工业战略""八项伟大的科技""Future 50""数字战略"等国家战略来扶持初创公司、机器人和人工智能产业。日本依托在机器人制造领域的世界领先地位,推动人工智能产业的快速发展,相继出台"机器人新战略""启动大脑研究计划Brain/MINDS""人工智能产业化路线图"等,成立"机器人革命促进会"。德国发布"工业4.0"计划支持智能机器人和人工智能发展。

(三) 人工智能产业发展呈现三大趋势

新一轮的开源化将成为人才争夺主战场。近两年来,以谷歌为代表的巨头公司纷纷开始开源化自身核心产品——不仅有机器学习软件平台,还有相关硬件平台和完整软件源代码。开放源代码可以吸引外部人才参与项目协作,改进相关技术。

语音识别领域将快速实现商业化部署。在人工智能的各项领域中，自然语言处理是最为成熟的技术，由此引来各大企业纷纷进军布局。在未来三年内，成熟化的语音产品将通过云平台和智能硬件平台快速实现商业化部署。

人工智能产业将与智慧城市建设协同发展。智慧城市的发展将在安防、交通监控、医疗、智能社区等多个领域全面刺激人工智能产业发展。未来，各行业的应用需求以及消费者升级发展的需要将有效激活人工智能产品的活跃度，促进人工智能技术和产业发展。

二、中国产业竞争格局

中国人工智能产业发展较晚，但发展较快，已经形成基础技术支撑、人工智能技术及人工智能应用产业链。目前中国人工智能技术主要应用于工业机器人、无人驾驶、移动互联网、智能家居等领域。随着中国人口红利消失，劳动力成本增长，未来工业机器人和服务机器人将迎来快速发展机遇。

（一）市场规模快速增长

中国人工智能市场增长迅速。2017年中国人工智能市场规模达到237亿元，同比增长67％。预计2018年中国人工智能市场增速将达到75％。在中国，人工智能已经在医疗健康、金融、教育、安防等多个垂直领域得到应用。2017年全球机器人市场规模达到232亿美元，中国市场规模占27％。其他人工智能领域如无人机、智能家居、智能电网、智能安防、智能医疗和智能金融在中国也发展较快。

（二）基本形成全产业链发展优势

人工智能产业分为基础层、技术层和应用层。其中基础层是推动人工智能发展的基石，主要包括数据、芯片和算法三个方面，技术层主要是应用技术提供方，应用层大多是技术使用者，这三者形成一个完整的产业链，并相互促进。

在基础层方面，中国的实力还比较薄弱，尤其是芯片领域，仍以美国的英伟达、英特尔等重量级玩家为主；在技术层方面，中国有很多企业已成为新兴的独角兽，融资额度甚至超过美国同行。在AI应用领域，中国呈现出爆发增长的趋势，目前主要集中在安防、金融、医疗、教育、零售、机器人以及智能驾驶等领域。

表 10-8 中国人工智能产业代表公司

人工智能产业	国内代表公司
基础层	百度、腾讯、阿里巴巴、海天瑞声
技术层	百度、腾讯、阿里巴巴、科大讯飞、云知声、思必驰、商汤科技、旷视科技、依图科技
应用层	海康威视、大华、蚂蚁金服、众安科技、医渡云、汇医慧影、科大讯飞、义学教育、阿里、京东、缤果盒子、大疆创新、优必选、百度、驭势

(三) 长三角地区是中国人工智能产业重地之一

北京、广东和长三角地区是中国三大人工智能产业主要集聚地。其中,长三角地区(江浙沪)人工智能企业数和融资额分别占全国的 28.24% 和 12.55%[①]。艾媒咨询发布的《2017 中国人工智能产业报告》显示,全国 16.7% 的人工智能创业公司落户上海;落户浙江和江苏的人工智能创业公司全国占比分别为 5.4% 和 3.6%。从专利申请量来看,北京、广东、江苏三地人工智能专利申请数量最多,分别是 8 712 件、4 984 件、4 370 件。上海交通大学、浙江大学等是中国人工智能研究重要机构。

三、上海大都市圈产业链地图

目前中国人工智能产业已初步形成环渤海、珠三角、长三角三大区域产业集聚发展的空间格局。其中长三角区域各地方政府高度重视人工智能产业发展。2017 年 11 月 14 日,上海率先出台《关于本市推动新一代人工智能发展的实施意见》,提出要全面实施"智能上海(AI@SH)"行动,构建新一代人工智能发展体系。2017 年 12 月,浙江省政府发布《浙江省新一代人工智能发展规划》。2018 年 5 月,江苏省发布《江苏省新一代人工智能产业发展实施意见》。

上海大都市圈中"1+6"城市是长三角区域人工智能产业主要集聚区。其中,上海产业发展优势明显,已成为人工智能领域发展的领先城市,有多个项目瞄准 AI 产业链、创新链、价值链关键核心领域。苏州也已初具优势。人工智能产业具备了一定的产业基础和优势,人工智能、智能制造、大数据、

---

① 前瞻研究院:《2017 年中国人工智能行业现状与发展趋势报告》。

云计算等领域已集聚企业600余家,从业人员超过6万人,2016年实现产值350亿元,比2015年增长25%。依托以大数据、云计算为支撑的人工智能技术,苏州园区人工智能技术的应用覆盖智能驾驶及无人机、智能制造、智能教育、智能医疗、智能旅游、智能金融等多领域。宁波积极打造人工智能产业生态,若干人工智能研究机构已经成立。其中,宁波人工智能产业研究院(中科院计算所宁波产业技术研究院)在宁波国家高新区(新材料科技城)揭牌,负责承建运行"智能芯片、软件研制与测试平台",支撑宁波建设贯通物端智能芯片、物端智能平台、智能制造服务的创新产业链,在国内率先形成人机物融合的工业智能生态。无锡拥有较强的产业基础,拥有包括基础性、应用性支撑、服务性等各类平台和研发力量。无锡不仅拥有世界上首台峰值运算性能超过每秒十亿亿次浮点运算能力的超级计算机——"神威·太湖之光"、电子微机电及微加工单片集成技术处于世界领先水平的美新半导体有限公司,还拥有Yandex中国首家客户体验中心、Google AdWords体验中心等。南通具有清晰的产业发展愿景,以发展人工智能和芯片产业为引领,致力于以建设专业芯片制造和以图像识别、语音识别、智能算法为重点的"智创谷"。嘉兴高度重视人工智能技术在地转化,已完成人工智能产业初步布局,以柔性电子技术产业为核心,与一批大院名校共建创新载体,如浙江清华柔性电子技术研究院、浙江未来技术研究院、上海大学新兴产业研究院等,积极构建嘉兴人工智能产业生态。舟山结合海洋经济聚焦人工智能成果转化示范,以海洋经济为特色,于2018年6月出台《舟山市人工智能行动方案》,致力于开展人工智能的应用示范和产业培育,带动智慧海洋建设和海洋电子信息产业集聚发展。

表10-9 上海大都市圈主要城市人工智能产业发展状况

城市	优势领域	研究机构	主要载体	标志性企业	重点发展产业
上海	智能驾驶、智能机器人	亚马逊AWS上海人工智能研究院、微软上海研究院、百度(上海)创新中心、腾讯优图实验室等	"徐汇滨江-漕河泾-闵行紫竹"人工智能创新带和"张江-临港"人工智能创新承载区	地平线、树根互联、百度创新中心、航天八院、商汤、寒武纪、依图等	智能装备、产品与核心部件

续　表

城市	优势领域	研究机构	主要载体	标志性企业	重点发展产业
苏州	智能制造、语音识别、智慧医疗	微软苏州研究中心、华为苏州研究所、苏州脑空间信息研究院、微软(亚洲)互联网工程院、科大讯飞人工智能研究院等	苏州工业园区	思必驰、清睿教育、驰声科技、科大讯飞、西门子、博世、飞利浦等	高效智能终端及芯片、下一代高速宽带信息网络设备、核心交换芯片及设备、高性能传输设备及高速光模块、高端网络服务器及安全产品的开发和应用
无锡	智能传感、高性能计算	中船重工702所、无锡仁医医疗人工智能研究院等	锡东新城等	国家超级计算无锡中心、无锡城市云、微软加速器平台、无锡美新半导体等	
南通		南通人工智能研究院	南通高新区、中央创新区		大数据、专业芯片和感知元器件、智能机器人、智能运载工具、智能终端等

四、上海大都市圈产业发展要点

未来,上海大都市圈人工智能产业发展,仍将以壮大人工智能产业规模为主,通过引进与培育相结合,瞄准全球人工智能重点企业,积极争取人工智能领域重大项目落户,集聚一批人工智能骨干企业,聚焦优势领域,着力提高以智能传感器、智能芯片、智能软件为重点的产业核心基础能力。未来3—5年,人工智能应用仍将以服务智能为主要趋势,在数据可得性高的行业,人工智能将率先用于解决行业痛点。医疗、金融、交通、教育、公共安全、零售、商业服务等行业数据电子化程度高、数据集中且数据质量较高,将涌现出大量智能应用场景,推动人工智能商业化落地。

(一)中长期上海大都市圈人工智能产业应聚焦四大领域

人工智能核心芯片。应重点开发面向人工智能的大数据处理应用及人工智能专用芯片,突破图形处理器等核心硬件,研究图像识别、语音识别、机器翻译、智能交互、控制决策等智能系统解决方案；加快发展人工智能与各行业的融合应用，重点突破面向无人系统、视频监控、医疗设备、语音语义理解等终端和系统应用芯片。推进高端通用处理器芯片自主开发，大力推进满足高性能计算需求的中央处理器、图像处理器、可编程逻辑门阵列、神经网络处理器、异构/可重构处理器等芯片研发及产业化。

智能关键装备及终端产品。重点发展高性能光纤传感器、微机电系统（MEMS）传感器、视觉传感器、温度传感器、速度传感器，以及智能测量仪表、智能条码等采集装备，大力提升智能基础元器件、基础装备产业发展水平。围绕休闲娱乐、运动健身等应用领域，提升可穿戴设备低功耗设计、人机交互、触控研发等技术水平，重点发展智能手机、智能车载终端、智能手表、智能耳机、智能眼镜等可穿戴终端产品，拓展产品形态和应用服务。

智能无人系统。开放自动驾驶、无人系统应用场景，建立营运车辆自动驾驶与车路协同的技术体系，推进无人驾驶汽车的技术研发、应用与生态建设，探索建设安全、智能的云网端一体化车联网体系，积极发展智能网联汽车。发展无人飞行器、无人船等多种形态的无人设备，形成在物流、农业、电力巡检、应急救援等重要行业领域的创新应用。

系统集成及智能软件。加快建设软件计算平台，加速与人工智能深度耦合的新型云计算架构发展，搭建工业软件稳定性可靠性测试平台，以及重点行业CPS关键技术、设备、网络、应用环境的兼容适配、互联互通、互操作测试验证平台，提高平台识别感知、智能分析服务能力。突破发展智能操作系统，自主开发具备大规模并行分析、分布式内存计算、轻量级容器管理等功能的服务器级操作系统，着力建设智能装备和产品所需的智能终端操作系统。提升发展通用软件系统，利用人工智能技术提升发展办公软件、设计软件和行业软件。

（二）促进和鼓励人工智能产业应用

一是推动传统产业智能化转型升级。应围绕汽车、轨道交通、医疗器械、节能环保、农业等传统产业，推动智能感知、模式识别、智能控制等人工智能技术的深入应用。二是加快推进智慧城市建设。（1）要提升智慧城市建设水平。构建复杂场景下的多维交通信息综合大数据应用平台，实现智能化交通疏导和综合运行协调指挥，建成覆盖地面、轨道、低空和水上的智能交通监控、管理和服务系统。（2）要开放城市大数据平台，构建多元异构数据融合的城市运行管理体系，推动城市地下管廊等市政基础设施智能化改造升级,开放、开发涵盖大气、水、土壤等环境领域的智能监控大数据平台以及智能环境监测网络和服务平台,研发资源能源消耗、环境污染物排放智能预测模型和预警方案,开发区域环境保护和突发环境事件智能防控体系。(3)支持医疗教育民生智能化应用。支持人工智能企业与医疗机构合作,开放精准定制、远程推送的人工智能教育应用场景服务,推动人工智能在教学、管理、资源建设等全流程应用。(4)加快智能政务建设步伐。利用图像识别、声音识别等人工智能技术,深化在社会治安管理、交通流量控制、社会舆情分析等领域的应用。

(三)促进上海大都市圈区域协同发展

上海大都市圈各城市应在公共技术服务体系规划、基础数据共享、技术研发、公共实验、检验检测、成果转化等方面开展协同合作。在人工智能产业生态环境营造、产业发展载体引进与培育等方面探索协同合作新模式。

第五节 大数据产业

一、全球产业发展预见

各国政府已将大数据发展提升至国家战略高度,创造积极的政策、法律环境。2012年3月美国政府启动"大数据研究与发展计划";英国将大数据列为战略性技术,于2012年5月建立了世界首个非营利"开放数据研究所",为英国公共部门、学术机构的创新发展提供"孵化环境",并发布了《英国数据能力发展战略规划》;日本把发展大数据作为国家战略的重要内容,重点关注大数据应用技术。2015年9月,中国发布《促进大数据发展行动纲要》。

对大数据的探索和发展,目前欧美走在世界前列。以IBM、Oracle、EMC、英特尔、微软、谷歌等为代表的美国企业先期推出各种面向大数据的服务产品,抢占了搜索服务、数据仓库、服务器、存储设备、数据挖掘等产业链的核心价值环节;欧洲以法国电信、施耐德、SAP(思爱普)为代表的企业积极投资大数据产业。

(一)总体概况

市场规模保持高速增长。大数据走过探索阶段、市场启动阶段,目前在接受度、技术、应用、交易等方面已进入快速发展阶段,大数据应用正在迅速渗透到各

(亿美元)

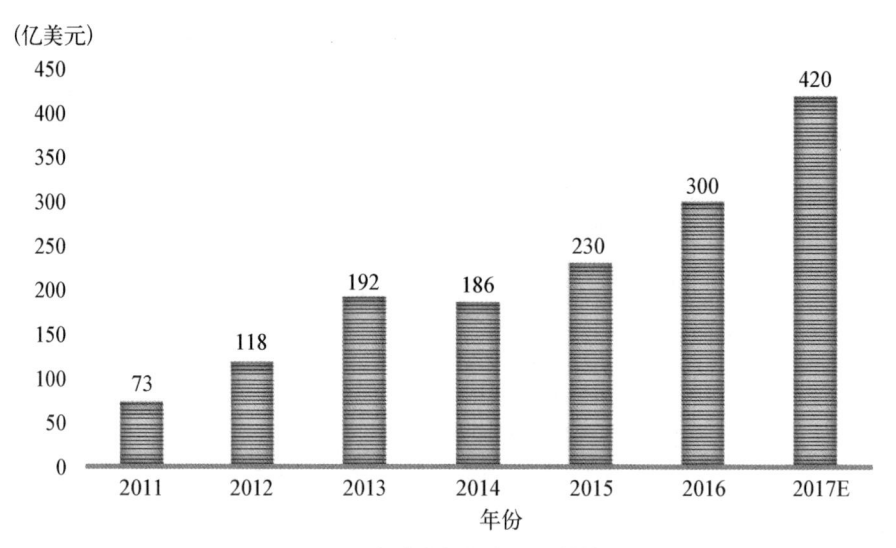

年份	金额
2011	73
2012	118
2013	192
2014	186
2015	230
2016	300
2017E	420

图 10-7 全球大数据市场规模情况

行各业。随着各国抢抓大数据战略布局,持续加大扶持力度,全球大数据市场规模保持高速增长态势。贵阳大数据交易所数据显示,2016年全球大数据产业规模达到2 091亿美元。随着数据资源的开放及使用逐步深入,应用创新将成为大数据发展的主要驱动力,全球大数据市场结构继续向服务化转变。

大数据交易日益得到重视。近年来,数据资源的价值逐步得到重视和认可,数据交易需求在不断增加,各国加紧推进大数据的资产化、有价化,探索对大数据进行计价、赋值、交易等。大数据交易是大数据产业发展的关键环节,对人才、技术、资源等有较高的门槛限制。全球涌现了一批有名的大数据交易平台和数据经纪商,美国数据经纪产业发展较快,以数据开放共享推动大数据交易平台建设,以产品强力推动大数据交易不断发展。目前,全球几大重要的大数据交易平台有美国的Factual、InfoChimps和BDEX,日本的富士通和中国的贵州大数据。

(二)区域发展

全球大数据发展主要以美国、欧洲、亚洲等地区为主。预计到2020年,全球大数据产业发展美国将排名第一,占整个大数据市场规模的37%;中国将成为第二大市场,占比为20%。

美国是目前全球发展大数据最成功的国家,凭借其传统IT优势和软硬件核心技术基础,抢占搜索服务、数据仓库、服务器、存储设备、数据挖掘等产业链的核心价值环节,数据交易市场相对成熟。同时,美国高度重视大数据研发和应用。

欧洲主要从研究数据价值战略、资助大数据和开放数据领域的研究和创新活动、实施开放数据政策、促进公共资源科研实验成果和数据的使用及再利用等方面推动大数据发展，目前在数据保护方面领先。日本在新一轮 IT 振兴计划中把发展大数据作为国家战略的重要内容，新的信息通信技术战略重点关注数据开放、大数据技术开发与应用，目前在医疗、交通方面应用较好。

另外，全球其他国家也积极推进大数据产业进程。韩国正在打造"首尔开放数据广场"，澳大利亚成立"大数据工作组"推动《公共服务大数据战略》，新加坡在电子政务、金融科技方面独树一帜。此外，由于数据在网络虚拟空间进行传播，各国都在加强对本国数据的控制力，关注数据主权。美国、欧盟等纷纷利用技术优势和法律法规加强本国数据主权保护。

（三）企业情况

目前，公开资料对全球大数据公司的排名很多，虽然标准不一，但总体来看，公认的领军企业有亚马逊、SAP、谷歌、IBM 等，仍是欧美企业居多。美国以 IBM、甲骨文（Oracle）、易安信、微软、谷歌等为代表的一批企业，通过并购、整合、吸收等，先期推出了各种面向大数据的服务产品。欧洲以法国电信、施耐德、SAP 为代表的企业积极投资大数据产业，产业发展重点在大数据通信及其他公共服务、大数据的数据中心绿色节能应用、实时数据计算等方向。

二、全国产业竞争格局

中国大数据发展总体处于起步阶段，随着政府推动和大数据相关技术的不断进步，大数据发展也逐步从理论研究步入实际应用，但由于隐私保护、定价机制、同业竞争等因素限制，大数据产业的商业模式和应用领域仍待开发。

（一）总体概况

市场规模快速增长。大数据产业规模没有统一的统计口径，不同国家、不同公司的统计标准不一样，但普遍认为大数据产业未来几年将高速增长。工信部发布的《大数据产业发展规划（2016—2020 年）》提出，到 2020 年，大数据相关产品和服务业务收入将突破 1 万亿元，贵阳大数据交易所预测市场规模更大。

科创能力逐步增强。目前中国已初步建立起社会智库、企业、高校等共同参与的大数据科研体系。社会智库包括中国指数研究院、易观智库、阿里研究院等；企业包括华为、腾讯、浪潮、中国移动、百度等行业龙头企业；高校包括清华大学、中国科学院大学、北京大学、南京大学等。

大数据应用迅速发展。在移动支付、智慧物流等部分垂直应用领域，中国领先。《中国大数据发展调查报告（2017年）》显示，超过1/3的受访企业已经应用了大数据。社会各领域对大数据应用需求进一步加强，政务、工业、电信、金融、交通、医疗等领域的应用层出不穷。

（二）区域发展

地方抢抓大数据发展机遇。各地政府纷纷探索大数据发展道路。截至2017年1月底，北京、贵州、上海、广东、江苏、浙江、山东、贵阳等近40个省份公布了大数据发展规划。37个省市中有20个明确提出大数据发展的产值目标。

国家级大数据综合试验区建设加快。继贵州之后，2016年10月，第二批7个国家大数据综合试验区获批建设。其中，包括2个跨区域类综合试验区（京津冀、珠江三角洲），4个区域示范类综合试验区（上海市、河南省、重庆市、沈阳市），1个大数据基础设施统筹发展类综合试验区（内蒙古）。

（三）企业情况

大数据企业分布较为集中。《2017中国大数据产业生态地图暨中国大数据产业发展白皮书》显示，大数据企业规模、成立时间、注册地等方面具有一些集聚特性。大数据企业以中小型居多，200人以下的中小企业占比48.44%；以2010年以后成立的居多，占调查样本企业的60%；主要集中在华北（52.95%）和华东地区（26.16%），西南和华南地区次之，多数样本企业集聚在北京和上海等一线城市。

互联网巨头领衔大数据产业。国内互联网企业在电子商务、定向广告和影视娱乐等领域外，业务已经延伸到金融、保险、旅游、健康、教育、交通服务等多个行业领域。BAT三巨头的布局尤其明显，百度布局的有百度云、爱奇艺、百度视频、百度地图、百度停车、去哪儿、作业帮、无忧停车、百度数据平台、融360等，阿里巴巴布局的有淘宝、庆科互联网、芝麻信用、蚂蚁金服、数据魔方、高德地图、阿里旅游、虾米音乐等，腾讯布局的有广点通、面包旅行等。

三、上海大都市圈产业链地图

近年来，上海大都市圈高度重视大数据产业发展，各市纷纷发力，大力推动

第十章　上海大都市圈科技创新产业发展预见

大数据顶层规划设计、基础设施建设和融合应用服务。两省一市都出台了专门针对大数据发展的政策。为更好地推动大数据产业发展，营造良好的发展环境，2016年，浙江省和江苏省分别出台《浙江省促进大数据发展实施计划》和《江苏省大数据发展行动计划》。2017年，上海市也发布了《上海市大数据发展实施意见》，从多个方面对大数据产业的发展进行引导和扶持。2016年9月，宁波出台《宁波市人民政府关于推进大数据发展的实施意见》。2016年12月，苏州出台《市政府印发关于促进大数据应用和产业发展的若干政策意见的通知》和《苏州市大数据产业发展规划（2016—2020年）》。

当前看，上海大都市圈大数据产业以上海、苏州、无锡、宁波和南通为主。上海已初步形成良性产业发展生态环境。上海现有大数据企业超过500家，其中，技术型大数据企业有170家、应用型大数据企业有278家，其他类别大数据企业有58家。目前已经涌现出一批在专业领域具有影响力的大数据企业。上海交大、复旦大学、同济大学、华东理工大学等10余所沪上高校已设立大数据研究院或大数据研究中心。苏州大数据产业发展较快，各载体特色分明，已经积聚了一批互联网大数据应用创新企业和大数据创新发展平台，拥有各类大数据应用、设计研发、清洗分析等企业150家左右，涉及数据服务平台、数据可视化、大数据分析、商业智能等领域，在多源数据融合分析、流计算、现场计算等领域取得了积极的进展。宁波重视大数据的示范应用。围绕"就医难、出行难、就学难"等民生热点、难点问题，宁波着力智慧民生应用体系建设，让市民和企业享受到大数据应用带来的便利。无锡大数据产业与云计算和物联网融合发展。作为国家传感网创新示范区、中国六大云计算创新服务试点城市之一、中国软件名城创建城市，无锡大数据产业发展的特点是推动大数据与云计算、物联网产业协同发展。2017年6月，首个由政府设立的大数据管理机构"江阴市大数据管理中心"成立。2019年1月26日，新组建了无锡市大数据管理局。南通基于数据中心发展大数据应用产业。2018年9月南通开发区出台了《关于加快大数据产业发展的若干意见》，以数据中心发展为基础，以大数据核心技术创新为突破口，以大数据行业应用为方向，目前已积聚了多家数据中心项目，以及尼尔森大数据分析、日本ESP益新医疗大数据、京希慧管家大数据服务平台等多家数据服务项目。

表10-10 上海大都市圈各城市大数据产业发展状况

城市	规模	代表性企业	聚集区域	研发机构/平台	发展目标
上海	500家	星环科技、晶赞科技、筑想集团、华院数据、星红桉数据、宝藤医学	国家新型工业化大数据示范基地、上海市大数据产业基地（市北）、公共数据开放基地、上海市大数据创新基地（杨浦）、公共数据开放基地和长三角大数据辐射基地	上海开源大数据研究院、上海大数据中心、上海亚马逊AWS联合创新中心、上海数据交易中心、大数据流通与交易技术国家工程实验室、同济大学CIMS研究中心、同济大学大数据与网络安全研究中心、大数据试验场开放数据大数据联合创新实验室等，以及能源、金融、城市管理、旅游、医疗等领域的大数据平台	支持分布式存储、虚拟化、海量数据处理等关键技术研发，加快研发非关系型数据库管理系统、分布式文件和处理系统等大数据关键技术，培育形成一批大数据解决方案提供商，形成规模化应用
苏州	150家	新科兰德、朗动科技、苏州云中医、中科天启遥感、阿里云计算、山石网科、易程软股、江苏物润船联网络、国泰新点、江苏远大信息等	苏州工业园区、苏州高新区、张家港、金鸡湖创业长廊	苏州市大数据产业联盟、吴中区数据中心等	通过打造全国工业大数据、服务业大数据、农业大数据、政务大数据集聚高地，成为具有较高知名度的国家级大数据综合应用试验区和特色大数据产业集聚区
宁波		阿里巴巴、百度、宁波易金云	宁波大数据云基地、百度云智·宁波大数据产业基地		成为国家城市大数据综合示范应用城市，打造成为未来国家级大数据创业创新中心和城市大数据产业基地
无锡		华云数据、帆软软件	浪潮无锡大数据产业园	浪潮天元大数据创客中心等	继续与物联网、云计算等产业融合、协同发展

续 表

城市	规模	代表性企业	聚集区域	研发机构/平台	发展目标
南通		阿里巴巴、亚洲脉络、中兴通讯	南通大数据产业园	京希慧管家大数据服务平台、大赢家信息服务平台、紫狼网游数据服务平台、携程旅游综合服务平台等,以及长三角大数据产业发展联盟	突出数据清洗、数据分析、数据管理、数据挖掘等重点业态,着力于金融、医疗健康、智能制造、智慧生活、手游电竞等领域

四、上海大都市圈产业发展要点

上海大都市圈大数据产业具备良好基础,各城市在大数据产业发展的政策引导、基础设施建设、载体建设、产业生态营造、试点应用等方面取得初步成效,但仍存在一些不足。在从 2020 年到 2025 年,上海大都市圈应力争在大数据产业规模、企业集聚、创新水平和公共服务能力上争取达到国内领先、国际一流的水准。

第一,加强大数据发展顶层设计,大力推动公共数据资源的开放共享,深化大数据在上海大都市圈经济社会各个领域的融合创新应用。整合上海大都市圈各城市的公共数据资源,统一数据编码和格式标准,促进互联互通,提高数据共享能力,形成数据资源共享共用。根据国家数据开放共享标准,制订数据开放计划。推动企业数据开放开发,重点推动应用云计算技术向客户提供云基础设施、云平台和云应用,开展数据处理、分析、整合和交换服务,提升供应链管理水平、降低运营成本,打造数据生态系统。加快建成覆盖各城市的服务便捷、高速畅通、技术先进的宽带网络基础设施,总体达到国内领先水平。

第二,落实和健全相关法规制度,科学规范利用大数据。推动政务管理大数据应用,建设政府调控决策支持系统,政府治理大数据应用系统,建设商事服务支持系统。推动民生服务大数据应用,推动医疗健康领域、社会保障领域、文化教育领域、旅游交通领域大数据应用。推动经济发展领域的大数据应用,着重推进在工业领域、新型产业领域、农业领域以及云计算创新发展领域的大数据开发和应用。

第三,大力加快大数据关键技术研发区域协同和平台共享,推动大数据产业健康发展。加强大数据产业基地和特色园区资源共享，探索合作共享机制，加强大数据关键技术协同创新。鼓励各园区和产业基地，通过整合高校、科研机构、中介机构、行业协会、产业联盟、大型企业等优势资源和力量，建设政府主导的大数据公共技术服务平台。围绕数据存储与设备、数据分析与处理、数据应用、数据安全等大数据产业链环节，加强各城市各平台和研发机构的合作交流。

第四，强化智力支撑，积极引进和培养大数据产业专业人才。围绕大数据产业所需的专业人才，建设大数据专业人才培养基地，加强政府、企业、高校、社会之间的合作，构筑合理的人才培养体系，建立面向产业的人才培养区域协同机制。

第五，强化制度建设和预警监测系统建设，保障大数据信息安全应用。加强上海大都市圈大数据信息安全制度建设，建立重要信息系统的安全风险评估机制，健全数据服务质量、用户授权、保护隐私等方面的标准规范和规章制度，推进信息安全应急机建设。不断建设和完善全市信息安全监测预警平台，抓好突发信息安全事件的监测预警和协调处置。

第六节 新能源汽车产业

新能源汽车是采用非常规车用燃料作为动力来源，包括混合动力汽车、燃料电池汽车、纯电动汽车、氢发动机汽车、燃气汽车、醇醚汽车等多种类型，目前全球已经产业化且在主要国家重点推动的主要为前三种。新能源汽车产业链的上游主要是锂、铜、稀土、铝、镍等矿产资源；中游主要是电池、电机和电控等主要零部件的生产制造；下游主要是整车制造、充电设施建设、销售及使用服务等。

一、全球产业发展预见

（一）产业发展快速

在资源环境约束压力及巨大的市场需求拉力等双重背景下，自20世纪90年代末至21世纪初，主要国家纷纷出台政策法规，着力推动新能源汽车技术研发、生产、推广和使用的发展。越来越多的老牌车企开始布局新能源汽车产业领域，新兴车企也不断涌现。在传统汽车产业景气度下滑的背景下，新能源汽车产业逆势上扬，产销量快速增长。2017年全球新能源乘用车累计销量突破122万辆，同比增长58%；2018年全球总销量突破200万辆，累计销量突破550万辆。

目前,东亚、北美和欧洲是全球新能源汽车最主要的产地与市场。从2017年新能源汽车销量来看,中国、美国、挪威、日本、德国、英国、法国、瑞典、比利时、荷兰等国位居全球前十位。

(二) 产业前景趋势

新能源汽车已成为世界汽车产业发展战略的主导方向,全球已经形成竞相发展的格局。从发展趋势来看,全球新能源汽车的车型、市场等呈现细分化、多样化发展特征,技术、业态、商业模式等较快创新变革,产业规模将明显扩张。从主要国家的政策导向来看,车型结构从重点支持混合动力车、燃料电池车,向更加重视纯电动车转变;智能网联和自动驾驶是技术变革的重要方向;以租代售的共享汽车是新能源汽车商业和使用模式创新的重要趋向。据彭博社新能源财经(Bloomberg New Energy Finance,BNEF)预测,2019年全球新能源汽车预计将售出260万辆;至2040年,新能源汽车销量将占据全球新车销量的半数以上(54%),占路面行驶轻型车总量的33%;结构上,纯电动车市场前景更好,2025年后纯电动车将逐步取代插电式混动车,成为在售电动车的主体。

(三) 企业概况

当前,全球新能源汽车产业链的不同领域,都出现了各具特色或优势的领军企业,其中既有基础雄厚的老牌企业,也有后起之秀的新兴企业。例如,在乘用车整车制造领域,美国的特斯拉是全球公认的电动汽车第一品牌;丰田、日产、通用、宝马、雪佛兰等一众国外汽车巨头已在新能源汽车领域形成领先优势;中国的比亚迪电动汽车销量居全球首位。据中商产业研究院数据,2018年上半年,全球电动汽车销量排名前列品牌依次为:比亚迪、特斯拉、北汽新能源、宝马、日产、大众、荣威、奇瑞、丰田、雪佛兰、雷诺。排名前十品牌有四个来自中国,合计销量占市场份额的26%。

二、全国产业发展格局

(一) 基本概况

中国新能源汽车起步相对于发达国家较晚,却在较短的时期内实现了从探索研究到产业化的发展转变过程,并快速跃升为全球新能源汽车产销第一大国,涌现出跻身全球前列的新能源汽车企业,相关技术水平较快提升,整车产品和零部件销往几十个国家。

2018年,在中国汽车产销量均为负增长的背景下,新能源汽车产销均实现了高速增长,生产和销售量均突破100万辆,分别达到127万辆和125.6万辆,同比增长63.6%和68%。2018年新能源汽车销量约占中国新车销售比例的4.4%,约占全球新能源车销量的53%。据中国汽车技术研究日产(中国)投资有限公司、中国汽车技术研究中心(CATARC)等联合编著的2018年《新能源汽车蓝皮书》,中国新能源汽车产业的国际竞争力在五个主要国家中排名第三。

从动力结构来看,新能源车以纯电动车为主。2018年,中国生产纯电动车98.6万辆,约占新能源车产量的77.6%;目前中国燃料电池车的产业化也已开始起步。从功能分类来看,中国新能源汽车中,乘用车约占75%左右,客车约占17%左右,货车约占7%左右。

(二)产业格局

近年来,中国新能源汽车产业逐渐呈现遍地开花的发展趋势。尤其是2018年国务院《蓝天保卫战三年行动计划》发布后,各省份纷纷制定新能源汽车保有量目标,制定了关于新能源汽车产业发展、推广应用、充电基础设施建设等方面的政策或规划。据高工产业研究院(GGII)、中商产业研究院整理数据,2017年中国新能源汽车产量排名前十位的省份为:北京、陕西、浙江、湖北、安徽、上海、广东、湖南、重庆、江西。

从企业情况来看,中国新能源汽车企业涉及整车制造、电池和其他零部件制造、材料供应、充电桩建设及销售等各领域,其中包括一些在国际上已经具有产能、市场甚至技术优势的名企,例如比亚迪、宁德时代、特锐德等。目前中国主要的新能源制造商包括比亚迪、北汽新能源、广汽新能源汽车、吉利汽车、上汽集团的新能源汽车等,各制造商的制造基地在全国布局,如比亚迪的主要生产基地有浙江杭州、浙江宁波、湖南长沙、深圳坪山、深圳汕尾、天津、江苏南京、陕西西安、山东青岛、辽宁大连、湖北武汉、广州从化等地。

三、上海大都市圈产业链地图

上海大都市圈七个城市的新能源汽车产业均已起步,但是由于发展基础、环境条件、推动力度等的差异,新能源汽车发展现状存在较明显的地区差异。上海市新能源汽车产业基础最好,汇聚了上汽集团、特斯拉(在建)等行业领军企业,涉及新能源汽车整车及关键零部件研发制造领域;宁波市是浙江省重点培育的五大新能源产业基地之一,涉及电动汽车全产业链,还是大巴、集卡和港口专用车制造基地;2018年11月,无锡市首辆地产新能源乘用车下线;南通市共有新能源汽车整车制造及零部件企业二十几家;嘉兴市新能源汽车产业呈现较好的发展势头;舟山市新能源汽车产业基础和市场推广最薄弱,目前尚没有新能源汽车整车或零部件生产企业,但已有锂离子电池磷酸铁锂正极材料项目投产。

(一) 地区分布

上海市嘉定、浦东、闵行、宝山、松江、金山、青浦等区均有新能源汽车产业,已建和在建的主要产业基地包括上海市新能源汽车及关键零部件产业基地、金桥经济技术开发区、临港地区、莘庄工业园、宝山工业园、松江经济技术开发区等。苏州市新能源汽车产业主要分布于苏州工业园区、苏州高新区、相城区、常熟、昆山、张家港等地,当前整车制造主要位于工业园和常熟,电池生产主要位于高新区。无锡市新能源汽车产业主要分布于惠山区,并以惠山工业转型集聚区为主。南通市新能源汽车产业主要分布在如皋经济开发区、苏通科技产业园等地。宁波市新能源汽车产业主要布局于宁波杭州湾新区,以及宁海、奉化等地。湖州市新能源汽车产业主要分布在湖州经济技术开发区、长兴县、德清县。嘉兴市新能源汽车产业主要分布在桐乡、南湖、海宁等地,秀洲和平湖也已起步。舟山市新能源汽车产业主要分布在定海区。

表10-11 上海大都市圈新能源汽车产业地区分布概况

地区	产区	概况
上海	嘉定上海市新能源汽车及关键零部件产业基地	上海市新能源汽车及关键零部件产业基地,2009年启动,规划面积9.5平方千米,目标是建设成为以新能源汽车整车研发和产业化为主导,以新能源汽车关键零部件制造和创新为核心,以高新技术产业规模化为配套的具有国际水平的专业性汽车产业基地
	嘉定安亭	上汽大众新能源汽车工厂,2018年10月,位于嘉定安亭的上汽大众首个纯电动汽车工厂(上汽大众MEB工厂项目)正式启动建设,计划于2020年建成投产,规划年产30万辆,将投产包括奥迪、大众、斯柯达等品牌的多款全新一代纯电动汽车
	浦东临港地区	2018年特斯拉上海超级工厂签约,规模将超过1200亩;此外,积极引进相关企业,围绕先进材料、卫星导航、动力研发、整车制造及关键组件环节,构建智能网联汽车的完整产业链,世界级的新能源汽车产业集群

续 表

地区	产区	概况
上海	浦东金桥经济技术开发区	以智能网联汽车为发展方向,成立"金桥智能网联汽车产业联盟",园区内已有上汽通用汽车、诺基亚贝尔、华为、中移德电、上海科列新能源、北理工电动车等汽车制造及信息企业
	闵行莘庄工业区	新能源商用车生产,整车、主要零部件、大三电(电机、电控、电池)、小三电(电动空调、电动刹车、电动转向)研发制造
	宝山工业园	2018年宝山区政府与华域汽车签订战略合作备忘录,华域将在新能源汽车关键零部件研发制造领域,整合优势产业资源,优先在宝山布局发展有关项目;华域麦格纳电驱动系统和华域驱动电机两个项目将于年内在宝山工业园区先期启动
	松江经济技术开发区	上海国能新能源汽车基地,旨在促进交通网、能源网和信息网"三网融合",引领和改变新能源汽车发展方向
苏州	苏州工业园	海格新能源客车基地,新能源客车研发制造;百度与金龙客车签署战略合作协议,计划于2018年实现商用级无人驾驶微循环车的小规模量产及试运营
	苏州高新区	新能源汽车整车及动力电池制造
	常熟市	新能源汽车整车的研发生产
	相城区	中欧新能源汽车技术产业研发基地、相城经济技术开发区。整车集成、动力总成、电机和电池系统等领域的研发,新能源汽车整车制造及技术研发。奇点汽车与苏州相城合作建设的全新生产基地,目标将苏州生产基地打造为亚洲最先进的智能电动汽车生产基地之一
	昆山市	已引进宝能新能源汽车项目,包括宝能汽车研究院、宝能汽车生产线、零配件生产基地和汽车产业发展基金等
	张家港市	光束汽车项目落户,新能源汽车整车及相关零部件生产
无锡	惠山区	新能源汽车整车及核心零部件制造。其中包括国内首个电动智能汽车大型生产基地,主要生产智能电动乘用车、新结构小型纯电动乘用车、动力电池、关重零部件等
南通	如皋经济开发区	已集结新能源汽车相关企业20多家,其中整车生产企业6家,年产能近30万辆,具备年产6 000套燃料电池系统能力,产业化水平国内领先
	苏通科技产业园	广微新能源汽车产业园项目,打造集新能源汽车研发、生产、智能检测、监测、展示及销售为一体的综合性新能源汽车研发生产基地

续 表

地区	产 区	概 况
宁波	杭州湾新区	新能源汽车整车及零部件制造,研发设计、检测试验、销售服务等全产业链。上海大众宁波基地、吉利生产基地(吉利汽车中高级新能源乘用车项目)等
	宁海智能汽车小镇	吉利知豆电动车宁波基地
	奉化市	比亚迪新能源汽车奉化生产基地位于滨海新区,一期主要生产纯电动大巴车,二期项目生产集卡、港口专用车
嘉兴	桐乡市	打造嘉兴市新能源汽车产业的核心区,已有合众新能源智能制造基地,是嘉兴市首个纯电动乘用车智能制造基地
	南湖区	重点发展微型电动车项目,重点打造新能源汽车零配件产业。科技城新能源汽车核心零部件产业园已引进项目35个,涉及整车设计、电机驱动系统、车载电子产品、精密功能结构件等细分领域
	海宁市	依托国能电池项目,重点打造动力电池产业基地
	秀洲区	2018年,嘉兴市政府、秀洲区政府与同济大学签约,共建新能源汽车产业基地项目。通过三到五年努力,力争成为长三角新能源汽车研发、制造、应用示范基地
	平湖经济技术开发区	新能源汽车用驱动电机及相关零部件生产
舟山	定海区	新能源汽车电池制造材料生产

(二) 产业链分布

当前,从全域范围来看,上海大都市圈新能源汽车产业已经形成了涵盖研发设计、原材料供应、零部件及整车制造、检验检测、市场及应用服务等比较完整的产业链。但发展水平还存在较明显的差异。有些企业专注于某些产品生产,在某一领域形成专业优势;一些大型车企集团,内部就建立从研发、制造到市场服务的全产业链,并且开始在上海大都市圈多点布局,建立纵向和横向并存的产业链体系。地方政府、企业自发围绕重点区域、龙头企业进行战略布局,跨越行政区的政企合作、产学研合作等均已起步。当前,上海大都市圈的新能源汽车产业版图已开始塑造,突破行政区边界分工合作,多主体、多模式推动,共同构建新能源汽车产业链、产业集群的趋势已经呈现。

上海大都市圈新能源汽车产业链主要环节企业分布情况如图10-8、图10-9、图10-10所示。

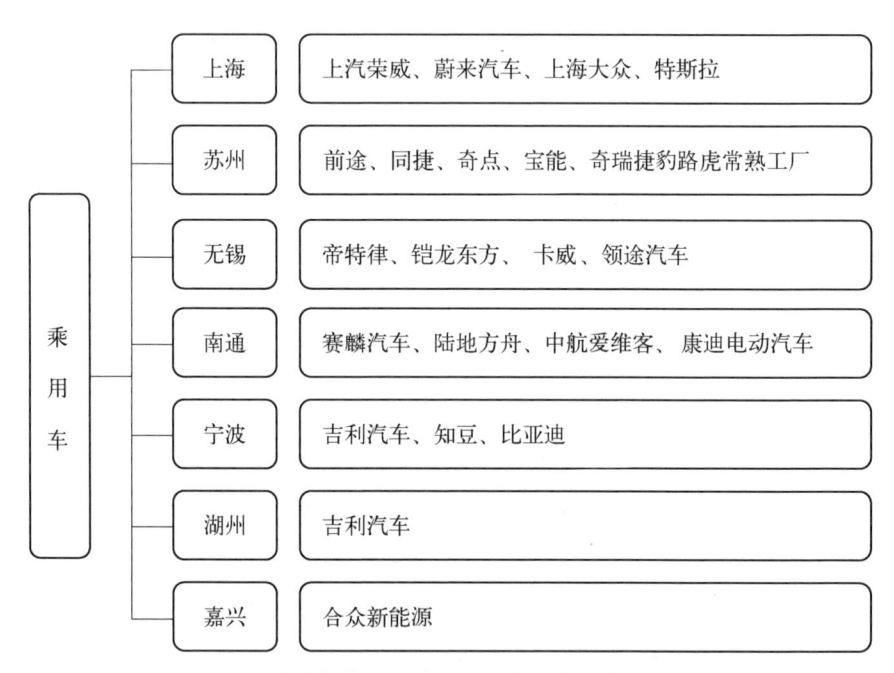

乘用车	上海	上汽荣威、蔚来汽车、上海大众、特斯拉
	苏州	前途、同捷、奇点、宝能、奇瑞捷豹路虎常熟工厂
	无锡	帝特律、铠龙东方、卡威、领途汽车
	南通	赛麟汽车、陆地方舟、中航爱维客、康迪电动汽车
	宁波	吉利汽车、知豆、比亚迪
	湖州	吉利汽车
	嘉兴	合众新能源

图10-8 上海大都市圈新能源乘用车研发制造主要企业分布

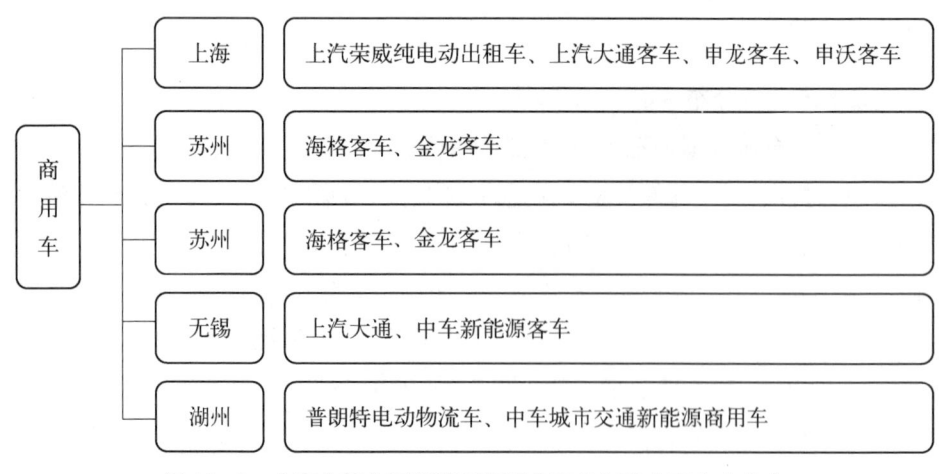

商用车	上海	上汽荣威纯电动出租车、上汽大通客车、申龙客车、申沃客车
	苏州	海格客车、金龙客车
	苏州	海格客车、金龙客车
	无锡	上汽大通、中车新能源客车
	湖州	普朗特电动物流车、中车城市交通新能源商用车

图10-9 上海大都市圈新能源商用车研发制造主要企业分布

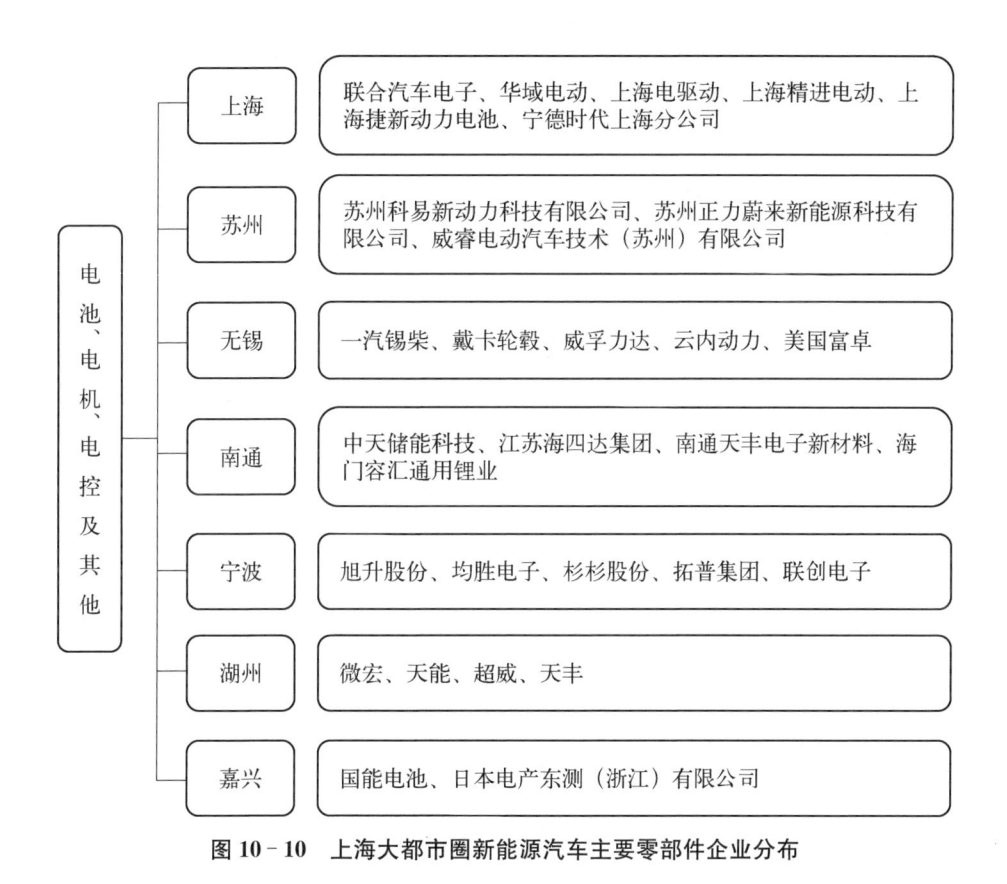

电池、电机、电控及其他	上海	联合汽车电子、华域电动、上海电驱动、上海精进电动、上海捷新动力电池、宁德时代上海分公司
	苏州	苏州科易新动力科技有限公司、苏州正力蔚来新能源科技有限公司、威睿电动汽车技术（苏州）有限公司
	无锡	一汽锡柴、戴卡轮毂、威孚力达、云内动力、美国富卓
	南通	中天储能科技、江苏海四达集团、南通天丰电子新材料、海门容汇通用锂业
	宁波	旭升股份、均胜电子、杉杉股份、拓普集团、联创电子
	湖州	微宏、天能、超威、天丰
	嘉兴	国能电池、日本电产东测（浙江）有限公司

图 10-10　上海大都市圈新能源汽车主要零部件企业分布

四、上海大都市圈产业发展要点

综合国际国内及区域新能源汽车发展的现状与趋势，对上海大都市圈新能源汽车发展建议如下：

（一）重点领域

一是基础领域的关键技术突破与创新。当前，对于新能源汽车而言，实际续航里程短、充电时间长、安全问题、时间和资金投入成本高、废旧电池无害化处理及资源化利用问题等仍是待解的主要难题，相关领域的技术创新是新能源汽车产业夯实基础进而实现突破性发展升级的关键。着力推动关键共性技术研究，加快电池、电机、电控等关键零部件的技术创新和产业化，探索新材料的应用，提升电池能量密度、电机功率密度，突破废旧电池回收处理和再利用难题，降低成本，提高续航里程、缩短充电时间，提高安全性及其他基础功能、促进可持续发展,使上海大都市圈在国内外新能源汽车发展格局中,形成稳固长远的核心竞争优势。

二是功能及应用中的技术创新与融合。支持推动智能网联等相关技术的研发和融合,将移动互联网、大数据、人工智能等与新能源汽车相结合,推动卫星遥感、交通网、能源网和信息网融合的技术创新,促进新能源汽车车载导航、智能感应、人机对话和智能操控、自动驾驶、智能充电及智慧出行服务等功能的拓展完善,将上海大都市圈建成国内智能电动汽车研发制造的引领区。

三是车型及应用引导的重点领域。以纯电动车为发展重点,逐步提高纯电动车在上海大都市圈新能源汽车制造及应用中的比重,尤其是乘用车领域,率先在生产和消费领域把握发展先机,形成引领优势。关注燃料电池车的发展,支持相关企业和项目的探索发展。

(二) 政策路径

分工合作、协同发展,共同构建产业链、培育产业集群,是上海大都市圈新能源汽车产业增强发展动力,形成竞争优势,加快升级发展的重要路径。主要建议是:

一是制定一体化的发展蓝图。编制上海大都市圈新能源汽车产业发展规划。基于上海大都市圈八市的全域范围,研究确定新能源汽车产业发展的发展蓝图,明确产业分工、空间布局、重点任务和保障措施。

二是建立一体化的环境机制。根据发展需要,研究制定若干有关新能源汽车产业发展的区域性政策,以更有效地促进整个都市圈新能源汽车产业联动发展。例如,使用和管理中的统一的车牌设置、减免高速通行费,不受出行限制等,产业发展中一致化的产业促进政策等。探索建立上海大都市圈新能源汽车发展委员会等促进机构,支持上海大都市圈新能源汽车产业联盟、行业协会等行业社团组织建立发展。

三是支持推动核心技术协同创新。新能源汽车技术研发和产业化的时间和资金投入成本高。仅从时间来看,一个新型电池从实验室研究开发到产业化应用往往需要十几年的时间。协同开展科技研发及成果转化,是上海大都市圈加快实现创新突破,把握产业发展先机的重要突破口。整合上海大都市圈新能源汽车产业相关教育、科研和企业的所有优势力量,构建一个水平领先、影响力大的产学研平台,如上海大都市圈新能源汽车研发中心,引领推动上海大都市圈新能源汽车产业发展。同时，以多种途径、多元化方式全力推动上海大都市圈新能源汽车产业产学研广泛深入合作，充分发挥不同地区、不同主体的比较优势，加快实现新能源汽车关键核心技术的创新突破。

四是构建便捷化、智能化、一体化的应用环境。以完善的应用环境拉动新能源汽车消费，促进产业发展升级。加快推动上海大都市圈八市新能源汽车充电设施标准全面对接，充电设施在八市区域内的高速公路服务区全覆盖，实现都市圈范围内电动汽车可以畅行无忧。共同搭建都市圈内一体化的新能源汽车智能充电、租赁、交通管理等智慧管理和出行服务平台机制等。

第十一章 上海大都市圈科技协同创新机制构建与空间布局优化

第一节 科技协同创新机制构建

一、创新主体层面

（一）强化企业创新主体地位

通过政府保驾护航，强化创新型企业在科技创新中的主体作用。一是运用市场化手段促进企业创新。鼓励企业内部创新，增加研发投入。鼓励产学研结合合作成立创新组织。二是营造公平包容的创新创业环境，降低企业创新的制度性成本，特别是加快构建产权创造、保护和服务体系，保护知识产权所有人权益。三是鼓励民营科技企业承担政府科研项目，营造双创环境。四是加强创新开放合作，扩大上海科技计划和项目对外开放程度。

（二）发挥各类科研载体作用

创新机制体制设计，使各类科研载体各尽其能、各显所长。一是发挥高校学科和人才培养优势，深入推进基础性科学研究工作，侧重原创性。二是推进科学院、研究院、研究所等科研机构改革。改善科研机构管理体制存在的条块分割、分散重复、效率不高、脱离市场等问题，深化对技术开发类科研机构的企业化转制，并对社会公益类科研机构按照不同类别实行改革。三是加强医疗机构临床研究。探索医疗机构、政府部门和产业创新新模式。

（三）培育特色新型研发机构

积极培育由企业、大型科研院所和高校主导建设的新型研发机构。一是培育应用类科研院所转制或高校设立的新型研发机构，强化企业与功能性研发机构的对接合作。二是培育由企业或行业组织发起设立的新型研发机构或平台，强化企业所属新型研发机构产业链创新的带动功能。三是培育产学研官共同参与发起组建的功能性研发机构，促进企业成长目标、社会发展目标和政府服务目标相统一。

二、创新人才层面

（一）加大人才培养力度

优化各类人才培养渠道，加大人才培养力度。一是高校人才培养。优化学科设置和考评机制，建设世界一流大学、一流学科，培养原创型人才。应用型高校积极探索应用型人才和社会需求相结合的培养方式。二是科研院所人才培养。设置科研项目，加强科研人才经费配套，保障青年科创人才生活水平。完善人才评价机制，设置合理的奖惩规范，优先资助真正具有科创能力的人才。三是科研企业人才培养。完善市场评价机制，设立人才竞争制度，通过市场选拔人才。

（二）创新人才引进方式

政府和企业引人，互联网引智。一是优化传统人才引进方式。通过设立"人才项目基金"方式引进科创人才、领军人才、青年人才和高水平科创团队，增加国际化人才比例。二是鼓励企业人才引进。支持企业设立新的科创项目或招募新的科研团队。鼓励科创型企业"以商招商"，加强高端人才地区间交流。三是利用互联网和通信技术引进智慧。充分利用现代科技工具，强化地区间或国际间人才网络交流，强调智慧增量而不仅是人数增量。

（三）增强人才服务能力

建立体系完备的人才服务和保障机制。一是出"实招"，解决人才的后顾之忧。在落户门槛、子女教育、医疗服务、养老服务等方面，为人才提供合理的制度设计，坚持青年人才普惠支持与高端人才稳定支持相结合。二是设计合理的人才评价制度。坚持分类评价和标准评价并行，以职业属性、岗位要求等对人才进行分类评价，综合覆盖品德、知识、能力、贡献等方面，破解"一刀切"评价难题。三是完善人才奖励制度。实施多主体奖励。分类对全市经济社会作出突出贡献的个人、企业、平台、机构等实施奖励，物质奖励和精神鼓励并重。

三、成果转化层面

（一）实施科技成果转化鼓励

推进科技成果直接转化和间接转化并举。一是鼓励科技成果直接转化。对科技人员下海从业进行引导、鼓励。推进产学研用项目合作或合作研究，鼓励设立新型研发机构。推进校企人才交流或人才培养项目，鼓励企业与高校人才签订培养项目。二是推进科技成果间接转化。鼓励专门机构实施科技成果转化，完善技术转移中心、技术转移服务平台、生产力促进中心、科技大市场等建设，加快成果转化或转移速度。鼓励高校设立科技成果转化机构或成立技术转移公司。鼓励民营企业设立科技咨询公司推进科技成果转化。

（二）推进成果转化平台建设

推进基于互联网和移动端的科技成果转化服务平台建设。一是做好供求信息对接服务。简化科技成果转化供求申报流程，做好信息分类和存档工作。二是做好政策宣传服务。以视频、文件等方式，推送市、区科技成果转化相关政策或改革实施意见，提高政策信息知晓度。三是办好技术交易现场洽谈会。不定期举办技术交易现场洽谈会，促进技术成果转化签约，穿插政策宣讲、企业考察等系列活动，推进科技成果有效产业化。

（三）完善成果转化机制设计

建立以需求为导向的科技成果转化机制。一是形成需求导向型的科技创新模式。以研发机构企业化改革和设立新型研发机构为抓手，形成需求导向型的科技创新模式，促进科技成果有效转化，着实解决全市科技研发机构的研发和产业体系相对独立、市场主体研发实力和动力不足等问题。二是带动高校、科研机构以及金融、投资等机构参与成果转化和技术创新，形成科技成果从研发到市场的有效通道，找到根治科技与经济"两张皮"顽疾的解决之道。

四、科研管理层面

（一）基于提供科研便利的科研项目配置

科研项目的配置应当合理、有效、快速。一是简化项目申报和过程管理。精简科研项目申报要求，减少不必要的申报材料和各类评估、检查、审计等活动。推行"材料一次报送"制度，加强后台管理数据共享。二是完善科研经费管理和

第十一章 上海大都市圈科技协同创新机制构建与空间布局优化

使用机制。赋予科研单位项目经费管理使用的自主权,除设备费外,其他科目费用使用全下放至科研项目承担单位。三是避免多头重复检查。实行"双随机、一公开"检查方式,实施检查结果信息共享、互认,提高监督检查效率。

(二) 基于信息管理平台的数据中心建设

运用现代通信技术建设信息管理平台,提高科研管理效率。一是建设科研项目综合管理平台,汇集项目申报人、项目评审人、专家意见、管理过程和进度等信息,实现管理和服务一体化。二是建立基于项目申报人的数据中心,对申报人科研项目、科研成果、科研诚信、科研条件等信息进行综合采集。三是实现多级科研项目管理系统信息共享,减少材料重复递送和多头重复检查。

(三) 基于知识产权保护的成果奖评机制

完善成果使用机制,充分挖掘科研成果的效用。一是对实体部门委托的科研项目,充分鼓励基于产权保护的科研成果共享机制。充分发挥科研成果对政府决策和经济社会创新的重要作用。二是完善科研成果评价激励制度。完善科研项目绩效目标管理,对科研项目成果实施分类评价,基础研究侧重原创性和科学价值评价、应用研究侧重经济社会发展适用性、新产品开发类项目侧重创新和成熟度。

五、全球化发展层面

(一) 推动国内外学科融合

建设国际一流学科、一流大学。一是推进国际国内人才合作培养项目。依托国家留学基金委管理委员会,支持鼓励创新型人才参与国际合作培养项目。鼓励市内各高校积极建立与国际知名大学联合培养合作关系,鼓励在校学生走出国门。二是探索与国际知名大学科研机构对接落地项目。鼓励国际知名高校、科研机构和科技服务机构来沪设立和培育研发中心,并实现与在沪高校的良好对接。三是引进国际大学科学组织管理机制。建设具有国际水平的管理团队和良好机制,实现国际科学组织本土化。

(二) 推动国内外创新合作

推动国内外创新合作,积极融入国际创新网络。一是建设国际科研合作平台。注重海外研发平台建设,对接全球顶尖创新资源。推动国内外科研供求对接,推动国内外产业技术转移和成果转化效率。争取承办国际重大科研活动,引进国际科研机构组织,促进国际科研要素集聚。二是强化企业链接全球创新网络的主体地位和重要作用。设立引导基金,支持企业在境外重要的高科技园区和研发基地设立研发机构。支持企业在发达国家和地区并购研发机构和可及性企业,吸纳当地科技创新资源。

(三)推动国内外人才流动

加快集聚海外高层次科技创新人才,推动上海人才国际化。一是增加重大科技计划向外籍科学家的开放程度。推进外籍科学家参与重大科技计划战略咨询、项目管理、研究开发和验收评价等工作。二是推动中国科学家走向世界科技舞台。鼓励上海知名科学家在国际科技组织中担任重要职务,扩大中国科技国际影响力。三是优化国际人才服务环境,建立外籍人才适用的科技转化渠道,对外籍科研人才职称评定或技能认证等方面给予适当的政策倾斜。

六、创新文化层面

(一)鼓励创新的包容文化

彰显开放、创新、包容的城市品格。一是增加文化基础设施投入,营造文化氛围。加大对图书馆、艺术馆、博物馆和画廊等文化基础设施建设的投入,树立文化形象,营造文化空间。二是鼓励试错、宽容失败。加强对创新文化的宣传和舆论引导,尊重和保护好奇心,通过案例宣传、制度安排、教育设计等激发人才突破传统观念,培养发现问题和追根溯源的能力。鼓励对权威的质疑,鼓励敢为人先、宽容失败的创新氛围。三是青年人才普惠奖励、优秀人才特殊奖励。解除青年人才科创后顾之忧,保护青年人才科创动力,设计合理的奖励手段鼓励优质创新。

(二)脚踏实地的务实文化

培养"空谈误国,实干兴邦"的务实文化。一是坚持问题导向、需求导向、效果导向。鼓励科创直接面向社会需求,解决实际问题,增强原始创新服务经济和社会发展的成效。二是鼓励社会力量兴办新型研发机构。对应用技术研发类科研事业单位,引入社会资本参与科创实际过程,增强研发成果可用性。三是鼓励科研人才参与社会调研,了解市场需求和实际问题,使科创成果成为解决实际困难的"好产品",增加科创成果转化为生产动力的可能性。

(三)尊重知识的制度文化

以制度建设保障创新、激发创新。一是营造激励创新的社会环境。推进各级政府简化审批、下放权力,在报酬体系、奖惩体系、信息化建设、法制法规建设方面着手,营造公平竞争环境。二是营造尊重知识的社会氛围。尊重人才的自主权,遵循知识分子工作特点和规律,制定合理的人才评价和奖励工作机制。提供人才优越的职业保障,认真落实以知识价值为导向的收入分配政策,提高知识产品回报率。三是大力扶持知识产权密集型企业及知识产权优势企业,强化企业在市场创新中的主导地位。四是进行知识产权管理体制改革。加强对科技创新活动和科技成果的保护,为科技创新提供保障,提升知识产权工作的科学性和有效性。

第二节 科技创新空间布局优化

一、分区科技创新发展策略

根据区域科技创新网络的模型构建,可以分核心区、紧邻区、辐射区三个空间层面。在上海大都市圈范围内科技创新空间布局上,本研究同样分这三个空间层面进行阐述。

(一) 核心区

核心区以张江科学城为核心,涵盖上海中心城区,是区域科技创新要素最为集中的空间载体,在交通联系、商业环境、科技人才、生产性服务等方面都具有高度的优势。

(二) 紧邻区

紧邻区包括上海的郊区辖区、嘉兴市、苏州市以及无锡市。其中,上海郊区辖区、嘉兴市和苏州市地理邻近核心区,并在科技创新、高科技产业发展等方面已经取得较好的成绩。无锡尽管距离核心节点较远,但凭借在科技研发、高科技产业发展等方面的雄厚基础,与核心节点之间的科技创新联系仍然较为紧密。紧邻区在高校和科研院所建设、经济发展基础、社会建设、人才吸纳、区域治理等方面都已经具备相当好的基础,创新要素的集聚与辐射具备相当的能级。同时,紧邻区可以很好地桥接起辐射区及其腹地与核心区的科技创新,也是区域科技创新网络的主要联系通道构成。在功能承担上,紧邻区是上海大都市圈科技创新成果转化、高科技产业发展的主要承载区。

(三) 辐射区

辐射区包括南通、舟山、宁波以及湖州四个外围的城市，它们都距离核心区有一定的空间距离。其中，南通和宁波在高科技产业发展方面具有一定的基础优势，舟山和湖州在科技创新和高科技产业发展方面相对较弱，但这四个城市在高科技产业发展方面都具有较大潜力，特别是在发展空间、劳动力成本、产业平台建设、发展政策鼓励等领域都相对于核心区、紧邻区有很大的优势。辐射区是核心区、紧邻区科技创新扩散与转移、高科技产业扩散与转移的承载区，在科技创新的产业化方面具有较大的优势，是上海大都市圈范围战略新兴产业发展的主战场，具有很大的发展潜力。

二、邻沪地区科技创新合作

(一) 当前邻沪地区与上海协同创新的探索与实践

1. 平湖：园区合作+共同开发

平湖自20世纪90年代提出"接轨上海、开发乍浦"，2003年升级为"接轨上海、融入长三角"，至2008年转变为"与沪同城"的发展战略。进入"十三五"，平湖仍然将接轨上海作为首位战略，主动对接上海科创中心，建设"创新平湖"。

表11-1 平湖接轨上海战略演变

地区	战略演变——从20世纪90年代到"十二五"时期	战略口号：接轨上海	相关文件
平湖	20世纪90年代初，确立"接轨上海、开发乍浦"战略；"十五"计划提出主动融入上海发展的各个领域、接受上海辐射；"十一五"规划提出全力打造浙江接轨上海扩大开放前沿阵地；"十二五"规划将"与沪同城"列为平湖发展的首位战略	上海高端制造业配套基地、上海全球科技创新中心产业化基地、上海休闲旅游重要目的地、上海市场农产品重要供应基地和上海公共资源服务合作基地	《平湖市全面深化接轨上海三年行动计划（2016—2018年）》《2017年接轨上海工作实施方案》

以张江长三角科技城为代表，平湖走出了一条以园区合作、共同开发为主要内容的科创协同之路。2012年，张江国家自主创新示范区协同浙江嘉兴、平湖和金山区政府，选择金山区枫泾镇与嘉兴平湖市新埭镇接壤区域共87平方千米，共同开发建设"张江长三角科技城"。张江长三角科技城是国内首个跨省市产业融合创新实践区，在张江"1区22园"布局体系中具有独特地位，近两年影

第十一章 上海大都市圈科技协同创新机制构建与空间布局优化

响力不断扩大,品牌效应初步显现。2018年,平湖与上海金山、张江科技园区管委会,三方共同编制"张江长三角科技城规划",形成"一带、两环、四核、四区、多节点"的功能结构。此外,平湖承接上海科创产业梯度转移的主平台还有平湖经济技术开发区和独山港经济开发区。平湖经济技术开发区主要承接光机电和生物技术产业,独山港经济开发区主要承接临港产业。

为更好接轨上海,平湖积极参与与沪同城行动,打造跨省协同创新发展示范区。在"平湖2035"规划编制过程中,平湖委托沪浙两地强干的规划编制团队,实现"平湖2035"与"上海2035"的无缝接轨。同时"平湖2035"规划编制过程中紧密跟踪与平湖相邻接的上海金山、松江等地区的规划动态,做到规划的及时更新和衔接。另外,在《枫泾-新浜-嘉善-新埭城镇圈区域协同规划》编制过程中,平湖与松江、金山、嘉善全程协作,在财税、人才、土地政策等方面寻找促进两地三市协同创新的重要机遇。

2. 嘉善:平台对接＋区域联动

嘉善与上海的合作由来已久,自20世纪80年代开始,以乡镇企业之间的横向合作为主要形式。从2010年嘉善成为唯一被纳入长三角区域发展规划的县,到2018年12月打造苏浙沪三地合作示范产业园,嘉善与上海的科创协同逐步深入。

表11-2 嘉善接轨上海战略演变

地区	战略演变——从20世纪90年代到"十二五"时期	战略口号:全方位深化接轨上海	相关文件
嘉善	20世纪90年代,成立嘉善·浦东金桥联合开发区,明确提出接轨上海发展战略;"十一五"规划中将"加强以接轨上海为重点的区域合作与竞争"列为发展原则,加强接轨上海发展;"十二五"规划把"融入上海"作为首要发展战略,强化科学发展	沪浙毗邻地区一体化发展示范区;创业创新的现代化临沪新城;开放合作前沿阵地;把握大上海都市经济圈的战略机遇,在上海"四个中心"、自贸试验区建设等重大战略部署中主动寻求合作机遇、主动创造合作平台,积极探索跨区域合作发展新模式	《嘉善县国民经济和社会发展第十三个五年规划纲要》《浙江嘉善县域科学发展示范点发展改革方案》

平台对接是嘉善全面接轨上海的重要举措。嘉善主动参与上海具有全球影响力的科创中心建设,打造全球科创中心科技协同创新区;设立上海自贸试验区嘉善分区,全面接轨上海经济体制创新。在科创产业引进方面,嘉善将上海作为招商引资主战场,全面对接上海科创产业园区、海外驻沪办事机构、高端中介结

构,派驻干部驻上海招商。截至2017年年底,嘉善共引进特易购、喜力啤酒、和硕集团等世界500强企业5家,投资超50亿元大项目4家,其中有一半以上通过上海平台落户嘉善。同时,嘉善积极开展与上海高科技园区、孵化器、高校、科研院所、科技服务中介和科技部门等"六位一体"的科技合作,建立上海交大国家技术转移中心嘉善分中心、东华大学研究生实践基地和上海技术交易所嘉善协同创新中心等载体,构筑"孵化在上海、转化在嘉善"的合作模式。

区域联动拓展嘉善全面接轨上海的新空间。根据《2017年上半年嘉善县全面接轨上海工作进展情况通报》,2017年嘉善与金山区签订战略框架协议,形成产业转移对接关系,打造沪浙毗邻地区一体化发展示范区。同时,嘉善通过与上海奉贤开展教育联盟接轨,嘉善第一人民医院成为上海市计划生育科学研究所临床研究基地、研究生临床培养基地和上海市生殖健康药具工程技术研究中心转化医学基地。另外,嘉善通过在上海大虹桥核心区设立沪嘉协同嘉善中心,也增强了嘉善与虹桥的双向联动。

3. 太仓：院所合作＋研发转化

2003年,太仓市委、市政府率先在长三角地区明确提出"接轨上海"发展战略,后将"接轨上海"发展战略先后纳入"十一五""十二五"发展规划。在2016年"十三五"期间,更将"接轨上海"升华为"融入上海"。

表11－3　太仓接轨上海战略演变

地区	战略演变——从20世纪90年代到"十二五"时期	战略口号：融入上海	相关文件
太仓	20世纪90年代,利用上海提升开放性经济;2003年,明确提出接轨上海发展战略"十一五"规划将接轨上海上升为重要战略,遵循"学习上海、依托上海、服务上海、接轨上海"的方针;"十二五"规划进一步明确接轨上海发展战略,强调规划、产业、社会领域等各方面与上海对接	重点推进理念、规划、产业、要素、平台、交通、社会事业等方面的深度融合对接,主动参与和服务上海"五大中心"建设,不断放大与上海的同城效应	《太仓市2016年融入上海工作要点》

在对接上海过程中,太仓主要以科教对接为抓手实现研发成果在太仓的产业化。一是以院所合作打通成果转化通道。如太仓大学科技园从沪上引进成立中科院上海计算机所太仓分所。太仓与中科院上海技术物理研究所联合组建了"太仓光电技术研究所",与同济大学共建了"同济大学高新应用技术研究院"。

二是以技术转移促进本地科创产业市场价值实现。太仓与中科院上海高等研究院、上海交通大学、华东理工大学、东华大学、上海理工大学、同济大学、复旦大学7所沪上的知名院校签订建立技术转移中心协议，形成包含2个院士工作站在内的"7+1"技术转移联盟太仓工作站。7所高校科研院所派出专人常驻太仓，太仓则为"7+1"工作站提供固定办公场所和相应的工作经费。

目前太仓以打造"邻沪科创产业高地"作为实现"两地两城"总定位的重要内容。为建立科研合作长效机制，太仓制定了一系列配套政策。如实施科技创新创业领军人才计划和对产学研项目的后补助计划，鼓励沪上的科技人员到太仓创新创业，并通过项目扶持资金、安家补贴、免除场所租金等优惠政策，吸引上海科技人才落户太仓。

4. 昆山：交通接轨＋同城融入

昆山与上海的对接起源并得益于交通基础设施的贯通。上海轨交11号线于2007年3月开工，2013年10月通入花桥，成为国内第一条名副其实的跨省地铁线路。在昆山与上海科创协同过程中，交通便利性成为昆山的明显优势。

表11-4 昆山接轨上海战略演变

地区	战略演变——从20世纪90年代到"十二五"时期	战略口号：融入上海、配套上海、服务上海	相关文件
昆山	20世纪90年代，紧紧抓住浦东开发机遇，积极主动地对接上海；"十一五"规划提出加大"服务上海、融入上海"工作力度，利用世博会努力争取实现"展览在上海、休闲在昆山"；"十二五"规划提出"融入上海、面向世界、服务江苏"的总定位	全面对接上海经济、金融、贸易、航运"四大中心"及全球科创中心建设，积极从基础设施、开放创新、产业提升、城市发展等方面与上海实现深度一体化	《昆山市国民经济和社会发展第十三个五年规划纲要》

以交通接轨作为与上海科创协同发展的重要前提。昆山延续并扩大与上海的交通便利程度，与上海共规划对接17条主道路，其中2018年5月昆山锦淀公路——上海崧泽大道实现结构贯通，是首个实现通车的长三角一体化"打通省界断头路"项目；基于昆沪客流调查，开设高铁G7215，每日由昆山始发开往上海，历时仅18分钟，共1 200个座位；苏州第一条市域轨道交通S1线西接苏州、东连上海，在昆山境内设站26座，已经开工建设，预计2023年通车试运营。

目前昆山仍以交通干线为轴，实现与上海科创产业的协同。根据2018年

7月出台的《对接融入上海三年提升工程实施方案(2018—2020年)》,昆山将致力于链接G60科创走廊,沿沪宁高铁、S1—M11、G42等交通线探索构建沪宁科创走廊,向西连接沪宁线江苏沿线各开发园区,向东连接上海安亭国际汽车城、虹桥商务区和张江创新示范区,打造世界级科技创新和现代服务对接融合主轴。

基于交通便利性,昆山将同城融入作为与上海科创协同发展的重要保障。昆山与上海是一衣带水的近邻,依托这一地理优势,在2018年7月出台的《对接融入上海三年提升工程实施方案(2018—2020年)》中,昆山提出成为"上海打造全球城市功能的门户区、上海改革创新经验复制的先行区、上海科技产业跨区发展的首选区、上海市民生活休闲旅游的共享区,全力打造长三角一体化发展深度融合示范区"的目标。2018年3月,花桥与安亭正式签署"双城共建"战略合作协议;在《对接融入上海三年提升工程实施方案(2018—2020年)》中致力于实施公共服务同城共享计划,推动两地人力资源协作、社会保障跨区统筹、优质医疗资源共享、教育对接合作、两地养老服务和城镇社会共治。同城融入计划将主要从吸引人才方面解除两地科创协同的后顾之忧。

5. 启东:园区共建+产业配套

2002年启东提出接轨上海的战略思想。2011年,随着崇启大桥全面通车,启东融入上海"一小时经济圈",进一步确立"领跑沿海、融入上海、包容四海"的发展战略定位。目前根据江苏的发展规划,启东将发挥江苏接轨上海北大门"门柱子"的支撑作用。

表11-5 启东接轨上海战略演变

地区	战略演变——从20世纪90年代到"十二五"时期	战略口号:参与、联动、服务	相关文件
启东	20世纪90年代,配合上海开发外向型经济;21世纪明确提出"江海联动、桥港互动、融入上海、走向世界"的发展战略,推进制造业、服务业、社会事业、要素市场与上海接轨	"2468"目标:全市20%的工业产品配套上海,40%的农产品供应上海60%的游客来自上海,80%的投资源自上海。"1234"目标:新签约亿元以上产业项目超100个、新增产业投资超200亿元,年接待上海来启客商超300批次,年接待上海游客超400万人次	《启东市国民经济和社会发展第十三个五年规划纲要》

第十一章　上海大都市圈科技协同创新机制构建与空间布局优化

从发展历史看,园区共建是启东接轨上海的成功实践。2008年,位于启东高新区的上海外高桥(启东)产业园由上海外高桥(集团)有限公司与启东市政府共同开发,是江苏省第一个跨行政区域经济合作的样本。紧随其后,上海城投以最大股东身份与启东合作,共同打造占地30多平方千米的上海城投(启东)江海产业园;张江与启东合作建设张江生物医药基地启东产业园;浦东祝桥工业园区在启东设立,"浦东祝桥启东产业园"作为在上海土地减量化政策之下的首个上海先进制造业转移集聚地,形成了研发、销售在上海,生产、加工在启东的模式。需要强调的是,启东园区建设及招商工作紧紧围绕上海配套产业,逐步将启东打造成为沪苏区域协同创新创业的试验区、上海科技孵化成果转化的加速区和上海创新创业资源外溢的最佳承载区。据统计,2016年,启东全市25%的工业产品配套上海、45%的农产品供应上海、70%的游客来自上海、80%以上的投资直接或受上海影响进入启东。

基于发展基础,差别性地引入上海高科技配套产业,是启东"服务上海"的重要路径。启东具有相对突出的产业基础和地理区位,被誉为中国海洋经济之乡、电动工具之乡、建筑之乡、教育之乡、版画之乡、长寿之乡,如境内的吕四港是上海一小时经济圈内不可多得的天然深水良港,可建5万—10万吨级深水泊位70多个,形成了海洋工程及重装备、电力及能源装备、精密机械及电子信息等三大优势产业。在与上海科创协同发展过程中,启东善于利用自身产业优势,发展具有差异化的高科技含量产业,如"浦东祝桥启东产业园"主要引进无污染、低能耗、高科技、高产出的装备制造、精密机械、船配汽配、电子电器等项目;"启东江海产业园"则志在把园区打造成接轨上海、面向国际的"产业高地、生态新区"。

(二) 邻沪地区与上海协同创新的工作路径和经验

1. *以交通干线为通道促进科技要素双向流动*

目前,交通干线已成为邻沪地区与上海创新要素流动的主要通道,逐步形成以上海为中心、交通干线为轴的放射状的创新要素流动格局。如向南形成了沪嘉杭G60科创走廊、G50绿色制造带;向西形成了沪宁高铁、M11轨道交通线;向北形成G40高速通道等。

与交通干线的链接逐步成为临沪地区对接科创平台、发展科创产业的重要策略。如嘉善紧紧围绕"大湾区"、G60科创走廊建设等重大战略,成立嘉兴市驻上海对外联络组嘉善工作部,着力打造"大湾区"高科技成果转化重要基地、沪嘉杭 G60 科创走廊的重要节点。同时,以上海为核心的交通干线网络便捷性的提高,促进了以人才要素流动为代表的科研要素的双向流动。如根据艾普大数据调研,得益于昆山与上海交通基础设施的贯通,苏州和昆山成为上海白领买房的首选之地,解决了苏沪职居问题。

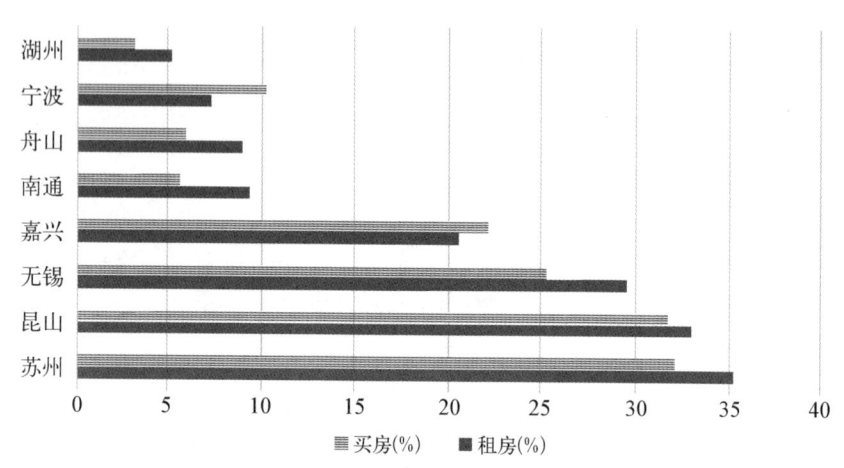

图 11-1 白领在上海大都市圈买租房城市

2. 以科创人才为关键促进科创资源优化配置

科创产业的空间配置总体上决定了科创人才在上海大都市圈的空间布局。如"上海星期日工程师联谊会"很好地促进了上海和邻沪地区的人才交流,提高了科创资源优化配置水平和生产效率。另外,邻沪地区更是注重"产业-人才"的协同配置,如嘉善伴随"总部在上海、制造服务在嘉善"的产业协作体系的初步形成,注重引进与产业体系相匹配的"上海头脑"。目前,嘉善引进国家"千人计划"专家共 3 人,全部来自上海;新增"创新嘉兴·精英引领计划"领军人才项目 9 个,超过一半来自上海。

同时,对上海科创人才的主动吸引是近几年邻沪地区挖掘上海科创资源的焦点。如太仓实施科技创新创业领军人才计划和对产学研项目的后补助计划,鼓励沪上的科技人员到太仓创新创业,通过项目扶持资金、安家补贴、免除场所租金等优惠政策,吸引上海科技人才落户太仓;嘉善出台有史以来最有含金量的"科技新政 15 条"和"人才新政 32 条"。

3. 产业园区为平台促进科创产业协同发展

园区共建是邻沪地区对接上海科创资源的主要途径,一是利用政策倾斜构建产业集聚区,集聚创新产业;二是有针对性地引进与上海配套的科创产业;三是促进科研成果转化。如2012年共同开发建设的"张江长三角科技城",是张江国家自主创新示范区与嘉兴、平湖和金山政府共同开发建设的代表性跨省域园区之一;太仓高新技术产业开发区与上海嘉定汽车产业园区和工业园区、沙溪生物医药产业园与上海张江高新技术产业开发区等共建共享,也是邻沪地区与上海园区共建的典型案例。

同时,园区也是邻沪地区对接上海各类平台的重要载体,可对接上海虹桥商务区、自贸试验区、国际旅游度假区、海外驻沪办事机构、高端中介机构等各类功能性平台。如嘉善对接自贸试验区成立浙江省首个"自贸区产业协作区",启东对接自贸试验区规划建设了"上海自贸区启东产业园"。

4. 以院所合作为基础促进科研成果产业化

邻沪地区与在沪科研院所的合作扩大了邻沪地区产学研对接的空间,是上海大都市圈推进高等院校和科研院所创新成果转化的主要途径。2017年上海共拥有高等学校64所,数量较多、质量较高。上海周边区域注重发挥国家技术转移联盟的作用,加强与上海地区高校的产学研对接。

在院所与园区的合作方面,华东理工大学与启东滨海工业园共建的南通功能材料研究院启东产业基地正式注册,2个项目正式落地启东基地,开始成果转化;滨江化工园开展与复旦大学化学系共建产业研究院的前期论证工作。在院所与企业的合作方面,上海工程技术大学与启东市天汾电动工具公共服务中心合作的"智能电动与控制工作站项目"、复旦大学与江苏林洋照明科技有限公司合作的"LED照明系统的研发项目"成功签约。在依托院所建立子平台方面,太仓依托"7+1"国家技术转移联盟太仓工作站、中科院上海硅酸盐研究所苏州研究院、同济大学太仓高新技术研究院等一批创新平台,吸引更多专业创新团队入驻太仓。

5. 以政府协同为保障促进区域科创环境优化

政府协同首先表现在两地规划协同,既立足本地发展基础、比较优势,又与其他城市功能互补、合作共赢,主要包括在城市基础设施互联互通、产业协同发展、城市功能互补、生态环境保护等方面做好有效衔接。目前上海大都市圈规划协同以上海规划引领、邻沪规划衔接为主。如"平湖2035"与"上海2035"的无缝接轨,以及与上海金山、松江等地区规划的动态衔接,在财税、人才、土地政策等方面寻找两地协同创新的重要机遇；太仓与嘉定、宝山两区就交通对接、规划衔接等领域签订合作框架协议。

同时，政府合作以同城融入为主要方式优化科创协同环境。如昆山提出"全力打造长三角一体化发展深度融合示范区"的目标，在《对接融入上海三年提升工程实施方案(2018—2020年)》中致力于实施公共服务同城共享计划，推动两地人力资源协作、社会保障跨区统筹、优质医疗资源共享、教育对接合作、两地养老服务和城镇社会共治；嘉善与金山区签订"共建沪浙毗邻地区一体化发展示范区"战略框架协议，共同推进产业经济、社会治理、生态环境、交通网络、旅游资源的"五个一体化"发展，补齐省际联动短板。

下编　上海与长江经济带城市协同创新研究与规划[①]

---

① 本编内容主要基于屠启宇、李娜、苏宁承担的"上海与长江经济带城市协同创新研究"(项目编号：16692180400)软科学基地课题成果。研究开展期为2016年，文中提到的"近年""目前""未来""预计"等皆以当时时间为基点。本编研究的判断现今仍然适用。

总体上看,长江经济带科技协同创新发展总体上仍处于启动阶段。长江经济带经济的不平衡也导致区域创新能力的东高西低的情况,科技协同创新呈现出东部活跃、西部滞后的情况。本研究围绕上海与长江经济带城市科技协同创新的现状、问题,在借鉴国际经验的基础上,提出上海引领长江经济带协同创新的模式和路径。提出上海在长江经济带创新网络中的地位主要体现为:创新网络的核心节点城市、国际科创资源集聚辐射中心、以及区域创新资源产业化的核心服务平台。其核心任务在于,以全球性科技创新中心及区域创新枢纽功能,促进长江经济带建构产业横向分工与多中心网络化融合的产业协作互动模式,提升区域先进制造业的整体水平。在协同模式选择上,应考虑长江经济带的区域经济主体属性和特点,采取以中心城市与区域重点城市政府间互动为基础,适应产业链-创新链双重网络塑造需求,整合市场主体、创新主体、行政主体、社会主体的多层次协作模式。

第十二章　上海与长江经济带城市协同创新的基本态势

　　上海全球科技创新中心建设与长江经济带发展都是国家积极推动实施创新驱动发展的重要战略。2014年5月24日,习近平总书记在视察上海工作时明确要求,上海在推进科技创新、实施创新驱动发展战略方面走在全国前头、走到世界前列,加快向具有全球影响力的科技创新中心进军。2015年3月和2016年3月,国家先后出台《关于深化体制机制改革加快实施创新驱动发展战略的若干意见》和《长江经济带创新驱动产业转型升级方案》。加快实施创新驱动发展战略,是实现中国"两个一百年"奋斗目标的历史任务和要求。在新的发展战略阶段,发挥上海全球科技创新中心作用,促进上海与长江经济带城市协同创新发展,为中国经济发展提供新的支撑动力,这是历史的使命,也是时代的要求。同时,上海建设具有全球影响力的科技创新中心,也必须根植于长三角、长江流域的科技创新与产业制造的引领与辐射。上海能否同长江流域上中下游的中心城市开展有效的协同创新,也是对上海塑造科技创新影响力的关键考验。

第一节　区域协同创新内涵及重要意义

一、区域协同创新内涵

(一) 创新内涵

　　创新理论最早源于20世纪初,由美籍奥地利经济学家约瑟夫·熊彼特在其著作《经济发展理论》中提出。熊彼特认为创新是生产要素和生产条件的新组合,是在企业中引入和建立一种新的生产函数。20世纪50年代由美国管理学家彼得·德鲁克将"创新"概念引入管理领域,从整个国家的社会与经济发展角度考虑社会创新问题。国外关于创新的研究主要有两个发展方向:一是技术创新方向,以弗里曼、纳尔逊等为代表,主要以技术变革和技术推广为研究对象,形成了一些具有代表性的技术创新理论,对于技术创新过程、技术创新产生技术经济基础、技术轨道与技术范式、技术创新群集、技术创新的扩散以及长波等重大理论问题进行了深入探讨,并将自主创新、模仿创新和合作创新视为三种基本的技术创新模式;二是制度创新方向,以诺斯、默顿等为代表,主要以制度变革和制度形成为研究对象,把创新与制度结合起来,提出了制度创新理论,对制度创新的原因及动力、制度创新过程、制度创新时滞和模式进行了研究。

国内学者主要是从技术的角度来定义创新,认为技术创新是技术变革的一个阶段,是企业家抓住市场信息的潜在赢利机会,以获取商业利益为目标,重新组织生产条件和要素,建立起效能更强、效率更高和费用更低的生产经营系统,从而推出新的产品、新的工艺、开辟新的市场、获得新的原材料来源或建立企业新的组织的过程。技术创新主要包括产品创新、过程创新以及扩散等。

综上所述,创新概念有狭义和广义之分。狭义创新,即为技术创新,指与新产品的制造、新工艺过程或设备的首次商业应用有关的技术的、设计的、制造及商业的活动,包括产品创新和过程创新或组织创新等。广义创新,即技术创新和制度创新,不仅包括企业内部的基础创新,还包括企业外部产业部门、区域和国家层面上的社会文化与制度创新的系统过程。

(二)协同创新

协同创新是指不同创新主体(国家、区域、企业、高校和科研院所)的创新要素有机配合,通过复杂的非线性相互作用产生单独要素所无法实现的整体协同效应的过程。协同创新的内涵本质是企业、政府、知识、大学、研究机构、中介机构和用户等为了实现重大科技创新而开展的大跨度整合的创新组织模式。协同创新通过国家意志的引导和机制安排,促进企业大学研究机构发挥各自的能力优势整合互补性资源,实现各方的优势互补,加速技术推广应用和产业化,协作开展产业技术创新和科技成果产业化活动,是当今科技创新的新范式。

与协同创新相关概念还包括协调度和协同创新网络等。协调的测度标准称之为协调度,可用来反映区域内各创新主体合作创新状况和协同创新程度。协同创新网络是伴随着创新过程各环节并行化、创新资源集成化和行为主体协同化而产生的。这些相关概念具有很强的关联性和相通性,主要区别表现在两个方面:一是主体(或要素)是否包括除创新企业、研究机构外的其他创新主体(或要素);二是是否考虑了空间的影响,是否注意到区域内外的联系等。

(三) 区域协同创新

区域协同创新是指不同区域投入各自的优势资源和能力,在企业、大学、科研院所、政府、科技服务中介机构、金融机构等科技创新相关组织的协同支持下,共同进行技术开发和科技创新的活动和行为。区域协同创新是区域之间科技合作的最高级形态。区域协同创新是以区域的资源特征、战略目标为着眼点,以大开放、大合作、大协作为主要特征,以区域协同创新为主要内容,大力培育和发展优势产业集群,不断提高区域综合竞争力。

区域协同创新,是一种高效的创新,是以技术创新等单方面创新带动整个区域治理的综合创新。区域协同创新产生的"协同效应"是指创新主体通过协同所取得的效应和功能,其本质表现为目标驱动、要素聚合、组织机制强化、优势互补等。

狭义的区域协同创新是区域科技创新的协同,是指科技创新在区域内部实现各地区联动发展,各地区的科研机构、科研人员和科研项目在区域内的协同合作,打造区域科技创新平台,最终实现区域科技创新效益最大化和区域科技创新能力的提升。主要体现为:一是区域内各地区的科技创新主体在科研人员的地区间匹配与合作方面,展开广泛的交流,以实现地区科技创新能力的提升。二是区域内各地区的科技创新主体在科研机构的地区间研发孵化方面,展开科技的研发与生产试验的积极配合,以加快新技术转化为生产力的进程。三是区域内各地区的科技创新主体在地区工业 R&D 投入方面,根据自身的区域定位以确定不同产业的 R&D 投入比重,最终实现本地区外部职能的合理化。四是区域内各地区的科技创新主体在地区科技研发的外部环境方面,充分利用自身的有利条件,为本地区乃至整个区域的科技创新提供优质的外部环境。五是区域内各地区的科技创新主体在本地区科技创新内生化方面,大力发展各类专业技术培训、科研机构建设等,以培育自身的科技孵化器,并与整个区域的科技研发中心形成有序的等级层次体系,以实现整个区域科技创新的等级联动和有效扩散。

广义的区域协同创新是区域协同的创新,是指一定区域内各地区之间通过协同相互之间的人口、社会、经济、环境等方面的发展速度、规模、结构来实现整个区域的效益最大化、地区间协调发展和地区间差距日益缩小。广义的区域协同创新的内涵主要体现在以下几个方面：一是区域内各地区产业的联动发展，实现地区产业结构、发展速度等合理化调整，最终实现区域产业的可持续发展。二是区域内各地区人才的流动、科研人员的交流以促进区域内各地区和整个区域人力资源的合理配置。三是区域内各地区科研机构相互合作、联合开展各类研究性课题，以开发本地区乃至整个区域的各类资源，最终实现地区资源的合理化利用。四是区域内各地区主体在公平互利的基础上，本着整体区域最优和本地区合理发展的目的，进行跨区域的综合发展规划。五是区域内各地区在环境保护、环境创新等方面进行各类技术的研发与传播，以实现整个区域环境的不断优化，为区域的可持续发展提供有力保障。

本篇区域协同创新着眼点，基于区域内各城市科技、产业发展基础，统筹考虑区域整体发展，促进各地区科技协同创新和产业转型升级。

二、区域协同创新研究综述

20世纪80年代以后，随着全球化和区域一体化的发展，创新理论研究不断深入，由经济学视角向协同学、自组织理论等视角转变，考察和分析创新主体及其创新网络、创新系统形成和演化过程中的自组织机理、形成条件和演进特征，重点研究区域创新的内外交流和合作。部分学者研究发现：集群吸收能力以及知识流动性等是区域创新网络发展的重要因素，并促进了区域经济与社会的发展。目前，关于区域协同创新的研究主要集中在区域协同创新相关理论基础的探求、理论体系的构建、区域内部协同创新机制机理的分析以及区域协同创新的实现路径与对策等方面。

（一）区域协同创新系统构成理论基础研究

国内外区域协同创新的理论研究侧重各有不同。国外学者注重内部机制机理的分析与理论体系的构建以及相关理论基础的探索，而国内学者则更注重评价指标体系的构建与评价方法的探索。部分学者从创新网络探讨建立区域创新系统，Eeonomides（1996）认为创新网络是在一定的地理区间内以创新为目的的横向联系为主的多主体参与、有多种创新资源流动的开放创新系统。部分学者侧重跨区域创新合作，认为大区域创新以培育区域协同创新优势为重点，从单个区域的创新转向跨区域创新（白津夫，2013）。区域协同创新有利于实现资源在地区之间各个生产环节的协同整合，促进各地区之间优势互补、合作共赢，是确保区域一体化良性发展、提升区域整体优势的重要支柱,是区域创新发展的必然结果和高级阶段(薛霞,2015)。范斐、杜德斌(2015)根据区域协同创新能力结构的内涵,从知识创新能力、技术创新能力、产业创新能力、服务创新能力与创新环境能力五个方面构造了区域协同创新研究的指标体系,利用能力结构关系模型,发现中国的区域创新能力都呈现上升趋势,但区域整体综合创新能力东、中、西阶梯分布的格局并没有改变,且地带间的综合创新能力差异有逐步扩大的趋势。

(二)区域协同创新系统构成要素研究

就国外学者研究而言,Wiig(1995)对区域创新系统的构成要素进行了探讨,提出区域创新系统的构成要素包括:对创新活动进行政策法规约束与支持的政府部门、进行创新产品生产的企业群、对创新人才进行培养的教育组织、对创新知识和创新技术生产的研究机构,最后还包括提供金融、商业等创新服务机构。Cooke(1997)分析了区域创新系统的构成要素,认为区域创新系统的构成要素包括大学、技能培训组织、研究机构、技术转让机构、咨询和开发机构、公共及私人资金组织、企业及与创新相关的非企业组织。这些组织之间存在着知识和信息的流动、投资的流动、权威或领导的流动等。

中国学者对区域协同创新要素也进行了一定的跟进性研究。胡志坚(1999)在《关于区域创新系统研究》一文中认为,区域协同创新系统是由区域内参与技术发展和扩散的企业、大学和科研机构以及政府组成的网络系统。张敦福等(1998)认为,区域创新系统包括创新机构、创新资源、中介服务系统、管理系统四个相互关联、互相协调的主要组成部分。陈晓红,解海涛(2006)认为,协同创新体系不仅在于主体要素,更重要的是在于要素之间的协同互动关系。

关于政府在区域合作和区域协同创新中的作用和地位,Thorgren 等(2009)指出,政府制定的相关激励政策有利于知识的溢出,以此推动企业的创新活动。然而,也有些文献指出,政府对企业创新的作用相对比较微小,在日益激烈的全球环境下,是机制而不是政府管制变得更为重要(Cooke & Leydesdorff, 2006)。协同创新要求提升地方政府的组织能力,即通过制度化的合作框架、协议和机制促进区域持续创新(Meijers, 2005)。然而,上述研究多数侧重于理论分析层面,缺乏运用实证方法关注协同环境与微观企业创新。

(三)区域协同创新相关评价研究

一是区域协同创新能力评价研究。区域协同创新能力的界定不统一,导致构建了不同视角的协同创新能力评价指标体系。Pierre Barbaroux(2012)认为，协同创新能力包含异质创新资源选择和连接能力、知识管理能力和自适应治理能力。王海建(2012)认为，协同创新能力包含协同意识、创新意识、对自己有清晰的角色定位、互动沟通能力和协同合作能力。协同创新能力的界定不同，导致不同视角的评价指标体系。孟宪文、丁晋中、李惠(2009)从人员协同、外部协同和协同效应等方面构建了区域技术创新能力的协同性评价指标体系。王大伟(2011)从协同创新要素入手，通过对协同创新要素的逐步筛选构建区域协同创新能力的评价指标体系。

二是区域协同创新绩效评价研究。区域协同创新绩效评价研究主要包含区域协同创新绩效评价指标体系构建研究和区域协同创新绩效评价方法研究两个方面。目前国内外关于区域协同创新绩效评价指标体系构建有：Togar M. Simatupang(2005)从信息共享、决策同步和合作激励三个方面构建了协同创新指标体系。Fan Decheng(2009)从环境、投入、产出、合作机制和效应等方面入手，建立产学研技术协同创新绩效评价指标体系。张爱琴、陈红(2009)从知识共享、网络能力、创新绩效入手，构建了产学研知识网络协同创新的绩效评价指标体系。李刚(2011)从创新能力、协同性、收益性和客户满意度入手，建立了供应链企业协同创新绩效评价指标体系。路正南等(2013)在对产业链协同绩效内涵解释的基础上，以价值链、供应链、技术链、空间链四个维度，构建光伏产业链协同绩效评价指标体系。

尽管现有对于协同创新评价已有了一些方法和工具，但是还是无法满足当前日益增长的评价需要。上述各种协同创新评价方法各有其特点，适用于不同的协同创新指标体系。总的来说，协同创新评价还处于不断探索和开拓的初期阶段。而且，由于对区域科技协同创新活动的复杂性认识还有待深入，如何在区域科技协同创新绩效评价指标体系中体现协同创新活动，以及考虑区域协同创新绩效评价的实际情况有待进一步研究。

三、上海与长江经济带城市协同创新意义

区域协同创新顺应了国内外产业发展规律和科技发展规律，对提高自主创新能力，促进区域转型升级，具有极为重要的指导意义。本研究以区域协同创新研究为切入点，聚焦上海与长江经济城市协同创新研究，不仅有利于上海全球科

第十二章 上海与长江经济带城市协同创新的基本态势

技创新建设,还有助于推动长江经济带整体创新能力提高和经济转型升级。具体体现在以下几个方面:

一是有利于落实国家建设长江经济带发展战略。2014年国务院发布《关于依托黄金水道推动长江经济带发展的指导意见》,标志长江经济带正式上升为国家战略。2016年国家颁布《长江经济带创新驱动产业转型升级方案》,进一步明确了创新驱动将成为长江经济发展的主要动力。2016年,习近平总书记在重庆召开的座谈会上指出"共抓大保护,不搞大开发"。为此,上海与长江经济带城市协同创新发展,有利于进一步落实国家战略,以创新驱动产业转型升级,进而切实坚守长江经济带生态底线。

二是有利于长江经济带实现创新要素最大限度地整合。协同创新已经成为创新型国家和地区提高自主创新能力的全新组织模式。随着技术创新复杂性的增强、速度的加快以及全球化的发展,当代创新模式已突破传统的线性和链式模式,呈现出非线性、多角色、网络化、开放性的特征,并逐步演变为以多元主体协同互动为基础的协同创新模式,受到各国创新理论家和创新政策制定者的高度重视。纵观发达国家创新发展的实践,其一条最重要的成功经验,就是打破领域、区域和国别的界限,实现地区性及全球性的协同创新,构建起庞大的创新网络,实现创新要素最大限度地整合。长江经济带作为中国重要发展轴带,拥有11个沿江省市,沿江各城市创新资源禀赋差异。协同创新有利于整合长江经济带各城市创新资源,提高区域创新整体水平。

三是有利于推动上海建设具有全球影响力的科技创新中心建设。上海建设全球科技创新中心已上升为国家重大战略,2016年国务院批准《上海系统推进全面创新改革试验加快建设具有全球影响力的科技创新中心方案》。建设全球科技创新中心也是"十三五"时期上海经济社会发展的重大目标。上海建设具有全球影响力科技创新中心要基于上海跳出上海,充分发挥拥有长三角乃至长江经济带的广阔腹地优势,从区域视角整体考虑上海科技创新中心建设。与长江经济带重要创新节点城市协同发展,有利于上海科技创新中心建设。

四是有利于推动长江经济带创新驱动产业转型升级。长江经济带覆盖上海、江苏、浙江、安徽、江西、湖北、湖南、重庆、四川、云南、贵州等11省市,面积约205万平方千米,人口和生产总值均超过全国的40%,是中国重要发展轴带。目前,长江经济带面临新一轮产业升级,经济发展由投资驱动转向创新驱动。上海与长江经济城市协同创新发展,有利于促进科技成果转化、产业化,有效带动长江经济带创新驱动产业升级。

第二节 上海在长江经济带科技创新和产业发展优势分析

一、长江经济带主要城市科技实力评价与比较

(一) 城市选取

长江经济带包括上海、江苏、浙江、安徽、湖北、江西、湖南、重庆、四川、云南、贵州等9个省2个直辖市,横跨中国东、中、西三大区域,面积约205万平方千米,人口和生产总值均超过全国的40%,具有独特优势和巨大发展潜力。为了评价长江经济带主要城市科技实力,本研究选取沿江11省市省会城市以及长三角重要创新节点城市,共14个,即上海、南京、苏州、无锡、杭州、宁波、合肥、南昌、武汉、长沙、重庆、成都、昆明、贵阳。

(二) 指标体系构建

为研究长江经济带主要城市科技实力,探索长江经济带科技发展现状,在考察了国际和国内权威通用的科技发展指标体系和参阅了相关城市统计年鉴、科技统计年鉴中相关科技发展指标的基础上,本着综合性与系统性原则、借鉴与特色突出的原则、操作性与可比性原则,根据长江经济带城市科技发展实际,建立了长江经济带主要城市科技实力评价指标体系(见表12-1),对长江经济带主要城市科技实力进行分析比较。

表12-1 长江经济带主要城市科技实力评价指标体系

一级指标	二级指标	三级指标	单 位
创新主体	企业	高新技术企业数	家
		有R&D活动企业数	家
	高校、科研机构	普通高等学校数	所
		国家级实验室数	个
		中职教育学校数	所

续 表

一级指标	二级指标	三级指标	单 位
创新资源	人力资源	R&D 人员数	万人
		在校大学生数	万人
		中职教育在校学生数	万人
	财力资源	R&D 内部支出	亿元
		R&D 内部支出占 GDP 比重	%
		企业 R&D 投入	亿元
	平台资源	国家级经济开发区数	个
		孵化器数	个
创新能力	创新成果	发明专利申请量	件
		技术合同成交额	亿元
		高新技术产业产值	亿元
	科技服务	科学研究和技术服务业人员数	万人
		国家软科学课题数（本项现已终止）	个
		专利授权量占申请比重	%

指标体系的研究主要围绕以下主要目的展开：一是客观描述。分析长江经济带主要城市科技实力指标，对 14 个长江经济带主要城市科技发展现状，包括发展的整体水平、发展优势和存在的劣势进行客观描述；二是综合评价。在客观描述的基础上，从城市科技创新主体、创新资源和创新能力等方面综合评价 14 个城市的科技发展水平。三是比较研究。通过主要城市科技发展指标的综合分析和评价，对长江经济带主要城市间科技实力进行比较分析，分析长江经济带主要城市科技创新的优势和劣势。

国务院发布的《国家中长期科学和技术发展规划纲要（2006—2020 年）》中指出：中国科技创新体系是以政府为主导、充分发挥市场配置资源的基础性作用、各类科技创新主体紧密联系和有效互动的社会系统。国家科技创新体系主要由创新主体、创新基础设施、创新资源、创新环境、外界互动等要素组成。因此本研究归纳选取创新主体、创新资源和创新能力三方面对长江经济带主要城市进行评价。

创新主体具有创新的动力和能力，是创新投入、活动和收益的承担者。其衡量指标主要包括企业、高校与科研机构两类。其中，企业指标包括高新技术企业数和有 R&D 活动企业数；高校与科研机构指标包括普通高等学校数、国家级实验室数、中职教育学校数。

创新资源是指创新主体在技术创新时需要的各种要素投入。其衡量指标主要包括人力资源、财力资源和平台资源三类。其中，人力资源指标包括：R&D 人员数、在校大学生数、中职教育在校学生数；财力资源指标包括 R&D 内部支出、R&D 内部支出占 GDP 比重、企业 R&D 投入；平台资源指标主要包括国家级经济开发区数、孵化器数。创新能力是指在特定的环境中，为满足社会需求而改进或创造新的事物并能获得一定有益效果的行为能力。其衡量指标主要包括创新成果、科技服务两类。其中，创新成果指标包括发明专利申请量、技术合同成交额和高新技术产业产值；科技服务指标主要包括科学研究和技术服务业人员数、国家软科学课题数（本项现已终止）和专利授权量占申请比重。

（三）评价方法

多指标综合评价是指人们根据不同的评价目的，选择相应的评价形式。这种方法会选择多个因素或指标，并通过一定的评价方法将多个评价因素或指标转化为能反映评价对象总体特征的信息，其中评价指标与权重系数确定将直接影响综合评价的结果。本研究采用定性与定量相结合方法。首先利用层次分析法对长江经济带主要城市科技实力评价指标确定权重，然后根据长江经济带主要城市科技实力评价指标数据进行标准化计算，最后利用两种方法确定的权重与指标值，综合得出长江经济带主要城市的科技实力得分，进而评价长江经济带科技创新发展现状。

层次分析法（AHP）最早由美国萨蒂（T. L. Saaty）提出，采用定性与定量相结合，将复杂对象的决策过程系统化、模型化、数学化。其主要特征是：合理地将定性与定量的决策结合起来，按照思维、心理的规律把决策过程层次化、数量化。层次分析法的特点是，在对复杂的问题的本质、影响因素及其内在关系等进行深入分析的基础上，利用较少的定量信息使分析问题过程数学化，从而为多目标、多准则或无结构特性的复杂问题提供简便的分析方法。其基本步骤为：建立层次结构模型，构造成对比较矩阵，计算权向量并做一致性检验，计算组合权向量并做组合一致性检验。

第十二章 上海与长江经济带城市协同创新的基本态势

数据标准化是指研究、制定和推广应用统一的数据分类分级、记录格式及转换、编码等技术标准的过程。数据标准化方法是处理空间数据的常用方法。在数据分析之前,通常需要将数据进行标准化处理,以利于不同性质、不同量纲、不同数量变化幅度的数据进行统一分析。数据标准化方法较多,本研究采用较为常用的标准差标准化(z-score)方法。所谓标准差标准化,就是把变换数据减去其均值,再除以其标准差,即

$$z_{ij} = (x_{ij} - x_i)/s_i$$

变换后数据均值为 0,方差为 1,且与指标的量纲无关。

(四) 科技实力计算

1. 构建层次结构模型

将长江经济带主要城市科技实力评价指标体系设置目标层(科技实力)、准则层(评价要素)、指标层(衡量指标)和决策层(主要指标),构成 A、B、C、D 四层指标体系框架。

A 层为目标层,即长江经济带主要城市科技实力评价。

B 层为准则层,分为 B1 创新主体、B2 创新资源、B3 创新能力。

C 层为指标层,分为 C1 企业、C2 高校与科研机构、C3 人力资源、C4 财力资源、C5 平台资源、C6 创新成果、C7 科技服务。

D 层为决策层,包括 D1 高新技术企业数、D2 有 R&D 活动企业数、D3 普通高等学校数、D4 国家级实验室数、D5 中职教育学校数、D6 R&D 人员数、D7 在校大学生数、D8 中职教育在校学生数、D9 R&D 内部支出、D10 R&D 内部支出占 GDP 比重、D11 企业 R&D 投入、D12 国家级经济开发区数、D13 孵化器数、D14 发明专利申请量、D15 技术合同成交额、D16 高新技术产业产值、D17 科学研究和技术服务业人员数、D18 国家软科学课题数(本项现已终止)、D19 专利授权量占申请比重。

2. 构建判断矩阵,计算各层权重

指标权重设定的合理与否在很大程度上影响综合评价的正确性和科学性。本研究通过对多名相关专家的咨询,针对长江经济带科技发展的实际情况,进行确定权向量,构建各层次的判断矩阵,并进行一致性检验。

一是构造判断矩阵及其标度、层次单排序及其检验、A 层判断矩阵。

表 12-2　A 层判断矩阵

A	B1	B2	B3	W
B1	1	1/2	2	0.285 7
B2	2	1	4	0.571 4
B3	1/2	1/4	1	0.142 9

其中：$\lambda MAX = 3$　$CI = 4.804\,53E-09$　$RI3 = 0.58$　$CR = 0.01 < 8.283\,67E-09$

二是建立判断矩阵，计算 C 层权重。

表 12-3　C 层权重得分

层次	B1 0.285 7	B2 0.571 4	B3 0.142 9	C 层权重
C1	0.6			0.171 4
C2	0.4			0.114 3
C3		0.4		0.228 6
C4		0.4		0.228 6
C5		0.2		0.114 3
C6			0.5	0.071 5
C7			0.5	0.071 5

三是建立判断矩阵，计算 D 层权重。

表 12-4　D 层总排序

层次	C1 0.171 4	C2 0.114 3	C3 0.228 6	C4 0.228 6	C5 0.114 3	C6 0.100 0	C7 0.042 9	D 层 总排序
D1	0.6							0.102 9
D2	0.4							0.068 6
D3		0.4						0.045 7
D4		0.3						0.034 3
D5		0.3						0.034 3
D6			0.4					0.091 4
D7			0.3					0.068 6

续 表

层次	C1 0.171 4	C2 0.114 3	C3 0.228 6	C4 0.228 6	C5 0.114 3	C6 0.100 0	C7 0.042 9	D 层 总排序
D8			0.3					0.068 6
D9				0.4				0.091 4
D10				0.4				0.091 4
D11				0.2				0.045 7
D12					0.4			0.045 7
D13					0.6			0.068 6
D14						0.3		0.021 4
D15						0.3		0.021 4
D16						0.4		0.028 6
D17							0.4	0.028 6
D18							0.3	0.021 4
D19							0.3	0.021 4

四是根据计算,得出长江经济带主要城市科技实力评价指标权重(见表12-5)。

表12-5 长江经济带主要城市科技实力评价指标权重

一级指标	二级指标	三级指标	权 重
创新主体	企业	高新技术企业数	0.102 9
		有R&D活动企业数	0.068 6
	高校、科研机构	普通高等学校数	0.045 7
		国家级实验室数	0.034 3
创新主体	高校、科研机构	中职教育学校数	0.034 3
创新资源	人力资源	R&D人员数	0.091 4
		在校大学生数	0.068 6
		中职教育在校学生数	0.068 6
	财力资源	R&D内部支出	0.091 4
		R&D内部支出占GDP比重	0.091 4
		企业R&D投入	0.045 7

续 表

一级指标	二级指标	三级指标	权 重
创新资源	平台资源	国家级经济开发区数	0.045 7
		孵化器数	0.068 6
创新能力	创新成果	发明专利申请量	0.021 4
		技术合同成交额	0.021 4
		高新技术产业产值	0.028 6
	科技服务	科学研究和技术服务业人员数	0.028 6
		国家软科学课题数(本项现已终止)	0.021 4
		专利授权量占申请比重	0.021 4

3. 收集相关数据,进行数据标准化(见表12-6),得出长江经济带主要城市科技实力评价得分(见表12-7)

(五) 评价结果与分析

根据表12-7城市科技实力排序,可以看出长江经济带主要城市科技实力由高到低依次为上海、南京、苏州、武汉、重庆、杭州、成都、无锡、合肥、长沙、宁波、南昌、昆明和贵阳(见图12-1)。其中上海科技实力优势明显,遥遥领先。南京、苏州、武汉、重庆、杭州和成都分列第2位至第7位,科技发展具有一定优势。无锡、合肥、长沙、宁波、南昌、昆明和贵阳科技实力相对较弱,分别排名第8位至第14位,科技实力有待提高。

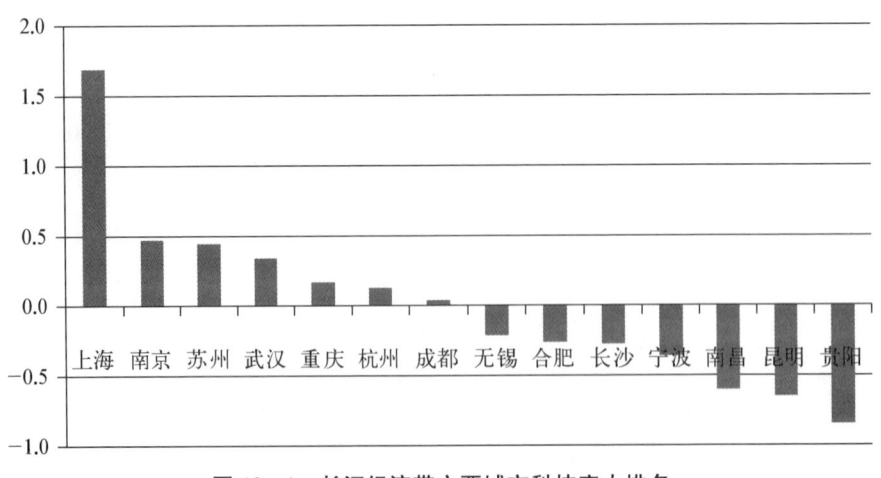

图12-1 长江经济带主要城市科技实力排名

第十二章　上海与长江经济带城市协同创新的基本态势

表12-6　长江经济带主要城市科技实力指标标准化

	高新技术企业数	有R&D活动企业数	普通高等学校数	国家级实验室数	中职教育学校数	R&D人员数	在校大学生数	中职教育在校学生数	R&D内部支出	R&D内部支出占GDP比重	企业R&D投入	国家级经济开发区数	孵化器数	发明专利申请量	技术合同成交额	高新技术产业产值	科学研究和技术服务业人员数	国家软科学课题数	专利授权量占申请量比重
上海	2.823 33	0.904 52	1.098 42	2.003 81	0.108 77	2.652 29	0.027 84	-0.897 39	3.059 22	1.704 7	2.640 34	2.304 76	1.687 23	1.946 42	2.934 36	0.495 91	3.208 23	1.423 37	0.543 83
南京	0.888 72	-0.238 19	0.660 44	1.451 58	-0.392 16	0.727 99	1.157 06	-0.125 93	0.116 71	0.809 17	-0.222 71	-0.521 51	1.850 7	-0.320 53	0.172 48	0.258 9	-0.115 84	1.838 52	-1.203 73
苏州	1.034 27	1.617 92	-1.188 79	0.236 67	-0.933 16	1.056 45	-1.095 33	-0.659 75	0.655 6	0.361 41	1.004 61	2.069 23	0.440 78	2.651 55	-0.521 83	2.497 6	-0.560 68	-1.482 67	-0.187 98
无锡	-0.102 01	0.968 96	-1.626 77	-0.205 11	-0.772 86	0.040 63	-1.455 61	-0.546 17	-0.088 01	0.406 19	0.332 12	0.420 58	-0.458 3	0.023 07	-0.642 52	0.343 51	-0.631 34	-1.482 67	-0.332 02
杭州	0.119 92	0.325 45	-0.361 5	-0.094 67	-0.873 05	0.045 44	-0.274 6	-0.595 97	0.174 98	0.809 17	0.670 41	0.185 05	1.176 39	-0.237 88	-0.206 49	1.077 52	-0.048 79	0.177 92	1.144 01
宁波	-0.250 43	1.962 82	-1.529 44	-1.088 69	-0.492 34	0.196 05	-1.731 58	-0.962 04	-0.315 62	-0.160 98	-0.080 99	-0.757 04	-1.153 04	-0.298 09	-0.696 02	0.096 74	-0.589 67	-0.652 38	1.548 82
合肥	-0.579	-0.600 33	0.222 46	-0.536 45	0.028 62	-0.440 05	0.300 03	-0.104 09	-0.407 56	0.958 43	-0.707 64	-0.757 04	-0.703 5	-0.550 64	-0.335	-0.254 67	-0.430 21	-0.652 38	-0.426 39
南昌	-0.891 7	-0.897 13	0.465 78	-1.088 69	-0.452 27	-0.858 23	0.208 55	-0.256 97	-0.847 25	-0.683 37	-1.007 86	-0.521 51	-0.928 27	-0.646 75	-0.709 33	-0.954 49	-0.559 77	-0.237 23	0.837 71
武汉	-0.289 34	-0.690 19	1.682 39	1.230 69	1.290 97	-0.311 87	1.766 09	-0.173 99	0.305 52	0.809 17	0.013 4	0.185 05	-0.090 49	-0.333 57	0.903 2	0.524 09	0.739 41	0.593 07	0.355 08
长沙	-0.393 82	-0.898 95	0.222 46	0.678 46	-0.492 34	0.552 2	0.182 46	-0.125 06	-0.353 32	-0.399 79	-0.382 68	-0.285 99	-0.723 93	-0.537 45	-0.690 19	0.433 29	-0.315 15	0.593 07	0.761 55
重庆	-0.545 85	0.030 47	0.855 1	-0.426 01	2.853 87	0.351 46	0.912 09	3.022 8	-0.260 94	-1.683 38	-0.031 14	-0.521 51	0.154 71	-0.310 99	0.145 36	-0.202 1	-0.106 78	1.008 22	-0.933 86
成都	-0.244 67	-0.581 27	0.514 45	-0.205 11	0.148 85	-0.933 54	0.869 74	0.851 17	-0.101 87	-0.384 86	0.107 26	0.338 61	0.766 66	-0.239 35	0.766 66	0.469 15	0.287 33	-0.237 23	-0.505 04
昆明	-0.536 48	-0.886 24	-0.215 51	-0.978 24	0.188 92	1.004 04	-0.337 73	0.372 93	-0.934 4	-1.414 72	-1.140 94	-0.757 04	-0.397	-0.573 51	-0.571 64	-1.345 65	-0.374 95	-0.652 38	0.503 26
贵阳	-1.032 93	-1.017 85	-0.799 48	-0.978 24	-0.211 82	-0.970 39	-0.529 02	0.199 95	-1.003 04	-1.131 14	-1.194 19	-0.521 51	-1.193 9	-0.572 27	-0.550 13	-1.284 76	-0.501 79	-0.237 23	-2.105 25

217

表 12-7　长江经济带主要城市科技实力评价得分

城　市	得　分	排　名
上海	1.687 8	1
南京	0.470 9	2
苏州	0.444 2	3
无锡	-0.213 8	8
杭州	0.125 8	6
宁波	-0.359 2	11
合肥	-0.261 3	9
南昌	-0.599 5	12
武汉	0.340 4	4
长沙	-0.275 1	10
重庆	0.167 0	5
成都	0.036 4	7
昆明	-0.647 9	13
贵阳	-0.845 4	14

根据长江经济带主要城市科技实力排名,可将长江经济带主要城市划分为五大类:

一是科创中心城市,主要包括上海,其科技实力得分大于1.5,科技实力较强。上海经济在长江经济带处于领先地位的同时,其科研实力也遥遥领先其他长江经济带主要城市,各项科技实力指标都领先于其他主要城市。其中:上海R&D内部支出占GDP比重(%)最高,达到3.6%;高新技术企业数达5 433家,占所有主要城市总数的近1/4;拥有国家级经济开发区15家、国家级实验室30个、普通高等学校68所,数量都高于其他主要城市;R&D内部支出、发明专利申请量、科学研究和技术服务业人员数分别达到848.44亿元、81 664件和43.92万人,占主要城市总数的比重都在25%以上;R&D人员数达23.68万,占所有主要城市总数的23.7%。但上海拥有中职教育学校68所,中职教育在校学生仅3.04万人,相对其他城市处于较低水平,在中职教育在校学生数方面仅高于宁波,排名倒数第二(见图12-2)。其原因与上海人才需求结构有关。相对其他主要城市,上海对高端人才需求较多,而对初、中级技术人员及技术工人需求较少。总体上,上海科技实力在长江经济带城市中优势突出,是长江经济带科技发展重要增长极。

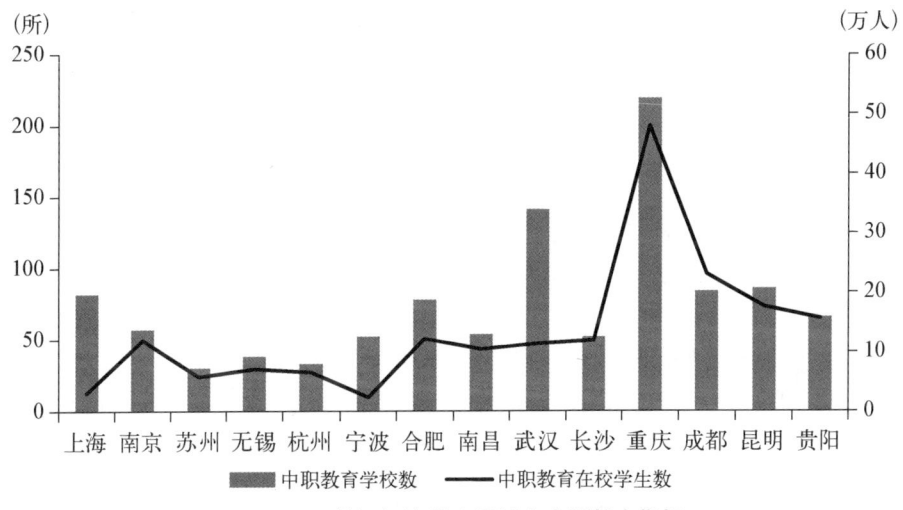

图 12-2 长江经济带主要城市中职教育指标

二是科技发展先进城市,主要包括南京、苏州和武汉,其得分在 0.3—0.5 之间(见图 12-3)。南京、武汉和苏州创新主体与创新资源优势明显。南京拥有在校大学生 80.53 万人、普通高校 59 所,在这两个方面分别排名第二位、第四位,人力资源优势明显。同时南京的 R&D 内部支出占比较高,科技研发投入较多,在这个方面排名第二位。但南京拥有的 R&D 企业仅为 897 家,拥有的科学研究和技术服务业人员仅为 7.23 万人,拥有的专利授权量占申请比重仅为 40.7%,相对其他科技发展先进城市偏低,创新能力有待提升。苏州借助上海的辐射带动作用,城市创新能力较强。苏州的 R&D 人员数为 13.72 万,R&D 内部支出为 371.54 亿元,企业 R&D 投入为 300.88 亿元,都排名第二位。苏州的企业数、高新技术产业产值也具有一定优势,但高校数量较少,在校大学生数和中职教育在校生数量较低,一定程度上制约苏州创新发展。武汉高校资源丰富,高等学校、中职教育都处于长三角主要城市前列,人力资源丰富。这三座城市国家级实验室数达到 25 个、23 个、14 个,分别位列第二位、第三位和第四位,高新技术企业数分别为 2 748、1 113 和 2 950 个,位于主要城市前列,创新主体实力较强。

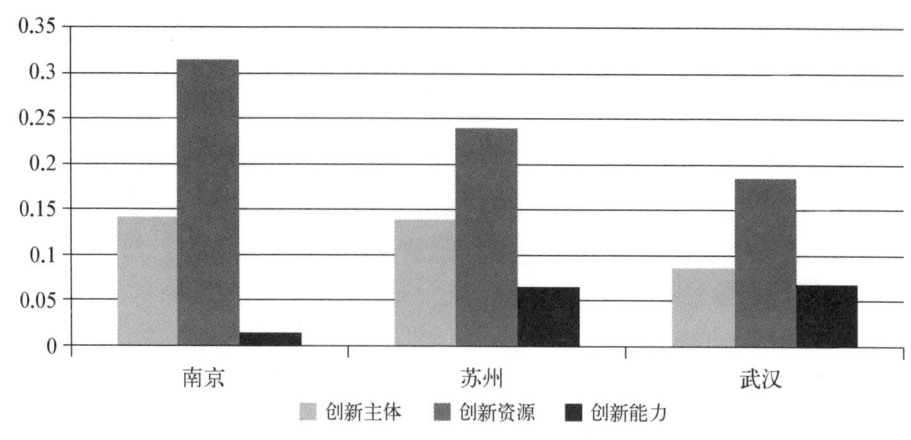

图 12 - 3　科技发展先进城市评价要素得分

三是科技发展良好城市，主要包括重庆、杭州和成都，其得分在 0—0.3 之间（见图 12 - 4）。重庆在校大学生数较多，中职教育学校数和在校生数排名领先，人力资源丰富，为科技发展提供了充足人才。杭州创新资源较为丰富，R&D 内部支出为 276.18 亿元，企业 R&D 投入为 257.51 亿元，在这两个方面分别排名第四位、第三位，但高新技术企业数、高新技术产业产值指标等相对较低，导致创新主体与创新能力较弱，创新资源亟待转化成良好的创新能力，培育更多的创新主体。成都创新主体、创新资源与创新环境较为均衡，在这三个方面都处于主要城市中等水平。

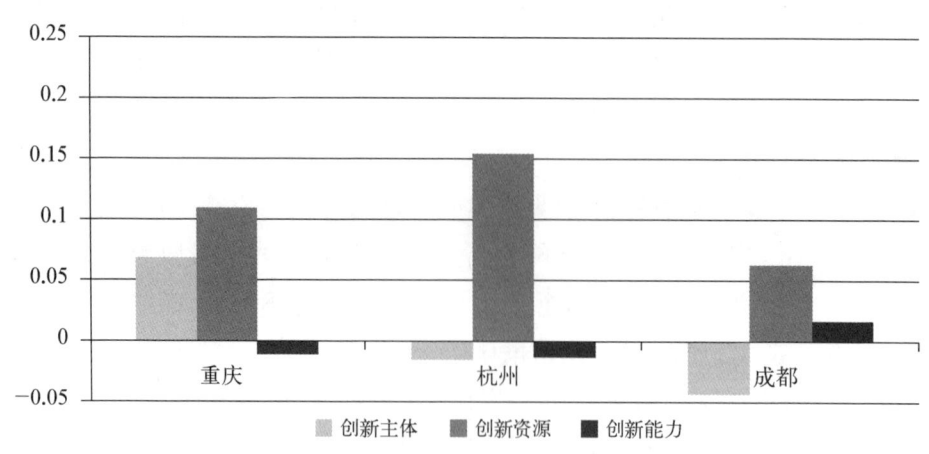

图 12 - 4　科技发展良好城市评价要素得分

四是科技发展有待加强城市，主要包括无锡、合肥、长沙和宁波，其得分在 -0.5—0 之间（见图 12 - 5）。宁波在校大学生数、中职教育在校生数较低，国家级实验室数量较少,人口资源偏弱。合肥、长沙、无锡的R&D人员数、R&D内部支出偏少,技术合同成交额较低,国家级经济开发区数量较少,创新资源有待加强。

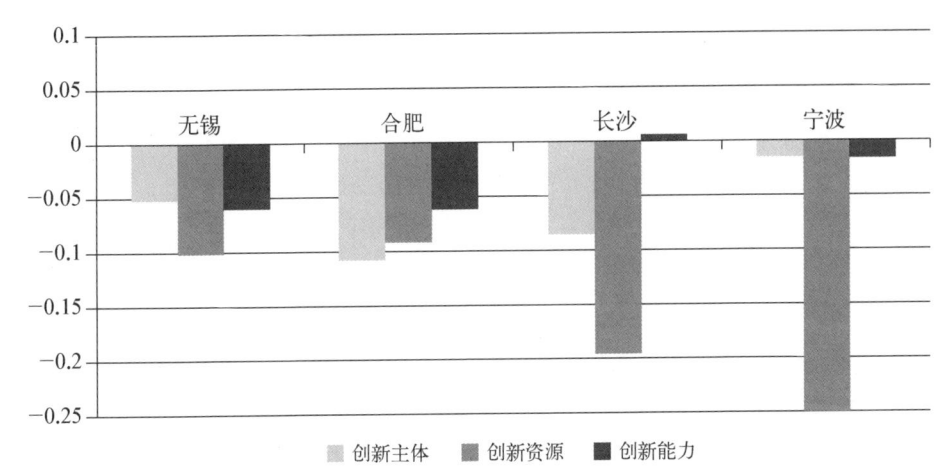

图12-5 科技发展有待加强城市评价要素得分

五是科技发展相对落后城市,主要包括南昌、昆明和贵州,其得分在-0.5以下(见图12-6)。总体上,这三个城市创新资源相对匮乏,科技研发投入较少,从事科研相关人员不足,各项科技实力指标都处于较低水平,导致其总体科技实力相对落后。

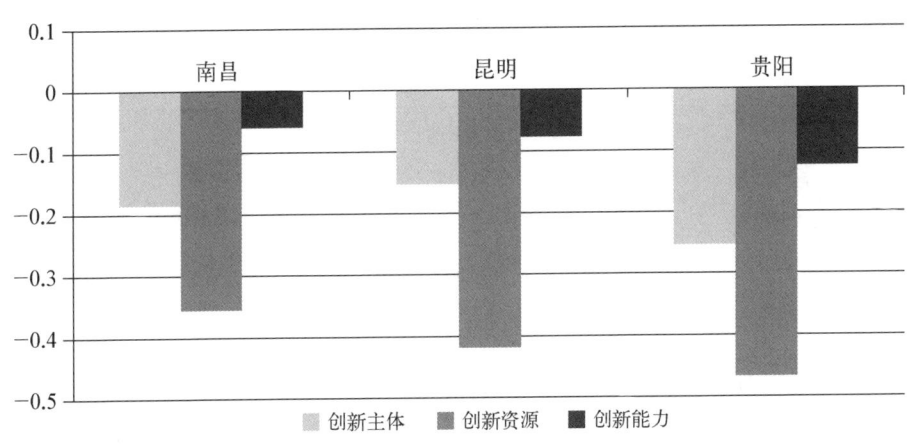

图12-6 科技发展相对落后城市评价要素得分

二、长江经济带主要城市产业基础与优势分析

(一) 长江经济带主要城市产业基础

一是经济增速持续高于全国平均水平,经济带动作用强。长江经济带历来是中国经济发展的重点区域,经济增速持续高于全国平均水平,经济带动作用强、辐射范围广,在中国发展大局中具有举足轻重的战略地位。长江经济带面积约205万平方千米,人口和生产总值均超过全国的40%,经济增速持续高于全国平均水平。从表12-8可以看出,长江经济带主要14个城市GDP年均增速均超过全国平均速度(6.7%)。其中有4个城市GDP年均增速超过了10%,分别为贵阳、重庆、合肥和宁波。在经济规模上看,长江经济带14个主要城市中GDP超过1万亿元的有6个城市,分别为上海、苏州、重庆、武汉、成都和杭州。由此可见,长江经济带主要城市保持较强劲发展态势,经济带动作用较强。

表12-8 2015年长江经济带主要城市经济规模和增速

城 市	GDP（亿元）	GDP 增速（%）	城 市	GDP（亿元）	GDP 增速（%）
上海	24 964	6.9	南昌	4 000.01	9.6
南京	9 720.77	9.3	武汉	10 955.59	8.8
苏州	14 500	8.1	长沙	8 510.13	9.9
无锡	8 518.26	7.1	重庆	15 719.72	11
杭州	10 053.58	10.2	成都	10 801.2	7.9
宁波	8 011.5	8	昆明	3 970	8
合肥	5 660.3	10.5	贵阳	2 891.16	12.5

资料来源：各城市2015年国民经济和社会发展统计公报。

二是长江经济带重点行业在全国处于领先水平。长江经济带产业优势突出,是中国重要的农业主产区、工业走廊和现代服务业聚集区。长江经济带粮食总产量占全国粮食总产量1/3以上,水稻、油菜籽、淡水产品等重点农产品产量占全国比重超过50%。长江经济带作为中国最重要的工业走廊之一,在装备制造、电子信息、石化化工、钢铁冶金、轻纺服装及战略性新兴产业领域汇集了一大批工业企业,是中国现代产业最密集的优势地区之一。截至2013年,区域内有国家新型工业化产业示范基地96家,占全国示范基地数量的41.5%;在重点领

域形成了多个产业集聚区。电子信息、装备制造、有色金属、纺织服装等产业规模占全国比重均超过50%,新型平板显示、集成电路、先进轨道交通装备、船舶和海洋工程装备、汽车、电子商务、生物医药、航空航天等产业已具备较强国际竞争力。金融保险、航运、工业设计、文化创意等服务业特色优势突出。这为长江经济科技创新提供了产业保障和服务支撑。

三是上、中、下游城市经济发展呈现梯度发展态势。长江经济带城市产业发展水平不均,其产业发展阶段由东向西呈现后工业化到工业化的产业空间态势,下游地区处于高梯度的顶部,上游地区处于经济梯度的中低位置。其中:长三角地区是中国工业最发达地区,部分重要的工业和企业在全国均处于领先地位,市场份额比重高,高科技产业发达,对整个国民经济都有巨大的影响力和推动作用。长三角产业发展主要集中在先进制造业和生产性服务业等,上海先进制造业发达,为全国承担"大型客机""核高基"(核心电子器件、高端通用芯片及基础软件)、数控机床、核电等多项科技重大项目,同时生产服务业发达,研发设计、信息技术、检验检测认证、知识产权、科技金融等生产性服务业发展具有一定优势。杭州重视电子商务发展,建立了中国首个跨境电子商务综合试验区。苏州的纳米、光伏、云计算、氮化镓、机器人、生物医药、医疗器械等新兴产业发展迅速,光伏产业在电池片、组件、控制系统等方面形成齐全的产业链;纳米产业成为全球八大区域创新中心之一;医疗器械产业在植入治疗、影像诊断、医学信息等高端领域达到世界先进水平;生物医药产业在小核酸药物、纳米生物医药、抗体诊断等领域跻身国际前沿。中游地区产业承接东部地区转移,在扩大传统制造业基础上,不断推进产业的创新驱动与优化升级。武汉的制造业主要集中在汽车及零部件、电子信息制造、装备制造、食品烟草和能源及环保业等五大行业,其行业产值均超千亿元。长沙的生物医药产业拥有国家级科技创新平台8个、省级创新平台24个,新药研发成果数量居全国同类城市的前5位。上游地区产业相对薄弱,但在汽车、成套设备制造、通信设备等传统产业上具有相当的基础和优势,是国家重要的装备制造业基地,后发优势明显,产业发展迅速。重庆传统支柱产业与战略性新兴产业同时助力区域经济发展,全国每生产8辆新车,就有1辆由重庆制造,年均有超过1亿台电脑在重庆生产,形成了年产值7 000亿元的产业集群。成都推进工业转型升级,电子信息、汽车等重点优势产业发展突出,轨道交通、航空航天、软件制造、生物医药、新材料等产业发展迅速。贵阳发挥后发优势,大力发展电子信息产业,打造"数据之都",建立大数据交易所。

四是科技创新活跃,高新技术产业领先发展。随着长江经济带战略的深入推进,创新驱动成为长江经济带发展重要方向。长江经济带是中国创新驱动的重要策源地,对外开放程度高,创新资源丰富,集中了全国1/3的高等院校和科研机构,拥有全国一半左右的两院院士和科技人员,各类国家级创新平台超过500家,涌现了高性能计算机、量子保密通信等一批具有国际影响力的重大创新成果。长江经济带研发投入成效显著,研发经费支出、有效发明专利数、新产品销售收入占全国比重分别为43.9%、44.3%、50%,形成了一批创新引领示范作用显著的城市群。长江经济各城市创新活动活跃,高新技术产业发展迅速,同时产业重点各不相同。如:上海高技术产业主要集中于信息化学品制造业、医药制造业、航空航天器制造产业、电子及通信设备制造业、电子计算机及办公设备制造业和医疗设备及仪器仪表制造业等六大子产业;南京致力发展软件、现代通信、新型光电、新材料、新能源与节能、电力自动化与设备、生物技术与新医药、现代装备制造、现代交通、航空航天等十大高新技术优势产业;武汉主要产业集中于电子信息领域,电子信息产值占全市高新产值比重达到26.43%,先进制造领域(占41.84%)、新材料领域(占10.19%)都具有一定发展优势;苏州高新技术产业发展稳定,重点发展先进制造业、新材料、高端装备制造业、新型平板显示行业、生物技术和新医药、新能源、高端装备制造以及集成电路产业等高新技术产业。

(二)上海在长江经济城市带中产业优势分析

一是产业结构高级化明显。作为中国经济最为发达的城市之一,上海产业结构不断优化升级,形成了以第三产业为主的产业结构。2014年长江经济带三次产业结构为6.4:46.9:44.7,总体呈现二产比重＞三产比重＞一产比重的结构特点。上海三次产业比为0.5:34.7:64.8,第三产业领先第二产业近30个百分点,三产比重＞二产比重＞一产比重,高级化趋势明显。2014年,上海第三产业增加值同比增长8.8%,信息服务业、租赁和商务服务业增加值增长10%以上,生产性服务业、文化创意产业营业收入增长15%以上。新技术、新模式、新业态、新产业"四新"经济发展态势良好,互联网金融、移动互联网、平台经济等蓬勃发展。上海现代服务业发达不仅和长江经济带城市形成差别化发展,也能更好地服务长江经济带产业发展。

二是先进制造业优化升级。上海经济发展起步较早,工业基础雄厚,先进制造业不断优化升级,处于长江经济带领先地位。2014年,上海规模以上工业总产值达32 237.19亿元,其中电子信息产品制造业、汽车制造业、石油化工及精细化工制造业、精品钢材制造业、成套设备制造业、生物医药制造业等6个重点发展制造业行业产值为21 841.95亿元,占比高达67.8%。上海在不断提升先进制造业产值的同时,更重视产业的优化升级,上海市先后发布实施新能源汽车、机器人等领域推广应用的实施意见,推进大飞机、机器人、LED等战略性新兴产业建设。大型客机首架机机体对接并进入首飞准备阶段,支线飞机交付运营,联影医疗部分产品达到国际领先水平,体现了上海先进制造业领先水平。

三是高新技术产业、战略性新兴产业发展迅速。上海加快实施创新驱动发展战略,重视高新技术产业和战略新兴产业发展,在多个领域取得重大成果。2014年,上海以新能源、高端装备、生物医药、新一代信息技术、新材料、新能源汽车和节能环保为代表的战略性新兴产业实现增加值3 453.23亿元,比上年增长7.4%,占全市生产总值的14.7%;包括信息化学品制造、医药制造业、航空航天器制造、电子及通信设备制造业、电子计算机及办公设备制造业和医疗设备及仪器仪表制造业的高新技术产业实现产值6 648.34亿元,占全市生产总值的20.4%;新认定高新技术成果转化项目643个,其中电子信息、生物医药、新材料等重点领域项目占86.46%。

围绕产业链部署创新链,上海进一步优化战略性新兴产业结构和布局,加快共性技术研发和公共服务平台建设。依托战略性新兴产业技术创新工程和科技计划,上海在大飞机、4G通信、机器人与智能制造、新型显示、物联网等重点领域技术具有一定优势。一批前期部署的战略产品和关键技术取得突破,4G通信领域关键技术布局基本完成,机器人、大数据等领域布局稳步推进,"海洋石油721"大型深水物探船交付。启动实施《上海市生物医药产业发展行动计划(2014—2017年)》,完善生物医药技术创新公共服务平台联盟建设。

四是生产性服务业较为发达。伴随上海产业结构的不断优化,生产性服务业比重不断提升,为上海经济发展提供支持。2014年,上海生产性服务业营业收入超过1.8万亿元,比上年增长18%,增加值为9 094亿元,占全市生产总值的比重首次超过工业,达到38.6%,较2013年提高2.6个百分点,占全市服务业增加值60%。上海制造业与服务业加快融合,总集成总承包、研发设计等生产性服务业重点领域营业收入年均增长15%以上,建成33家生产性服务业功能区,每平方千米土地年营业收入达到317亿元。上海以延伸服务、提升价值为重点,大力发展成套设备等领域的"交钥匙"工程和战略性新兴产业领域的总集成、总承包服务,加快知识集成并向行业用户扩散,打造国内总集成总承包模式、业务和服务创新的高地。上海以满足需求、提高能力为重点,大力发展关键领域的研发创新,鼓励企业发展第三方研发设计服务,支持研发设计企业与制造业企业、高校和科研院所联合,集聚了一批世界级的研发设计企业和机构。

五是科技创新拉动明显。2014年,上海围绕建设具有全球影响力科技创新中心,加快实施创新驱动发展战略,加大科技创新投入,科技创新成果涌现、质量提升,科技支撑引领经济社会发展能力增强。2014年上海用于研究与试验发展(R&D)经费支出861.95亿元,相当于地区生产总值的3.66%,在长江经济带主要城市中比例最高。2014年,上海有54项(人)牵头或合作完成的重大科技成果获2014年度国家科技奖,占全国获奖总数的16.5%(连续13年保持两位数),在《科学》《自然》《细胞》等国际权威学术期刊上发表论文184篇,占全国总数的26.0%。同时积极承接国家科技重大专项任务,等离子体刻蚀设备、200毫米SOI晶圆生产线、40纳米北斗导航芯片等重大自主创新成果加快突破和产业化。围绕钍基熔盐堆、智能制造、集成电路、高端医疗器械等领域重点方向,研究实施方案,推动科技成果走向市场。北斗卫星导航、文化科技融合、新能源汽车、高温超导和崇明生态岛的应用示范和产业化取得明显进步。

第三节 上海与长江经济带科技协同创新现状与问题

长江经济带是中国创新驱动的重要策源地,对外开放程度高,创新资源丰富,集中了全国1/3的高等院校和科研机构,拥有全国一半左右的两院院士和科技人员,各类国家级创新平台超过500家,涌现了高性能计算机、量子保密通信等一批具有国际影响力的重大创新成果。研发投入成效显著,研发经费支出、有效发明专利数、新产品销售收入占全国比重分别为43.9%、44.3%、50%,形成了

第十二章　上海与长江经济带城市协同创新的基本态势

一批创新引领示范作用显著的城市群。

同时,由于长江经济带横贯中国东、中、西三大区域,经济的不平衡也导致区域创新能力呈现出东高西低。相应地,科技协同创新也呈现出东部活跃、西部滞后的情况。总体上看,长江经济带科技协同创新发展总体上仍处于启动阶段,呈现出内部三大城市群中的圈层性特征。

一、长江经济带科技协同创新和产业合作现状

长江经济带科技协同创新呈现出梯度性与圈层性并存的现象:长三角与长江中游、成渝城市群的协同创新呈现梯度差,同时,科技协同创新效应在三大城市群内部相应较好,在城市群之间则相对滞后。

(一) 长江经济带科技协同创新特征

上海科技协同创新引领作用明显。上海自 1842 年开埠后,开始了与长三角的科技协同创新。20 世纪 80 年代前,上海的辐射范围主要限于周边的苏州、无锡、嘉兴、湖州等少数地区,科技协同创新是比较零散的,"星期天工程师"是当时科技协同创新的表现形式之一。80 年代之后,江苏乡镇企业的崛起和"苏南模式"的成功,以及浙江民营企业的壮大,背后都有上海技术人员的支持。长三角区域的科技协同创新系统自那时初现雏形。20 世纪 90 年代初,党中央决定开放浦东。1992 年党的十四大报告指出:以上海浦东开发开放为龙头,进一步开放长江沿岸城市,尽快把上海建成国际经济、金融、贸易中心之一,带动长江三角洲和整个长江流域地区的新飞跃。上海的开发开放带来了外资、外企和先进技术,进而引导了上海乃至长三角区域的科学技术创新。上海科技创新资源的持续优化也不断引领长三角城市群科技创新水平的提升,科技协同创新的范围和深度不断扩展。例如,2004 年,上海启动了"上海研发公共服务平台"的项目建设,逐步将实践成熟的平台外沿推广至整个长三角区域,通过采取统一的数据交换标准和接口,整合上海研发公共服务平台、江苏科技条件网和浙江省公共科技条件平台的建设成果,构建长三角科技创新共享公共服务平台。2008 年以来,高科技开发区共建进入跨省区发展的新阶段,上海高科技开发区对外的共建项目有序推进。在外高桥保税区与江苏启东合建产业园之后,又建成上海张江海门高科技园;杨浦区在江苏大丰、海安建成杨浦工业园;漕河泾开发区在闵行区建立了 8.3 平方千米的浦江高科技园区,在松江新桥共建占地 168 亩的漕河泾

新经济联合园区,还在浙江海宁市划定了一块10平方千米的"飞地";上海长宁集团与浙江湖州共建多媒体产业园;长宁临空经济园在江苏盐城建工业园;上海通用汽车在安徽广德建研发中心;上海华谊集团在安徽皖江建化工基地;上海嘉定工业区与建湖县共建上海嘉定工业区建湖科技工业园等。在这种情况下,逐步形成了产业集聚+产业分工+产业链细分+区域分工的区域产业发展模式。

长三角城市群科技协同创新紧密度高。长三角城市群科技协同创新是以长三角合作体制机制平台为依托逐步发展起来的。1997年,长三角经济协调会正式成立后,长三角城市群各城市合作步伐明显加强。2001年,上海、江苏、浙江两省一市政府领导共同发起组织"沪苏浙经济合作与发展座谈会",由两省一市常务副省(市)长主持,分管秘书长、发改委主任、联络组和合作专题组负责人一起参加。联络组设于两省一市发改委。座谈会按照"优势互补、密切合作、互利互惠、共同发展"为原则。2004年,上海、江苏和浙江两省一市主要领导在上海市启动一年一次定期磋商机制,由两省一市主要领导明确区域合作重点,再由座谈会贯彻落实,政府相关职能部门组成专题组具体负责,进而形成"高层领导沟通协商、座谈会明确任务、联络组综合协调、专题组推进落实"的合作机制。至此,长三角进入了以制度合作推进区域合作的发展阶段。与此相对应,依托长三角协调机制平台,上海和长三角区域的科技协同创新合作更加密切,科技专题组的合作也日益紧密。2003年11月2日,在科技部组织召开的区域经济发展座谈会上,首次提出了长三角区域创新体系建设的构思,随后沪苏浙政府共同签署了《沪苏浙共同推进长三角创新体系建设协议书》,建立了由两省一市主管领导组成的长三角区域创新体系建设联席会议制度。之后,按照优势互补、互利共赢的原则开放配置长三角科技资源,有步骤地推进长三角区域创新体系建设,围绕长三角经济社会发展中的重大关键问题展开联合攻关,争取列入国家计划给予重点支持,已成为长三角地区决策者们的共识。2004年的沪苏浙两省一市主要领导会议上,在已建立综合交通、科技创新、环保和能源四大平台的基础上,设立了大交通体系、区域能源合作、生态环境治理、海洋、推进自主创新、信息资源共享、信用体系建设、旅游合作、人力资源合作等九个专题,并且每年度设立若干专题和专项,其中区域科技创新相关内容有较高的地位。2004年6月,长三角地区科技中介战略联盟在上海成立,在一定程度上打破了长三角地区的行政区划,实现区域内科技中介信息共享,提高了区域内科技成果交易、转化和转移的效率。同时,长三角科技专项合作与统筹协调相结合,建立区域科技创新体系。长三角经过十几年的科技专项合作持续推进,需要更战略性、更全局性、更前瞻性的区域科技创新统筹布局。于是,长三角从科技专项合作逐步向统筹协调的技术创新体系转化。2009年,苏浙沪两省一市签署《长三角地区知识产权发展与保护合作框架协议书》。目前,长三角区域除了集中力量进行重大关键技术联合攻关的项目外,以企业为主体、市场为导向、产学研结合的技术创新体系,以及相应的技术公共服务、技术成果交易、创新创业融资服务和社会化人才服务等区域性平台逐步形成,成为增强区域综合竞争力的重要支撑力量。

总之,经过多年积累,特别是改革开放以来,随着长三角区域一体化的不断推进,长三角的科技协同创新的机制也在不断完善,长三角区域内各城市科技协同创新更加密切,科技协同创新水平不断提高。

长江中游、成渝城市群科技协同创新紧密度较弱。相对而言,长江中游、成渝城市群由于经济发展相对滞后,科技协同创新的能级和水平还主要处于要素合作阶段,突出的表现就是竞争大于合作。目前,这两大城市群规划中的重点主要聚焦在产业、交通基础设施等要素合作的层面,科技协同创新的格局较为零散。

2015年,上海产业转型发展研究院编制的国内首份《长江经济带城市转型发展指数报告》指出,虽然中西部武汉、成都和长沙的表现比较突出,但尚未形成集群效应。由此看来,长江经济带产业转型中,科技创新要素集聚、创新驱动政策密集、科技投入较大的长三角地区城市在转型中的带头作用明显,而长江上游、中游大部分城市以及长三角部分边缘城市在创新驱动转型升级上还需要加强。

以主要城市科技园区为纽带的科技协同创新逐步展开。长江流域科技创新水平的不平衡性也导致科技协同创新无法真正从整体层面充分展开。近年来,围绕科技创新的协作也在点上不断推进,突出的表现是以产业园区为代表的科技创新合作平台不断推进。2015年,上海举行的汇聚全国48个城市、59个开发园区的长江流域园区与产业合作对接会上,长江流域园区合作联盟正式成立。长江流域园区合作联盟由上海张江高新区、武汉东湖新区、重庆两江新区、南京高新区和合肥高新区共同牵头成立。2015年长江经济带大数据发展研究中心正式建立,并发布国内首个长江经济带一体化指数和园区投资指数。在长江流域9省2市中共有61家高新区,占全国的40%以上,加入长江流域园区合作联盟的园区有47家。

区域创新载体建设呈现新格局。长江经济带各地区地理位置毗邻,通达性好,创新资源丰富,科技投入和产出逐年提高,相互支撑、良性互动的协同创新格局正在形成。在国家创建具有国际竞争力的创新资源集聚区的战略框架体系下,上海、安徽(合芜蚌)、武汉、四川(成德绵)的全面创新改革试验开始启动,国家自主创新示范区建设逐步推进。在上海建设具有全球影响力的科技创新中心的引领下,长三角地区对长江经济带创新发展的龙头带动作用逐步显现,一批高新技术产业开发区、创新型(试点)城市和创新型省份逐步突显,国家高技术产业基地建设不断推进。

(二)长江经济带产业合作现状

长江经济带产业基础雄厚,是中国重要经济发展轴带。2014年,长江经济带实现工业增加值超过10万亿元人民币,占全国的比重超过50%。长江经济带各城市基于各自产业发展优势,不断探索产业合作和发展,其特征主要体现在以下几方面:

产业合作呈现圈层性。长江经济带产业合作呈现以三大城市群为主要载体的圈层式合作,并呈梯度差异。长三角城市群产业合作紧密,处于制度合作阶段,成渝城市群处于要素合作阶段,长江中游城市群尚处于规划协调阶段。

长三角城市群的产业合作由来已久,目前产业合作的层面不断提升,合作质量不断提高,正如长三角城市群规划中提出的"长三角城市群首先要打造改革新高地,复制推广自由贸易试验区、自主创新示范区等改革经验,在政府职能转变、体制机制创新方面先行先试。到2030年,全面建成具有全球影响力的世界级城市群",长三角城市群产业合作将在国家战略的引领下,打破行政区划的束缚,构建有利于产业合作的创新型体制机制。

成渝城市群的产业合作仍然处于基础性合作阶段。重庆地处长江上游嘉陵江和长江的交汇处,流域经济特征明显,因此,沿嘉陵江而上的川东北部地区的南充、广安、广元、达川、巴中等城市是重庆经济向北的传统辐射区;沿长江而上的川南地区的泸州、宜宾直至攀枝花等城市是重庆经济向西南的很重要的辐射区域。作为特大型中心城市和中国重要的老工业城市,重庆与四川沿长江而上的城市的经济协作,重点是与攀钢合作,发展重庆的汽车用钢材,形成以汽车生产为核心的产业链和科技创新链。另外,重庆与四川共建长江上游川南地区水电产业基地,成为带动川东北、川南沿江一带协作,促进两地各市地经济发展的龙头。

长江中游城市群重点打造战略性新兴产业集群,加强分工协作,注重城市群全产业链布局。2016年3月1日,长江中游城市群省会城市第四届会商会在南昌举行,四城共同签署《长江中游城市群省会城市第四届会商会合作协议(南昌行动)》。四城针对汽车产业较强的特点,推动建立汽车产业联盟,构建配套协作、体系完整的汽车及零部件产业链,打造全国重要的汽车产业基地;共同打造并授牌长江中游城市群服务业集聚区,给予一定的政策扶持;提出共同争取建立长江中游城市群产业投资基金、创业投资基金,共建大型投融资平台。

政府投入的杠杆作用带动了区域大市场。长江经济带规划发布以来,建设区域大市场成为各省市共同关注的焦点。地方政府引导资金投入的"杠杆作用"非常显著,带动了社会资金的投入,呈现多元化投资主体的自由市场特征。例如,2015年底,湖北省财政出资400亿元作为政府引导基金,向金融机构、企业和社会资本募集1 600亿元,共同设立规模为2 000亿元的长江经济带产业基金,首期规模50亿元,重点关注优势产业及战略新兴行业的并购重组。另外,沿江其他省市也纷纷设立产业基金,促进产业转型升级。浙江省产业基金总规模达200亿元,江苏省产业基金总规模达300亿元,重庆市战略性新兴产业投资基金总规模达800亿元。

(三)长江经济带科技协同创新的主要问题

外资主导科技创新网络。由于外资在核心技术和关键技术上占有绝对优势,在科技研发领域占据主导地位,甚至垄断地位,外资一直拥有高附加值的核心产品和服务。长江经济带实际利用外资逐年增加,2014年长江经济带14个主要城市实际利用外资达到807.92亿美元,分别是2010年和2000年的1.46倍和6.79倍。由于外资企业掌握了关键核心技术,有外资企业组成的创新网络自然掌握了该领域的话语权,对长江经济带形成龙头型品牌企业也带来较大的障碍,这一格局在短时期内可能无法改变。从区域布局来看,以长三角城市群和成渝城市群主要城市利用外资最多。

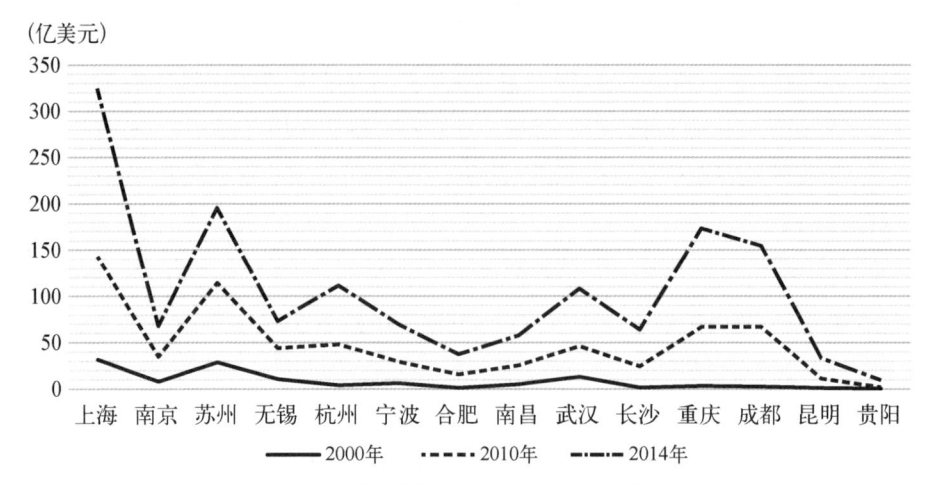

图 12－7　长江经济带主要城市利用外资变化

资料来源：历年各城市国民经济和社会发展统计公报。

企业作为科技创新主体的地位有待进一步提升。长江经济带距离建成以企业为主体、市场为导向、产学研相结合的技术创新体系还有相当大的差距，企业作为长江经济带科技协同创新系统的主体地位有待进一步突出。从企业、高等院校及科研机构吸纳政府研发经费的投入看，在长江经济带仍然主要以高等院校及科研机构为科技创新主体。2011 年各地区政府研发经费投入的使用结构（见表 12－9）显示，大多数地区政府研发经费投入规模依次是科研院所、高校和企业，绝大部分研发资源费分配在了高校和科研院所。从重庆市政府研发经费支出情况来看，科研机构和高端院校来自政府资金的研究与实验发展经费达到 150 943 万元，占政府资金的 66％，而企业来自政府资金的研究与实验发展经费占比为 30％。

表 12－9　2011 年长三角政府研发经费投入使用结构

地区	政府研发投入(亿元)	比重(%)				
		高校	科研院所	规模以上工业企业	小企业及其他	高校和科研院所合计
上海	175.93	19.47	63.46	10.35	6.71	82.94
江苏	117.60	26.10	52.65	16.67	4.58	78.75
浙江	52.68	44.85	24.45	21.03	9.67	69.30

资料来源：《中国区域创新能力报告 2013》。

表 12-10 2014 年重庆市政府研发经费支出情况

来自政府资金的研发经费内部支出(万元)	232 515
企业来自政府资金的研发经费内部支出(万元)	69 348
科研机构来自政府资金的研发经费内部支出(万元)	70 716
工业企业来自政府资金的研发经费内部支出(万元)	61 569
其他机构来自政府资金的研发经费内部支出(万元)	10 855
高等院校来自政府资金的研发经费内部支出(万元)	81 595
基础研究研发经费内部支出(万元)	69 354
应用研究研发经费内部支出(万元)	189 040
企业研发经费内部支出(万元)	1 746 623
研究机构研发经费支出(万元)	873 552

产业同构化现象严重。长江经济带主要城市工业结构相似性很高,并呈现出"两头略低、中间较高"的特点。上海、合肥、贵阳、昆明的平均相似系数在0.88以下,而长沙、武汉、重庆、成都的相似系数均在0.93以上。与其他城市相比,东部沿海地区要素禀赋结构较高,因而其产业结构高级化程度与合理化程度相对较高。在长江经济带14个城市中,大部分城市的主导产业都集中在电子信息、汽车制造、化工、建材等,工业行业结构相似系数大致在0.9左右。从表12-11中可以看出,在长江经济带14个城市中,有8个城市以电子信息产业为主导产业,有9个城市以石化业为主导产业,有9个城市以汽车及零部件制造业为主导产业。同样,以正在实施的安徽皖江城市带建设和湖北长江经济带开放开发战略为例,二者的主导产业规划惊人相似:安徽皖江城市带建设共确定六大重点发展的支柱产业,分别是装备制造业、原材料产业、轻纺产业、高技术产业、现代服务业和现代农业;湖北长江经济带开放开发战略则确定了先进制造业、现代服务业、高新技术产业、现代农业和农产品加工业等四大优先发展产业。除此以外,在钢铁、煤炭、化工、建材、电力、重型机械、汽车等传统行业遍地开花、部分行业产能过剩的情况下,各地又在竞相发展电子信息、生物制药、新材料等高新技术产业,甚至都要求有自己的出口。产业同构化问题往往导致城市功能不明、区域间产业关联度小,没有形成紧密的产业链,严重影响了长江经济带的一体化进程。

表 12-11　长江经济带主要城市重点产业发展对比

城市	传统制造业	新兴产业
上海市	电子信息、汽车制造、石油化工及精细化工、精品钢材、成套设备、生物医药	新一代信息技术、高端装备制造、生物、新能源、新材料
南京市	电子信息、石油化工、汽车产业、钢铁产业	风电光伏装备、电力自动化与智能电网、通信、节能环保、生物医药、新材料、轨道交通、航空航天等新兴产业
苏州市	电子信息、装备制造、纺织服装、冶金、轻工和石化	新能源、新材料、生物技术和新医药、节能环保、新一代信息技术、高端装备
无锡市	机械、纺织、电子信息、特色冶金	物联网、新能源与新能源汽车、节能环保、生物、微电子、新材料与新型显示、高端装备制造、云计算
杭州市	纺织丝绸、汽车及零部件、轻工食品、精细化工、建材	信息技术、高端装备、生物、节能环保、新材料、新能源、新能源汽车
宁波市	纺织服装、家用电器、电子电器、精密仪器、汽车零配件、模具文具、海洋产业	海洋高技术、节能环保、生命健康和创意设计
合肥市	家用电器、汽车及零部件、装备制造、食品及农产品加工等产业集聚	电子信息、新能源、新能源汽车、新材料、节能环保、高端装备制造、生物、公共安全
南昌市	电子信息、机电制造	
武汉市	电子信息、汽车产业、装备制造业、钢铁产业、石油化工产业、食品加工产业	新一代移动通信、新型显示器件、地球空间信息、软件及服务外包等产业,培育物联网、云计算、三网融合、网络增值服务
长沙市	工程机械、汽车及零部件、烟草食品	高端制造、新材料、新能源及节能环保、新能源汽车、生物产业、文化创意、信息网络
重庆市	汽车摩托车、装备制造、化工产业、材料产业、劳动密集型产业	国内最大笔记本电脑基地、国内最大离岸数据开发和处理中心、通信设备、高性能集成电路、节能与新能源汽车、轨道交通、环保设备、风电装备及系统、光源设备、新材料、仪器仪表、生物医药
成都市	汽车、食品、制鞋及箱包皮具、家具、石化、冶金建材	电子信息、生物医药、新能源、新能源汽车、新材料、航空航天、节能环保

续 表

城市	传统制造业	新兴产业
昆明市	烟草、冶金、化工、建材	先进装备制造业、电子信息、生物医药、新材料、系能源、环保产业、是由化工、非烟轻工业
贵阳市	装备制造业、电子制造、磷煤化工、铝及铝加工产业、现代药业、卷烟及食品加工	新材料、软件和信息服务、节能环保

资料来源：各城市国民经济和社会发展"十二五"规划纲要。

科技协同创新一体化体制机制尚待完善。目前,长江经济带主要存在三种协同创新机制：长江沿岸中心城市经济协调会、长江三角洲城市经济协调会、长江中游城市群省会城市商会。这三种机制各自为政,没有形成整体体制机制框架,无法在整体上对科技协同创新形成深度支撑。其中,以长江三角洲城市经济协调会运行较为完善,内部协同创新机制也较为完备,但其运行经验没有扩散和释放到区域整体层面。由于长江经济带范围大、成员城市多,各城市、地区的科技创新诉求更加多样化,需要一种统筹协调整体区域的体制机制框架,即兼顾全面,又突出重点。目前区域合作组织相对长三角的管理相对松散,缺乏对合作各方的约束激励机制。

长江经济带共同参与、利益共享、风险共担的产学研协同创新机制尚未形成,技术创新主体的统筹协调机制尚待完善,园区合作仍然处于土地、基础设施等要素资源的合作,产业的合作与分工机制和利益共享机制等仍处于探索阶段。

二、上海与长江经济带城市科技协同创新发展基本态势

（一）上海与长江经济带城市科技协同创新特征

上海与长三角形成全方位、立体化科技协同创新发展格局。一是形成以重大关键技术项目为核心的科技协同创新系统。长三角区域集中力量进行重大关键技术联合攻关的项目,仅 2004—2008 年就累计安排项目 20 多项、经费 7 000 多万元。项目涉及太阳能光伏、集成电路、创新药物、农业新品种、海洋生态、科技强警等多个领域,每年经费额度从 1 000 万元提高到 3 000 万元。近年来项目和经费投入上还在持续增加。另外,以企业为主体、市场为导向、产学研

结合的技术创新体系,以及相应的技术公共服务、技术成果交易、创新创业融资服务和社会化人才服务等区域性平台建设逐步形成,形成了对重大关键技术的支撑。

二是共享科技公共服务平台建设不断完善。2004年长三角在全国率先建立了区域创新体系建设联席会议制度和科技项目联合攻关计划。2006—2007年,长三角两省一市充分利用已有的区域创新体系协调机制,共同搭建了"大型科学仪器协作共用网""科技文献资源共享服务平台"等共享的科技公共服务平台以及信息数据、大型仪器、农业种质资源、新药创制、集成电路设计等创新服务平台。2008年,长三角两省一市联合组织了"国家长三角纺织产业创新支撑平台"和"国家集成电路产业创新支撑平台"建设。目前,区域性科技创新公共服务平台已成为推进长三角科技资源共享和优化配置的有效载体。"长三角大型科学仪器协作共用网"已与国家主网实现对接,已集聚区域内884家单位的9 206台(套)科学仪器加盟;跨区域的仪器设施服务量超过2.3万次,其中,服务民生工程5 117项,服务省部级科技计划3 855项,服务国家重大工程894项。

表12-12 长三角区域性科技公共服务平台建设情况

名称	类型	主要活动	建设单位
长三角地区科协合作交流、联动发展联盟	工作平台	长三角地区电子科普画廊合作研讨会;首届长三角青年人才创新成果展示交流会	省市科协、16个城市科协
长三角科技论坛	高层次、综合性、大规模学术交流平台	2004年发起,共有41个分论坛	省市科协
长三角地区专利交易合作网	实体网络平台		省市知识产权部门
华东片知识产权工作座谈会	工作交流平台		华东地区知识产权部门
长三角大型科学仪器设备协作共用网	基础条件平台	大型科学仪器设备共享共用	两省一市
上海研发公共服务平台	综合服务平台	日均访问量3 434人次	上海市

续表

名称	类型	主要活动	建设单位
江苏省工程技术文献信息中心	文献信息平台	已建成了千万条级联合目录数据库,查询网站接受访问50余万次,全文下载261万篇	江苏省科技情报所、南京大学、南京图书馆等10家单位
知识产权服务网络	专业平台		上海、杭州、南京、嘉兴、湖州、南通等城市知识产权部门

三是区域科技协同创新机制不断完善。2005年,两省一市科技部门在国家科技部的指导下,共同编制了《长三角区域"十一五"科技发展规划》。该项规划成为国家中长期科学技术发展规划纲要的重要组成部分。依托长三角协调机制平台,上海和长三角区域的科技协同创新合作不断深化,科技专题组的合作也日益紧密。2007年,两省一市科技部门委托相关研究机构和专家,制定了《长三角科技合作三年行动计划(2008—2010年)》,共同实施"高新技术产业技术跨越行动""传统产业提升行动""民生保障科技行动""资源环境技术攻关行动""科技资源共享行动"五大科技行动,启动14个优先主题,提出将长三角区域基本建成为中国重要的科技创新中心区、科技资源共享区、生态和谐宜居区、科技产业创造区。2009年,苏浙沪两省一市签署《长三角地区知识产权发展与保护合作框架协议书》。目前,针对长三角区域科技创新热点问题,长三角城市经济协调会年度专题研究或专项推进工作在有条不紊地跟进。在科技人才互动方面,长三角各城市早在2003年就共同签署了《长三角人才开发一体化共同宣言》。经过十多年的运作,长三角科技人才一体化建设不断推进,异地人才流动、人事争议仲裁、专业技术资格互认等政策方面一体化程度不断提高,人力资源信息资源和智力资源的共享程度不断提高,培训教育师资库建设不断完善,合作开展了技术评审、公务员培训、专业技术人员继续教育等项目。

四是市场化程度不同提高。随着长三角区域一体化进程不断深化,区域大市场不断形成,为长三角企业之间进行科技创新合作提供了大市场、大平台。企业之间的科技创新合作逐步从单纯项目合作向合作联盟发展。如由长三角区域企业自发组成的"长三角中小企业服务机构联盟",发挥集体优势,为长三角中小企业提供融资服务、信息服务、技术引进、法律维权、政策咨询、人才服务、产业转移、项目推荐、品牌建设、产品博览、招商服务等,促进中小企业健康发展。再如,上海长宁集团与浙江湖州共建多媒体产业园、上海通用汽车在安徽广德建研发中心等,是龙头企业通过与园区合作的模式来达到与企业进行科技创新合作的目的。

五是社会合作不断加强。随着社会组织的不断完善,以科技中介服务为核心的社会合作不断深化,为市场化提供了有效的补充。2004年,长三角科技中介战略联盟建立,沪苏浙两省一市共同签署了相关"长三角科技中介战略联盟""长三角技术与资本对接服务平台""推进长三角技术经纪人合作平台""长三角技术信息服务平台"的4个协议。这些协议的签订,标志着在长三角区域搭建起了一批科技中介公共服务平台,为长三角科技协同创新起到了桥梁作用。

上海与长江经济带其他地区协同创新以点状合作为主。上海与长江经济带其他地区的合作主要是以城市之间的合作、部分产业领域之间的合作,以及国家级科研机构、国家级实验室、高等院校等双向合作。上海与长江经济带之间的立体化、网络化的全面合作态势尚未形成。如前所述,长江流域园区合作联盟的成立,从产业合作的角度看,就是上海张江高新区与武汉东湖新区、重庆两江新区、南京高新区和合肥高新区等园区合作,为产业和企业之间搭建合作发展的平台和桥梁。

(二)上海与长江经济带城市产业合作特征

共建重大产业技术创新链。在软件与服务、集成电路、新一代移动通信、生物医药等高技术产业领域,上海逐步向研发、设计、高端制造转型,南京、苏州、杭州等城市侧重测试和制造。在汽车制造、先进装备制造等重要支柱产业领域,以上海为主体加强自主知识产权、核心产品和核心技术研发,南京、苏州、无锡、杭州、宁波等城市在研发、设计环节加强与上海的对接。在纺织、服装等传统特色产业领域,充分发挥上海的科研、高端制造优势,苏南地区、环杭州湾地区在研发、设计和深度加工方面加强与上海的对接。上海与长江经济带其他地区产业技术创新链的合作还主要处于企业相互合作阶段,尚未像长三角一样创新链逐步形成创新网络。

产业园区合作成为产业合作的突破点。随着长江经济带的发展,以及国家长江经济带规划的相应出台,长江经济带各省市也看到了产业合作的机遇,但由于各地区区位不同,经济社会发展的差异较大,在产业合作方面遇到较大困难。

针对这一问题,长江经济带以产业园区合作为平台,成立长江流域园区合作联盟,力争打造全区域内的完整创新链和产业链。

长江经济带的中西部地区承接上海产业转移的能力日趋增强。传统上,上海周边的苏州、无锡、南通、湖州、嘉兴等地是承接上海产业转移的主要区域。随着全球科技转移呈现水平转移的总体态势,上海产业转移,特别是科技产业转移也呈现水平转移的格局,突出的表现就是长江经济带的中西部地区承接能力提升非常快。例如,早在十年前,由于上海和长三角地区的生产成本、劳动力成本的急剧增加,长三角的企业开始向安徽大量转移。2010年,国务院正式批复《皖江城市带承接产业转移示范区规划》,该地区成为首个获批复的国家级承接产业转移示范区,成为上海乃至长三角产业转移的首选地。运行以来,该地区承接多个上海和长三角产业转移项目,与上海形成"块状转移"的对接合作的模式。目前,上海部分产业不断向长江流域中上游地区纵深方向转移,电子信息等产业呈向成都、重庆、贵阳等地转移态势。

(三) 上海与长江经济带城市区域协同创新问题与瓶颈

上海的优质创新资源尚未充分与长江经济带科技资源相融合。上海作为长江经济带核心城市,具有巨大的科技资源优势和创新能力。在建设有全球影响力的科技创新中心过程中,上海科技创新要素必须与长江经济带其他城市协同创新,在更广阔的范围和空间进行科技资源配置,才能更大程度释放创新辐射能力,提升自身科技创新水平。

虽然上海的技术、研发、资金、人才等创新要素的规模、空间布局逐步完善,上海研发公共服务平台、以张江地区为核心承载区的综合性国家科学中心等重大科技基础设施群正在紧锣密鼓地建设和推进,但距离服务长三角、服务长江流域、服务全国的要求还有一定差距。

随着长江经济带创新发展的不断深入,优质创新资源的需求量也在不断增加,创新优质资源不仅包括技术、人才、资金等科技创新直接相关要素,而且包括教育、文化、卫生等配套服务软资源。目前,上海周边的苏州、南通、湖州、嘉兴等地区承接了大量的上海产业转移,更远的地区接受上海创新资源辐射的强度随着距离的增加而下降。即使是获得上海创新辐射强度大的地区,由于当地缺少高校和高职,高科技人才与技术人才比较缺乏,即使获得了优质的科技资源,在资源的运转方面也显得捉襟见肘。

从科技人才的合作与协同方面，上海具有较为完备的人才培育体系，但仍然以吸纳人才为主，没有充分向长江经济带释放人才。长江经济带作为全国重要的现代制造业基地，大量的园区和产业基地需要大量的人才，但人才的供给还远远不够，特别是长江经济带二三线城市人才供给问题更加突出。从目前情况看，这些城市的企业获取人才的途径主要有三种：一是企业自己培养。这一般只适用于实力较强的跨国、跨区域大型企业。企业通过异地培养、人才派遣和流动满足本企业的人才需求，但培养人才的成本高，人才周期较长。二是社会招聘。一般到高校、社会、设计院等地方招聘。三是从本地同行业中引进。这种模式比较容易引起本地相关产业内的人才竞争，无法根本解决人才紧缺问题。

上海与长江经济带协同创新的区域不平衡影响了资源配置效率。如前所述，由于长江经济带内经济社会发展的不平衡性，导致上海与长江经济带内的各地区之间科技水平的落差也不相同。上海与杭州、宁波、苏州、无锡之间的经济落差相对较小，其科技创新的诉求相近，合作的空间也比较大。上海与合肥、武汉、长沙、重庆、成都等地区，特别是它们周边城市的经济社会发展落差较大，例如同是长三角城市群副中心城市，2014年合肥的GDP总量只相当于杭州的56%、南京的58%。经济社会发展的差异性也导致科技创新的诉求层次相差较大，无法形成接近的目标。

上海与长江经济带产业联动程度低导致区域创新链延伸度不足。上海产业，特别是高科技产业以及为高科技产业提供金融、咨询、信息、会展等专业服务的现代服务业的服务范围和辐射范围仍然主要集中在上海本地。虽然上海与长江下游三角洲地区兄弟城市产业联动较强，但目前阶段仍然以竞争为主，没有达到竞合的良性循环格局，与长江上游的成渝城市群和长江中游城市群的产业联动更是少之又少。例如，浙江温州、台州、义乌等产业比较多元化、民营经济发展势头好的地方，需要上海的专业服务，但与上海之间的关联度不够。上海在金融、贸易、航运、科技创新等领域的龙头作用没有充分发挥，进而长三角城市群的核心带动作用也未能充分体现，上海、长三角与武汉、长株潭、成渝城市群等长江经济带中的二三级城市群之间的资源和产业合作无法真正"破冰"。产业联动程度低导致长江经济带的区域创新链无法在区域整体范围内充分延伸。

第十三章　长江经济带城市协同创新的国际对标分析

第一节　长江经济带城市协同创新的国际对标选择

一、长江经济带的城市间创新-产业协同特征

（一）创新-产业体系集聚的大都市连绵区

长江经济带是中国最为重要的大都市连绵区，区域内包括一批创新引领示范作用显著、产业体系完整的城市群，如长三角城市群、长株潭城市群、武汉城市群、成渝城市群都是创新-产业互动发展的重要城市区域。长三角也是创新驱动的重要策源地，区域对外开放程度高，创新资源丰富，集中了全国 1/3 的高等院校和科研机构，拥有全国一半左右的两院院士和科技人员，各类国家级创新平台超过 500 家，涌现了高性能计算机、量子保密通信等一批具有国际影响力的重大创新成果。长三角研发投入成效显著，研发经费支出、有效发明专利数、新产品销售收入占全国比重分别为 43.9%、44.3%、50%。

（二）中心城市科技协同创新引领作用明显

作为长三角的龙头城市，自 20 世纪以来，上海与长三角其他城市的科技协同创新就已经开始。20 世纪 80 年代，上海的辐射范围主要限于周边的苏州、无锡、嘉兴、湖州等少数地区。20 世纪 90 年代，浦东开发开放之后，上海的国际化发展带来了外资、外企和先进技术，进而引导了上海乃至长三角区域的科学技术创新。上海科技创新资源的持续优化也不断引领着长三角城市群科技创新水平的提升，科技协同创新的范围和深度不断扩展。在这种情况下，逐步形成了产业

集聚＋产业分工＋产业链细分＋区域分工的区域产业发展模式。

（三）以城市群为核心的圈层性产业协作体系

长江经济带的产业合作呈现以三大城市群为主要载体的圈层式合作，并呈梯度差异。其中，长三角城市群产业合作紧密，处于制度合作阶段；成渝城市群处于要素合作阶段；长江中游城市群尚处于规划协调阶段。在上海建设具有全球影响力的科技创新中心的引领下，长三角城市群对长江经济带创新发展的龙头带动作用逐步显现，一批高新技术产业开发区、创新型（试点）城市和创新型省份逐步突显，国家高技术产业基地建设不断推进。

二、国际对标的选择原则

（一）区域选择

从全球范围看，大都市连绵区的创新性产业协同发展主要发生在欧美发达国家。这些国家的城市区域发展已达到高度一体化阶段，区域内部的产业类型众多，水平较高。更为重要的是，区域内的创新中心城市对于大都市区的产业协同发展起到核心的支撑性作用。因此，从类型上，应主要选择欧美发达国家的大都市连绵区或城市群进行对比研究。

（二）国别选择

作为长江经济带的参照对象，考虑到案例的可比性，所选的国别应符合大国属性、城市区域尺度大、城市区域差距大、制造服务业融合协同发展等特性选择标准。

美国作为全球最具经济、科技实力的国家，其发展具备与中国相同的大国模式和特性。同时，在美国大都市区的产业发展格局中，制造业，特别是先进制造业的重要作用以及集中趋势与长江经济带区域相仿。此外，制造业围绕创新中心布局的互动特点，也具有重要的参考价值。因此，选取美国大都市区创新中心城市的网络协同作用作为主要参照，具有可比性和借鉴意义。

除美国之外，欧洲国家、日本的部分大都市区，也具备创新中心城市影响区域产业协同的特质。同时，由于体量、产业结构、多样性方面的特性，欧、日等区域、国家的大都市区创新发展及产业协同呈现出不同的特色，因此其经验也可作为国际对标的补充。

（三）产业类型选择

在产业类型的选择上，美国大都市区的先进制造业突出地表现出创新与产业的互动关系。由于全球化的深入发展,美国本土的传统制造业或制造业的中低端部门已大量转移到新兴区域。美国本土的制造业部门基本属于先进制造业,或制造企业的创新研发环节。因此,聚焦美国的大都市区的先进制造业空间布局及产业、区域协同模式,集中体现了大都市区以创新中心城市为核心,城市间产业协同的特点与规律。因此,本研究重点将制造业作为国际对标的产业选择标准。

第二节 美国大都市连绵区中心城市网络协同模式

在美国大都市连绵区内部,创新型中心城市的发展并非脱离区域的"飞地",而是以多种形式与周边城市之间形成密切的联系。这种中心城市与周边城市个体之间最重要的联系纽带之一是经济因素,区域内的产业协作则是这种联系最为突出的表现。在连绵区之中,在中心城市枢纽作用的带动下,周边各个城市都逐渐形成的优势产业部门,以一个或若干主导产业为主。通过区域内的产业调整和协作,城市的个体经济实力构成合力,推动大都市连绵区在整体上具备较为完整的经济体系,形成巨大的集聚和辐射力。合理配套的产业分工与协作网络是大都市连绵区不断发展的基础和动力所在。大都市连绵区的产业协同发展可使区域经济在生产要素的组织与创新方面具有较强的可更新性和自生性,促进地区产业结构不断优化并形成良好的产业布局,从而使得各城市优势互补,产生最大效益并实现资源的集约利用。而且,大都市连绵区发展有利于基础设施共享、区域资源合理开发、环境污染的地区性治理、地区性防灾等,可以避免不必要的重复和浪费,效益明显。从美国东海岸、五大湖、西海岸三大连绵区内部中心城市与城市之间的关系来看,这种产业协作与治理体系主要表现为以下三种模式。

一、模式一:以产业轮替为核心的产业协作体系

在美国东海岸大都市连绵区,创新中心城市纽约与周边城市的产业轮替体现出产业协作的动态过程。纽约作为老牌工业中心,在1977年制造业就业人口在总就业人口中所占比例仍达21.9%。在产业结构调整的过程中,这个比例直

线下降，到 1996 年，只余 9%，同期第三产业就业人数比例则从 63.7% 上升到 80.3%。纽约传统的制造业纷纷外迁，金融和服务总部则纷至沓来，增强了纽约金融、服务的职能。2000 年，金融、保险和房地产业为纽约大都市区提供了 12.4% 的工作机会，而全国平均水平只有 5.8%。

（一）制造业的梯度分布

随着纽约大都市区的产业转型，周围地区和大都市连绵区内其他城市接纳了该大都市区流出的制造业及配套企业，形成布局更为合理的新制造业中心区，从而使大都市连绵区内的制造业整体水平得到了提升。在以纽约为核心的经济圈内，除了纽约的商贸功能之外，新泽西州的城市主要发展生物科技、新材料、微电子，康涅狄格州的城市发展军工科技、能源、制药，几个区域间各有侧重，因势利导，构建了一个较为合理的区域经济体系。

（二）区域功能的有机分工

在网络的功能体系分配上，东海岸大都市连绵区的各个城市并非简单地聚合在一起，而是因其自身的差异存在相互联系并进行功能上的分工。在这个大都市连绵区的四个联合大都市区中，纽约是无可争议的核心城市，它是全美乃至全球的金融中心，一直左右着世界的金融、证券和外汇市场，同时还兼具综合性的城市职能，是一个具备多元化特征的全球城市。费城是该大都市连绵区中的第二大城市，具有多样化的经济结构，健康服务业、制药业、空间制造业、教育服务和交通服务业都很发达。波士顿则是著名的文化中心，高科技产业和教育是其最具特色和优势的产业，以该城为中心的 128 公路环形科技园区为先进制造业工业区，是仅次于硅谷的全美微电子技术中心。华盛顿不仅是美国的政治中心，在国际经济中同样有很大影响，全球性的金融机构，如世界银行、国际货币银行和美洲发展银行的总部都位于该城。

（三）"核心城市带动"的梯度等级结构

从协同等级上看，该大都市连绵区被相关学者形容为典型的"核心城市带动型"城市群。作为核心城市，纽约在大都市连绵区中的带动辐射作用十分显著。该城市集外贸门户职能、现代工业职能、商业金融职能、文化先导职能于一身，在区域的发展中占据中枢性的支配地位。大都市连绵区中的二级城市则注重与核心城市间的错位发展，该区域中的波士顿在纽约崛起之后注重与纽约进行错位式水平发展，其现代服务业的发展保持了自己的特色和相当的规模，地方性金融机构和银行对纽约的全国金融中心地位产生了有益的补充作用。与波士顿相类似,费城的国防、航空、电子产业,巴尔的摩的航运业都使区域内的城市发展趋于多元化。区域内以纽约为核心,先进制造业带、交通带、城市带融为一体,形成了多核心的大都市连绵区体系。区域内产业布局调整合理,增大了城市间的互补性,从而增强了整个大都市连绵区的经济稳定性。

(四)创新资源在中心城市区域的高度集聚

高科技产业和研究机构密集也是东海岸大都市连绵区的特点之一。波士顿附近的128公路科技园区即为全美微电子技术中心。在根据高科技产业的产值规模和集中程度综合而成的高技术极点排名中,波士顿排名全美第4位。美国学者的研究显示,在企业R&D机构排名前10位的大都市区中,波士华大都市连绵区就占了5个,它们分别是:纽约-新泽西、波士顿-劳伦斯-洛厄尔、费城-威尔明顿、哥伦比亚特区-马里兰-弗吉尼亚、巴尔的摩。同时,此区域中著名高校云集,哈佛、耶鲁、哥伦比亚、麻省理工等常春藤盟校聚集于此。2005年全美排名前15名的大学中,有10所位于波士华大都市连绵区。1998年全国10个学士及以上学历人口最多的大都市区中,波士顿联合大都市区和华盛顿-巴尔的摩联合大都市区都进入前10名,并且由于这个大都市连绵区的人口规模在全美居绝对优势,因而其相应拥有本科及以上学历的人口绝对数也是最多的。这些高科技产业和研究机构、高校的聚集也使这个地区成为美国知识技术信息最密集的地区,增强了地区城市的科技创新能力和孵化器功能,为区域经济的持续发展提供了强大的后劲。

二、模式二:以产业横向分工为核心的产业协作体系

美国五大湖及西海岸两个大都市连绵区的城市体系则体现出横向产业协作的特征。从形成阶段开始,该大都市连绵区的最大特点就是具备生产功能突出、专业化程度高的各种类型与规模的制造业城市。在市场机制的作用下,以此为基础该大都市连绵区形成了制造业专业化与综合性城市相结合的城市体系。地区性中心城市都有自身的主导产业,周围又有一些与其主导产业相匹配的专业化城市。如在五大湖都市连绵区,匹兹堡及其周围地区形成了钢铁中心,底特律成为汽车制造中心,克利夫兰成为机车与炼油中心,密尔沃基成为酿酒中心。

（一）中心城市的产业综合配套能力

在五大湖大都市连绵区众多城市之中，芝加哥扮演了核心城市的角色，其生产功能、工业城市特征十分突出。该市是美国最大的制造业中心之一，城市产业涵盖食品加工、印刷、金属铸造、机械、电子仪器、化工等诸多领域。但该城市的各种制造业行业没有哪一种在比例上占据绝对优势，而是协调发展，从而使芝加哥成为一个专业性城市密集区域内的综合性城市。正是这种特点，与芝加哥在城市规模、交通运输上的独特地位共同作用，使其得以在区域内发挥经济中心的作用。

（二）以产业协作体系为核心的等级分布特征

从整体上看，五大湖大都市连绵区的产业协作体系与城市等级分布密切相关，可分为：（1）芝加哥——综合性大都市，具有大都市连绵区经济中心的性质；（2）匹兹堡、底特律、克利夫兰等——地方性中心城市，以某种主导产业为主，其他产业为辅；（3）中小型城市——地方性中心城市周围兴起的城市，与其主导产业相匹配，专业程度较高；（4）卫星城——一类是工厂城，另一类是居住城，为前三种城市提供配套服务。四类城市之间的经济合作十分紧密，形成了各级城市相结合、相互依存、同步发展的较为均衡的城市体系，并在此体系之上进行区域经济的整合和协作。

三、模式三：多中心网络化的产业协同体系

美国西海岸大都市连绵区的产业协同体系呈现出多中心、网络化、创新驱动的整体特征。该连绵区拥有11个30万人口以上的大城市，7个20万人口以上的大中城市，50余个10万人口以上的中小城市和200多个10万人口以下的郊区，以及以这些城市为核心的30多个大都市区。这些大都市区由数千英里高速公路连成一体，市区、郊区、工业区、大中小各级城市、卫星城镇彼此连接，形成一批经济实力强，社会发展水平高，投资环境优越，在经济、社会、文化等方面存在密切交互作用的巨大都市区复合体。该大都市连绵区以商业性、服务性城市居多。由于集外贸门户职能、先进制造职能、商业金融职能、文化先导职能于一身，西海岸大都市连绵区已经成为美国社会经济发展程度最发达、经济效益最高的地区之一。同时，该区域具有发展国际联系的优异区位，也是产生新技术、新思想的"孵化器"，因此也成为美国发挥国际影响力，释放"软实力"的重要战略性通道。

第十三章　长江经济带城市协同创新的国际对标分析

(一)创新引领的产业互动模式

从结构上看,西海岸大都市里连绵区的产业互动体系表现出突出的创新引领和高科技特征。第二次世界大战后,美国联邦政府的大规模投资,刺激了加利福尼亚州的军工和宇航相关高技术产业的发展,也使高科技产业与国防工业紧密结合成为加州经济的典型特征。20世纪60年代新科技革命兴起后,加州高科技产业进一步发展,在飞机制造、宇航、医药、电子计算机、通信仪器、电子元件及导弹等高科技产业的就业人数比例在全美名列前茅。高科技产品的体积小、附加值高,大大抵消了加州自然资源约束较大、水源短缺等劣势。高科技产业的发展加快了连绵区内城市的经济结构转变,使城市等级体系形成新的配置:洛杉矶、圣迭戈进一步巩固其领先地位;旧金山湾区圣何塞异军突起,与旧金山形成双子星城市竞争态势;圣克拉拉高科技产业蓬勃发展,以硅谷著称。这种高科技产业在诸多城市的全面发展,形成了以中心城市为核心的高科技产业带,对于地区经济结构完善起着重要作用,进而使连绵区成为美国高新技术产业得天独厚的发展区域。

(二)三大中心城市的多中心互动体系

在西海岸大都市区,洛杉矶、旧金山、圣迭戈三大中心城市是伴随产业发展和市场经济发展而逐渐形成。三大都市区形成相互竞合的多中心网络结构。第一中心为洛杉矶-里沃塞-奥兰治大都市区;第二中心为旧金山-奥克兰-圣何塞-大都市区;第三中心为圣迭戈大都市区。洛杉矶作为第一中心城市,其经济结构呈现复合化形态,在金融、商业、交通、运输、重化工业、飞机制造、石油开采加工、钢铁、汽车、造船、服装、食品、文化产业方面均有优势,且具备高等级的海港和空港。旧金山大都市区作为连绵区内的第二中心城市,由于具有"硅谷"、斯坦福大学等高科技要素,在连绵区内更多承担研发、金融等服务功能。圣迭戈大都市区则依托自身的良港和军事地位,主要承担交通枢纽、贸易节点、海洋装备、旅游目的地等特色产业的职能。区域内三大中心城市形成了有机的产业联系和经济网络。

(三)技术创新资源的网络化分布

连绵区所处的加利福尼亚州被称为"科学州",拥有规模庞大的科技研发集群,成为先进制造业和高技术的发源区域。西海岸连绵区的科技研发资源具有规模大、集聚度高、网络化分布的特点。主要集聚于洛杉矶地区的航空航天工业拥有全美该行业 1/3 以上的工人。旧金山大都市区的电子工业水平在全美处于绝对领先水平。众多的高校成为区域重要的创新资源。区域内著名大学几乎均匀分布在沿海区域的多中心城市网络中，斯坦福大学、加利福尼亚大学各分校、加州州立大学各分校均具有强大的研发能力。此外，加州拥有公立、私立大专院校 200 多所。连绵区内的教育研发机构内，集聚了全美 12% 的科学家、36% 的诺贝尔奖获得者。同时，网络状分布的众多高等级科研机构也为区域提供了重要的创新资源。帕萨迪纳的喷气动力实验室、圣克莱门特的火箭发动机制造基地、欧文堡的卫星追踪机构、圣迭戈的海洋研究机构等诸多高等级科研机构网络形分布在加州沿海的带状区域，为大都市连绵区贡献强大的研发能力。

第三节 美国大都市区先进制造业网络分布发展特征

一、美国先进制造业的区域总体分布趋势

美国制造业的区域分布大体上形成了以中西部、东北部传统"制造业带"和西部、南部"新兴"制造业区域为核心的空间格局。20 世纪后半期以来，美国制造业空间分布的重心不断调整，先进制造业逐渐成为制造业转型发展的主流。在 21 世纪头 10 年中，先进制造业的空间分布在金融危机前后发生新的变化，各区域的先进制造业产业转型也表现出不同的趋势和特点。

(一) 制造业就业从向南部流动转为均衡发展

1980—2000 年，美国东北部与中西部制造业就业不断流失，而南部与西部的就业则处于增长的态势。这一变化反映出制造业就业机会向工作权利法（right-to-work law）更普及的区域（如南部）及低薪金区域转移的趋向。特别在是后一类区域中，产业补贴长期被作为重要的经济发展策略手段加以利用。

但在 2000—2010 年，这种情况发生了变化。从 2000 年起，东北部与中西部的制造业劳动力流失状况得到了遏制，这表明以低劳动工资与地方补贴为基础的招聘手段已经不再是吸引制造业就业的有效区域性政策。

(二) 中西部传统工业区域成为先进制造业的新增长区域

2010 年后，中西部成为全美最大的制造业就业增长区。例如，2010 年第一

季度到 2011 年第四季度的时间里，中西部制造业就业的增长率以 5.2% 的增幅高于全美 2.7% 的平均增幅。其中，杨斯顿、底特律等城市的制造业增长百分比都达到两位数。全美几乎一半的制造业就业增长量来自中西部。

美国联邦层面的工业复兴战略，只是中西部制造业快速上升的部分原因。高科技制造业的发展，是中西部制造业崛起的重要推手。从高科技制造业的就业方面看，在 1980—2011 年，美国东北部、中西部高技术制造业就业发展情况远远好于一般科技制造业就业。

(三) 西部与南部等新兴制造业区域进入稳定增长阶段

从增长角度看，西部与南部等新兴制造业区域逐渐进入稳定增长的阶段，其就业增长幅度渐趋平缓。2010—2011 年，南部的制造业就业增长为 2.2%，略低于全国水平。南部在 2000—2010 年间的制造业就业流失，已经基本抵消在之前一个阶段的额增量。西部在 2000—2010 年间的制造业就业下降幅度达到 30%，制造业就业率低于全美平均水平。在 2010—2011 年，西部的制造业就业增长为 1.7%，也低于全美水平。

(四) 南部成为美国制造业产值集中区域

从制造业产值比例上看，南部区域已经成为美国制造业发展的核心群。2012 年美国制造业产值的区域比例上，东南区域制造业产值占全美 23.36%，西南区域占 13.72%。二者相加为 37.08%，已经超过中西区 (10.46%) 和大湖区 (20.35%) 的总和 (30.81%)，成为美国制造业产值最大区域。在州层面，尽管占比最高的为西部的加利福尼亚州 (11.42%)，但南部的得克萨斯 (11.3%)、北卡罗来纳 (4.73%)、路易斯安那 (2.95%)、乔治亚 (2.6%) 等州均排名靠前。

(五) 倒 "V" 型制造业专业化走廊初见规模

专业化程度是衡量先进制造业发展水平的重要标准。从各州大都市区的先进制造业专业化程度看，美国的制造业专业集群较均匀地分布在以东北部-中西部-南部偏北区域为核心的区域，且呈带状分布，构成向东北倾斜的倒 "V" 型分布格局。制造业专业化程度最高的区域仍主要集中在东部和中西部。

二、美国大都市区先进制造业网络分布的主要特点

美国大都市区已成为各类型先进制造业最主要的集聚区域，对于大都市区先进制造业企业、就业、技术水平等要素的空间分布特征进行梳理，有助于我们

了解美国大都市先进制造业空间集聚倾向与产业协同的主要特性和发展趋势。

(一) 先进制造业在大都市区的集聚态势与空间分布

1. 大都市区成为各类型先进制造业的最主要集聚区域

美国大都市区，特别是大型大都市区以及大都市区的中心县，集聚了绝大多数的先进制造业就业量。同时，美国几乎全部高科技制造业的就业者都集中在上述区域。这种状况显示出，大都市区能够为制造业发展提供强大的优势，特别对于高科技制造业而言，这种优势尤为明显。2001—2005年，美国大都市区制造业创造的增加值增长了12.5%，超过了同期大都市GDP增速1.4个百分点。从就业层面看，2010年，美国大都市区提供了79.5%的制造业就业，其中，100个最大都市区贡献了58.5%的份额。从分类上看，2010年全美78.6%的普通高科技制造业就业与95%的尖端高科技制造业就业集中在大都市区。

2. 先进制造业向大型大都市区集聚

从整体上看，制造业企业的科技水平越高，在空间类型上越倾向于集聚在大型大都市区，在具体方位上则倾向于集聚在大都市区的中心县。这种科技水平与空间的集中性呈正相关的特点，其原因在于大都市区拥有产业集群所必需的教育、研发、咨询、工程服务条件，同时具备企业与顾客进行面对面交流的重要平台。

(二) 大都市区的制造业专业化趋势

1. 大都市区的制造业专业化程度不断提高

专业化程度是衡量区域制造业发展质量的重要指标。尽管制造业在经济总量中的比重不断下降，但1980年以来，美国各大都市区在制造业方面的专业化程度却得到不断提升。2010年，有163个大都市区制造业在整体就业中的比例为国家平均水平的1.05倍，84个大都市区具有中度专业化制造业（前述比例为1.5倍），40个大都市区的制造业水平为高度专业化（前述比例为1.9）。高制造业专业水平的都市区数量提升的现象表明，尽管美国国家层面的制造业就业在大量减少，但相较于1980年而言，2010年大都市区对于制造业的依赖程度大幅增加，这个领域已经成为经济基础的重要组成部分。

2. 高科技产业的大都市区的专业化划分极为明显

在高科技产业领域，各大都市区的专业化程度更为明显。以制药、计算机与电子、航空航天三大高科技产业为例，上述产业在大都市区的分布差异性十分明显。在美国有 52 个大都市区在制药方面为中度专业化水平，62 个大都市区在计算机与电子方面达到这一水平，航空航天产业则有 44 个大都市区达到中度专业化。但没有一个大都市区同时在上述三个产业方面均达到中度专业化水平。只有 25 个大都市区同时在 2 个领域达到上述水平。高科技产业的这种地方性差异表明，相关产业在技能、研发与供应链需求方面差异很大，所以使各产业之间趋向于空间的分离。美国大都市区在制定吸引、保留与发展高科技产业的战略时，往往以这些产业的差异为出发点进行考量，并非以先进程度作为扶持的依据。

（三）大都市区先进制造业产业集群发展状况

1. 大都市区具备多样性的先进制造业产业集群

美国有 2/3 的大都市区表现出先进制造业方面的集群性。相关研究将制造业集群分为六大类，每一类中具有一个"核心"（anchor）产业。这六类集群分别是计算机与电子、交通装备、低工资制造业、化工、机械与食品产业。在美国 366 个大都市区中，有 237 个拥有至少一个上述类别的制造业集群。其他未能拥有上述六类制造业产业集群的大都市区中，也几乎都有分散化的制造业就业。

2. 产业集群性质与区域优势紧密相连

美国南部与中西部大都市区的飞机、列车、汽车、船舶集群，中西部的机械制造业带，以及南部的化工走廊等集群，其形成均建基于其本地的制造业专业化优势。波士顿、圣何塞等信息技术中心，尽管以软件、研发与信息技术服务闻名于世，仍然在计算机与电子制造业方面表现强劲。这个现象说明上述信息技术中心仍然需要与信息服务相近的制造业环节。

（四）大都市区先进制造业企业发展特征

1. 大都市区制造业企业规模相对较小

传统的观点认为，制造业企业需保证一定的体量以达成规模效应。但美国大都市区的制造业企业平均雇员数仅为 57.4 人，大部分企业可归类为"小型"企业范畴。不同大都市区与不同类型产业的企业平均规模则差异明显。美国制造业企业平均规模最大的大都市区是田纳西州的金斯波特（Kingsport），为 203.6 人；最小的是新泽西州的大西洋城，为 9.1 人。东北部的大都市区平均企业规模最大，为 65 人；西部的规模最小，为 49.6 人。100 个最大都市区制造业工厂平均雇员为 57.8 人。

对于美国制造业而言，企业规模关乎产业的健康发展。这是由于中小型企业主要负责设计与增加产品的附加值，制造业的创新越来越依赖于这些企业的努力。但是，中小型制造业企业缺乏正规的研发能力，在制造效率与其他创新领域处于劣势。因此，制造业企业规模较小的大都市区，若采取措施协助中小型制造业企业提高创新与生产效率，将大为受益。

2. 劳动力结构升级趋势显著

美国大都市区的劳动力结构在近 10 年中也发生了重要变化。为了对应全球化与快速技术进步的挑战，制造业带大都市区的企业开始应用自动化机械取代人力，同时将劳动密集型部分转移到海外，这使得区域制造业劳动力数量缩水。这种状况使得制造业企业更加依赖于高技能工人以及先进技术，以与全球的廉价劳动力竞争，从而形成区域制造业劳动力中的"技能提升"（up-skilling）趋势，并使得对于技能培训的需求迅速提高。随着制造业振兴计划对于高科技创新要素的关注，大都市区制造业企业对于高技能制造以及程序管理能力的需求迅速提升，而对于低技能人工制造岗位的需求则持续下降。

（五）先进制造业在大都市区层面的"离心化"空间流动趋势

在总体趋势上，21 世纪第一个 10 年中，先进制造业"去大都市区化"（de-metropolitanization）的趋势得到一定抑制，但相关产业在大都市区内的空间离心化（decentralization）趋势仍值得关注。从就业角度看，制造业就业从大都市区中心县向外流动的趋势日益明显。由于高密度的城区环境能够为企业带来更高的生产率，制造业集群的空间离心化会损害美国制造领域的竞争更努力。因此，制造业就业从大都市区的高密度区域以及中心县向外转移的长期趋势也开始得到州与大都市区政府的关注。

在 20 世纪 80—90 年代，大都市区的制造业就业下降快于非大都市区。100 个最大都市区的制造业就业下降幅度高于较小的都市区。在 21 世纪头 10 年中，制造业就业的去大都市区化趋势出现了暂时的停止。在制造业就业下降比率方面，无论是全部大都市区还是大型大都市区，该比率均与美国的平均水平相当。但在 2010 年，制造业就业从大都市区外流的趋势再次出现。这种就业外流的趋势在大都市区的中心县格外明显。2000—2010 年，大都市区中心县的制造业就业减少比率为 33.9%，基本与美国平均水平相当，但外围县的减少比率仅为

29.3%。当然,并不是所有类型的制造业就业都逃离大都市区。1980年至2011年第四季度,大都市区中高端高科技制造业就业减少率低于全国38%的平均水平。而非大都市区中,上述行业的就业下降量则更为严重。

这种制造业就业的长期离心化与去大都市区化趋势,由诸多原因造成。这些因素包括:运输费用不断下降;公共部门对高速公路的资金扶持;制造业主希望规避中心区"棕色地带"的环境补偿费用;城市与郊区在工厂用地方面更为严格的区域用途管制;企业主规避大都市区与中心县更为强大的工会力量等。

三、美国大都市区先进制造业与创新体系互动发展特征

(一)制造业部门生产效率不断提升

21世纪第一个10年间,中西部等传统制造业带不断推动高科技创新要素与制造业产业的结合,从而使先进制造业企业的生产效率不断提升。相关区域的产业部门认识到,区域的竞争优势并不在于低技能、劳动密集型生产活动,此类生产也非常容易受到海外竞争的影响。制造业专业区域的优势恰恰在于先进技术、先进方法以及先进产品的制造能力。在这种思路的引领下,区域制造业者开始进入"高产出-少用工"的发展阶段,由于产业结构持续向高科技产品与制造能力转变,就业在不断下降的同时,产值持续上升。同时,部分就业萎缩是源自企业提高了对临时工的使用。

以芝加哥为例,21世纪第一个10年,该大都市区的制造业就业下降了1/3,这与美国其他工业中心的情况相似。但另一方面,在先进技术应用与高附加值产品生产之间的有机互动影响下,芝加哥制造业集群的生产效率却大为提高。2001—2010年,芝加哥制造业就业人数从60.3万人下降为41.7万人,但制造业的产出却从511亿美元上升为640亿美元。此消彼长间,先进制造业效率提升的效应一目了然。

(二)创新体系与先进制造业之间的互动强化

先进制造业大都市区域的州政府与地方政府均明确认识到,随着技术转型的加速,强大的创新能力正日渐成为区域经济发展的关键。区域创新系统应当成为美国国家创新体系的重要组成部分。相关州的制造业发展战略中均强调,私营部门、金融部门、高校、地方政府直至州政府,必须合作创造一种"创新生态

系统"。同时,一个健康的创新生态系统同样需要一个强有力的制造业体系作为支撑。传统制造业带的大都市区在后危机时期仍然保持着重要的制造能力,这种制造能力也能扩展为创新能力。先进工业体系具有为持续创新与经济增长担当催化剂的潜力。

(三)与产业集群实力相匹配的区域性劳动力战略

先进制造业区域的大量州政府和地方政府将提升劳动力水平作为促进制造业发展的基础性任务。由于各个区域具有独特的社区、产业、企业、中介组织以及教育机构组合特征,相关政府部门往往根据区域制造业要素与劳动力状况而制定量体裁衣的劳动力发展战略。以区域为出发点的州劳动力发展计划主要为制造业产业集群发展的特定需求提供有针对性的劳动力发展与就业培训项目,从而带来更大的灵活性和适应性。

以密歇根州为例,该州一方面促进联邦"劳动力创新与区域经济发展"计划与该州不同区域劳动力创新机构的协同资助;另一方面通过州长、密歇根经济发展公司、人才投资委员会等州一级机构的共同努力,建立对区域持续的激励机制,以推动大都市引领的、创新性的劳动力发展体系。在区域层面,该州主要通过区域劳动力发展项目推进劳动力的培训与素质提升。在资金上,该州着力避免联邦与州一级劳动促进资金无差别使用的状况,规定此类资源应向区域劳动力发展计划倾斜,以此支持与鼓励地方劳动力投资部门、高校、社区学院、领军企业以及其他关键性机构之间的就业培训合作。

(四)提供有针对性的项目资助,引导区域资金投向转型产业领域

危机后,传统制造业带的政府面对大量投资需求,提出避免全面开花的"烧钱"模式,将投资转向与先进制造业及产业集群发展相关的重点领域,以及具有区域特色的增长方向,从而避免投资的分布城市过多,资金的使用强度受限制的不利局面。

相关州政府制订计划,通过州经济发展公司或其他主体,提供竞争性资助项目,扶持重点城市与大都市区的新兴产业集群。资助项目考察授予集群的产业特性、国内国际联系、发展潜力等情况;同时,特别关注集群对于现有企业的容纳性和吸引外来企业的能力,并分析该集群对现有土地、基础设施的转化利用能力。通过州一级发展政策,将现有支持产业集群发挥的项目整合为一体化的投资计划,从而形成合力。此类重点资助不仅在于提升创新、企业发展以及就业水

平,而且力图在资源有限的情况下,使州经济发展政策的效用最大化。

(五)推动建立"城市创新区",使创新驱动机构与基础设施、住房与服务设施形成联动发展

在支持地方性产业与创新集群的基础上,相关州政府还着力与城市政府合作,推动发展建立"城市创新区"(urban innovation districts)。这区域旨在整合、创建地方性的经济、空间、社区财富综合体,以激发快速全球化的领域内与领域间的创新要素。与19世纪的工业区以及20世纪的科技研发园区不同,城市创新区更重视物理环境(基础设施、城市设计、建筑)与社区环境(可承受住房、社会活动、文化机构、大事件)的作用,以创造创新、合作以及企业发展要素相互渗透的共同区域。这种优越的环境能够鼓励新企业的创建,并推动形成"创新区"内企业、研发机构、区域性中介以及其他组织之间的新联动。

在经济方面,创新区通过面向集群的促进举措,鼓励创新型产业集群的崛起。此外,区域以孵化器服务、创业竞争项目、采购策略,以及其他各种措施支持创业活动。在社区层面,创新区提供面向各收入水平人群的可承受、具有吸引力的住房选择、零售与服务性行业,以及社会文化活动,从而为居民的居住、就业和娱乐营造良好的环境。

第四节 欧、日创新中心城市发展特点及产业协同趋势

一、东京科技创新中心的网络建构特点

(一)东京创新活动的区域特点

日本经济和人口集中于东京都市圈,称为"东京一极集中现象"。东京是日本的政治、文化、经济中心。日本在20世纪作为技术追赶型国家,产业创新有其自身特点。一是在产业上,东京是以制造业创新为主,不同于伦敦这样的服务业创新城市。二是在技术性质上,东京以技术应用型创新为主,更多依赖组织内部协作的隐性知识。三是东京制造业创新主要依赖生产驱动,而非基础科学驱动。不同于美国等技术领先国家,生产驱动的创新通常集中于生产流程优化、质量改进和成本下降,而非基础科学领域的突破带来的产业技术改革。这些特点使东

京创新活动不同于西方城市。根据世界银行一份研究报告,东京创新能力的支撑因素主要包括七个方面(见图 13-1)。

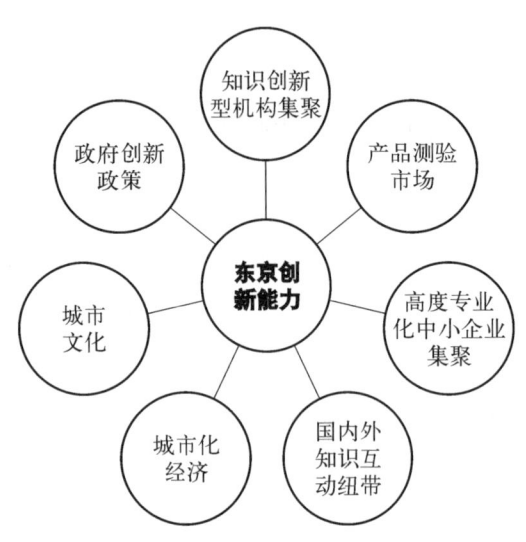

图 13-1　东京创新能力的支撑因素

1. 区域知识创新型机构以东京为核心形成集聚

以产品驱动和以隐性知识为基础的产业创新,要求企业不同功能团队能够同步互动,需要人与人面对面的接触,需要来自消费者的反馈信息,这要求企业总部、研发实验室、试验生产工厂、产品检验市场(test market)能分布于相近区域内,以促进开发的协同性、减少升级产品和商业化产品的时间。因此,企业创新活动以东京圈为核心。

东京都核心区以企业总部办公室为主。东京 CBD 地区拥有企业总部办公室数量多,如东京大田区制造业总部办公室集聚度非常高,索尼、佳能等总部都位于东京大田区。具有全球竞争力的中小型企业总部,通常是大型企业的供应商,也集聚于东京核心区。

东京都郊区和东京圈周边城市是研发机构、试验生产基地和供应商企业集聚地。多数企业需要研发机构和生产基地在相近的区域内,以适应快速变化的市场,但这种需求与城市高土地价格相矛盾。东京企业一方面将研发中心建在接近东京核心区的地方,另一方面将东京大批量生产基地转换为与研发相关的试验性生产基地,而大批量生产基地转移至首都圈周边地区或日本其他地区。

日本企业研发中心主要集中于东京都郊区和周边城市,如东京都多摩地区、川崎市和横滨市等。试验生产基地多集聚东京圈边缘城市和首都圈边缘城市,离东京都核心地区约50千米以上。

2. 高度专业化中小型企业集群是东京创新活动的重要基础

专业化企业是复杂劳动分工体系中的中小型生产商,为大企业研发中心和生产总部提供专业化技术和样品。大企业将产品改进和测试任务外包给中小企业,自身着眼于战略性活动,包括新产品开发及高技术研发。专业化企业根据专业不同,集中于特定区域。这些企业与大企业紧密合作,能承担相当一部分的项目。这些专业化企业网络在新产品创新和开发方面发挥重要作用。中小企业和大企业的合作,使得日本企业能够在高竞争的市场中快速适应需求的变化。

典型如东京的机械行业。20世纪70年代和80年代,国内竞争促使日本企业多样化产品和快速开发新产品。企业需要多样化又专业化的设备来试验新产品、测验新材料和新技术。这些试验若全部由企业自身完成,将产生大量成本。许多大型企业转向东京家庭小作坊来承担复杂任务。中小专业化企业在机械行业方面,拥有开发和测验样品的手工专业技术。这些中小专业化企业互相合作,能够承担各种订单,也能为大企业生产总部提供小批量产品。东京东部的墨田区和江东区、东京南部的大田区、品川区以及周边城市如川崎和横滨市集聚了高密度的中小规模专业化企业网络。在这些地区,56%以上的企业雇用人数在4人或4人以下,但却能满足东京电子、汽车、通用机械、精密仪器产业的需求。

3. 东京是创新产品和创新理念的重要检验市场

东京这个城市的庞大规模、高密度、多元化、交通体系、各种服务和知识的汇聚,使得东京是检验创新活动、检验商业新理念的重要市场。例如秋叶原(Akihabara)是日本最大电子产品商业街,银座(Ginza)、新宿(Shinjuku)和涉谷(Shibuya)等都是日本年轻人集聚的商业区域。在这里可以知道什么东西最吸引消费者。在这些所谓的"触角区域",能够看到、听到、触到、体验、购买和重新设计最先进、最代表未来发展趋势的产品设计、材料和技术。触角区域是商业文化活动的空间集聚地,通常处于交通枢纽,与特定产业、产品和服务相联系。在这些区域,企业和消费者能够检验其新产品和新服务理念是否符合潮流。一些产业,特别需要与消费者的紧密互动,无怪乎作为触角区域之一的秋叶原成为信息技术、动漫产业、机器人产业等新产品新理念的集聚地。新产品首先在这里出现,生产和消费间的快速互动促进了产品的创新和改进。

4. 东京高度城市化经济有助于提升产业竞争力

东京产业集聚和行业多样化的城市化经济,促进制造业的创新。产业集聚促进企业间的竞争和合作。同业的激烈竞争促进产品创新,缩短产品周期。多样化行业的集聚还有助于促进新旧行业、不同行业之间的合作,产生新的服务创新和产品创新,典型如传统媒体产业和游戏产业、电子漫画产业之间的合作。

5. 东京是国内外知识互动的核心节点

东京是国内和国际之间知识互相交流和转换的核心节点。日本有着向海外学习和吸收知识的历史传统,而且上日本企业运作趋向全球化,例如大约13%以上制造企业在海外设有机构,而在电子行业、汽车行业,这个比例更高。日本海外机构从东道国获得相关信息后,将之传递给在东京的功能性总部,东京总部吸收和处理海外信息,再将信息传送至公司在日本国内的下属机构,促进新的产品创新。位于东京的许多机构,如金融业、JETRO等与政府相关的第三方机构,通常会协助跨国企业从海外收集信息,并促进新的产品创新。但不同于伦敦等国际化城市,东京的外资并不多,因此东京企业在本土学习外国技术和知识的情况比较有限。

6. 拥有全国和东京都政府创新政策的支持体系

与西方城市相比,东京创新活动受国家政策影响较大。国家政策优势在于,政府官员能为未来经济提供长远视野,能支持战略性投资。日本中央政府科技政策从促进技术追赶型演变为促进基础科学技术导向的政策,从1996年至今,已提出4期"科学技术基本计划",在战略性产业、教育改革、科技体制、产业政策、人才政策等方面提出重要战略目标。

建立产学研合作机制,促进大学技术向产业转移的政策。1998年,日本通过《大学等技术转移促进法》,创建了"技术转移机构"(Technology Licensing Organization, TLOs)。通过该机构,企业和大学的合作,将专利发明所得回馈至大学等研究机构,促进大学科研成果的商业化。从经过认证的TLOs的数量和质量看,排名在前的几乎都在东京,其中东京大学TLO的收入、企业契约数最为领先。

中央政府创新政策和城市开发计划相结合。日本经济产业省(METI)实施产业集聚项目(Industrial Cluster Program),旨在通过创造产业、大学、地方政府和公共研究机构的网络,创造促进技术创新的环境,形成以全球市场为目标的区域经济。首都圈的产业集聚项目为 TAMA(Technology Advanced Metropolitan Area),包含的区域为东京都西面郊区、神奈川和埼玉县。目前该地区集聚了许多中小型研发中心,许多研发机构是从东京核心区的大企业分离出来的。

支持中小企业发展的创新政策。中央政府和地方政府都有支持中小企业的政策。1948 年日本就设置了中小企业厅,是负责制定、实施中小企业政策的专门机构。日本政府在中小企业发展方面,在金融支持、协会设立、技术创新如技术信息传播和技术成果转换、税收优惠和财政补助等方面给予协助。

东京都的创新政策。东京都在企业支持对象上多偏向中小企业,在技术上多偏向应用型技术,在手段上包括给予创业企业提供办公场所,为中小企业在环境、医疗、信息等领域的技术创新提供融资支持,为中小企业提供知识产权服务等。

(二) 东京大都市区提升科创辐射带动能力的战略要点

东京都提升其科技创新能力的战略和措施体现在各类基本战略设计中,包括《2020 东京前景》《东京都产业振兴基本战略(2011—2020 年)》《东京都产业科学技术振兴指南》、东京圈国家战略特区提案。

1. 战略性产业定位以需求为导向,注重先进技术和高端服务,关注整个产业链

从国内国际需求出发,将战略性重点产业定位于具有技术优势和发展潜力的关联行业。例如《东京都产业振兴基本战略(2011—2020 年)》提出三大类战略性行业,分别为解决城市问题的关联行业、信息传播和文化创意产业,以及具有先进技术的优势产业,如航空、机器人技术。关联产业实际上覆盖范围非常广,如城市问题的关联产业涉及健康、环境能源、防灾减灾关联行业,而健康行业涉及医疗服务福利设施等服务性行业,还涉及医疗设备等相关制造业。

产业定位的需求导向具备国际视野,不仅关注国内需求,更关注国际需求。例如东京都在定位健康、环境能源等战略产业时,就以中国、韩国等国未来 30 多年的老龄化趋势,以及全球环境气候问题为背景,表明这类产业具备的巨大增长潜力。

2. 人才吸引和培育战略在各类计划中占据重要地位

日本通过"亚洲人才育成战略""亚洲人才银行"等举措,吸引亚洲其他国家

优秀人才和机构。东京国家战略特区将通过公共服务改革,简化外国人就业签证程序,为企业雇用国际人才提供支持和服务,并通过改善面向国际人士的教育医疗服务和生活环境,打造国际化的都市生活环境。

3. 产业集聚政策重点在于集聚高附加值综合研发功能

东京都政府认为,东京优势在于集中了多元化主体,同时基于东京商务成本高的因素,东京适宜集聚的产业为高附加值综合研发功能。产学、产产连携推进机制,企业间连携机制加强不同主体的联系,如金融机构、中小企业、大企业、大学、研究机构等主体,实现共同研究、人才派遣交流、信息情报交换等目标,促进技术商业化运用和企业的创新活动。

4. 支持中小企业创业、国际化运营和海外扩张

无论是日本中央政府还是东京都政府都特别重视支持中小企业创业和发展,支持企业向海外扩张。具体措施包括支持中小企业创造和培育知识产权,为中小企业提供知识产权服务和技术信息服务;支持企业培训,为中小企业海外扩张提供服务。

(三)日本"国家战略特区"政策对东京全球创新中心的引领作用

2014年3月,安倍政府宣布设立六个"国家战略特区"。国家战略特区是安倍经济成长战略的支柱之一。特区将在城市规划开发、教育、医疗、农业等方面放松限制,如建筑占地面积、外国医生出诊许可、国际学校设置条件。东京圈是国家战略特区中的一个。该特区主要由东京都千代田区、中央区、港区、新宿区、文京区、江东区、品川区、大田区及涩谷区、神奈川县、千叶县成田市组成,并非涵盖所有东京圈区域,而是仅覆盖9个区。

入选国家战略特区的地方需要提出战略具体内容。目前,东京战略特区已提出以打造全球创新中心为总体目标的提案。东京战略特区着眼于东京奥运会,希望发挥国家战略特区政策,打造国际化商务环境,吸引来自全球的资金、人才、企业,同时通过制药领域的技术创新,创造具有国际竞争力的新事业。具体而言,东京提出三大目标:

目标一是打造国际化商务环境,包括:促进企业设立便捷化,允许用英语申请设立企业,提供集中窗口服务,简化外国人就业签证申请程序等;为创业企业提供支持和服务,鼓励在日本的留学生创业;为企业雇用国际人才提供支持和服务;规划和开发具有国际水准的商业区域。目标二是形成医疗药物开发创新中

心,包括形成药品研发平台,建立东京药物其医疗器械机构。目标三是创建友好的国际都市生活环境,包括打造外国人安心居住的生活环境,创建东京香榭丽舍项目(时尚品牌消费集中场所),打造外国人访游舒适的环境,向外国人提供安心的医疗健康和教育服务。

二、法国巴黎-萨克莱(Paris-Saclay)大都市区创新集群发展特点

(一)巴黎-萨克莱创新集群创建策略

20世纪50年代初,法国原子能委员会在萨克莱建立了核子研究中心及其附属企业。随后,巴黎第十一大学(理工类)迁至奥赛,国家科研中心在吉夫学维持建立实验室,汤姆逊公司在戈尔伯维尔建立研究开发中心。随后,又有综合性大学、综合工科学校、高等电气学校、高等商业学校、中央工业学校以及法国电力公司和通用电器公司等进入这一地区。这是萨克莱地区科研、教学和工业联合集群的雏形。到70年代中期,萨克莱地区逐步在能源、电子、计算机技术和生物技术等领域形成一定规模。

2008年,法国总统把萨克莱高地项目作为他的首要任务之一。2008年,政府出台了三项举措以推动萨克莱地区科学发展计划。第一,巴黎大区的发展计划,其中涵盖了萨克莱地区的发展。第二,由高等教育和研究部长组织实施,对最有前途的法国校园对投资50亿欧元补贴支持它们的发展,其中包括在巴黎-萨克莱的校区。第三,2008年11月,提出在萨克莱高原建设科学和技术集群的计划。2009年,政府投资宣布将投资8.5亿欧元用于在萨克莱高原建设一个科学、经济和技术集群。2010年,巴黎-萨克莱创新集群初步建成。

(二)创新集群主要特点

1. 创新建设的政府主导模式

巴黎-萨克莱创新集群是"大巴黎"的创新中心,法国政府在巴黎-萨克莱进行了自1960年以来最大规模投资(预计投资50亿欧元),其中25亿欧元用于教学、研究和创新项目建设,其余部分用于基础设施建设(地铁、公交等)以及创新中心的生态系统建设(住宅区以及生活配套设施),旨在将巴黎-萨克莱创新集群建设成为国际领先的创新中心。从国际经验看,技术和经济活力主要来自从事基础、应用研究的科研院所与企业共同参与的高度互动的集群。巴黎-萨克莱创新集群正是致力于建成高等教育、公共以及私人研究一体化的研究平台,并且成

为法国乃至整个欧洲经济增长的驱动力。

2. 多主体协同的科创项目引领机制

巴黎-萨克莱基金会科学合作项目(Paris-Saclay Foundation for Scientific Cooperation)是连接学校、企业和政府部门的重要纽带,该项目几乎涵盖法国所有工程领域的院校。在该基金项目支持下2008年,一批专业研究机构(2所大学和1所私立高等教育机构,6个研究所,10所法国私人工程或商业高等学校)与有竞争力的企业研究中心决定联手打造的萨克莱合作型校园。他们的主要举措是:第一,改造老巴黎十一大学的楼宇及相关基础设施——其中大部分建于20世纪60年代或70年代的重建。第二,另7所高等院校入驻萨克莱,它们大多是工程和技术类院校。第三,每个校园包含多个私人或者公共专业机构,例如纳米科学和纳米技术平台、纳米INNOV集成中心以及气候和能源研究中心等。通过组建这样的专业机构提高科研人员对公共和私人项目的参与度;充分利用研究平台,为学生提供广阔和富有深度的教育;利用所有的研究人员和工程师的能力,以集体管理园区内复杂的问题。

3. 研发资源的高度集聚

一系列数据表明,巴黎-萨克莱地区已经建成世界级的科学研究与创新集群。目前,巴黎-萨克莱创新集群集中了法国公共研究资源的15%、17 000位学术和研究人员、38项欧洲研究委员会补助项目、3位诺贝尔物理学奖获得者,以及众多科技公司的全球研发中心,例如雷诺、标致雪铁龙、液化空气集团、泰雷兹与阿尔卡特朗等。

巴黎-萨克莱创新集群包含众多研究领域,如航空国防安全、新能源、汽车、ICT、工程、建筑和生物医药等。其中,航空国防安全和新能源集群比较成熟。航空国防安全技术集群中入驻了空中客车、Thales、Safran等一大批行业先锋。类似地,新能源创新集群中包含了Air liquid(全球领先的工业和医疗气体、技术和服务公司)、Alstom(发电、输电设备和轨道交通基础设施的全球领先者)等20家左右新能源领域的知名企业。

(三)创新集群拓展方向

根据巴黎-萨克莱年度报告,2015年园区内科研人员总数将提高到3万人,在校学生数达到6万人。为实现该目标,巴黎-萨克莱计划在以下几方面加快建设步伐:

第十三章 长江经济带城市协同创新的国际对标分析

1. 集聚更多高校与研究机构

至少7所工程类名校和研发机构将在未来几年里入驻。同时,更多项目正在建设或者筹建中。例如,法国电力公司实验室-研究与发展中心(EDF Lab - Research & Development Center)将于2015年竣工,致力于新能源技术的研究和开发;占地64 400平方米的专业从事生命科学和环境领域"AgroParisTech/INRA"研究中心计划于2019年竣工;占地81 000平方米的生物和化学制药集群"Pharmacy-biology chemistry cluster & IDEEV"将于2018年竣工。

2. 改善交通设施

计划从2015年开始,增设一条公交线路,并且计划在园区内接入更多轨道交通线路。

3. 完善生态居住系统

计划新建更多住宅以及生活配套设施。除此之外,计划建设大规模的学习中心和教学共享中心。

为实现以上目标,政府计划继续投资13亿欧元用于资助技术和科学项目,以及12亿欧元用于改善交通基础设施。同时,引入约15亿欧元用于集群内住宅、校舍、私人研发中心等项目的建设。

三、德国区域"集群策动"创新网络建设模式与特点

(一) 以政府为主导、以研发机构为主体的"产官研"一体化模式

德国的"集群策动"计划是典型的以政府为主导、以企业和研发机构为主体的协同创新模式。整个策动计划形成了从联邦政府—州政府—市政府的推进体系,将联邦政府各部门的结构政策与各州的区域结构政策进行了有效整合,加强联邦促进政策与各州、市的地方促进政策的协调,推动科研和教育机构、企业、风险投资机构、中介服务机构等的全面参与,共同构建区域技术创新网络的创新战略体系。其中,联邦政府主要在计划的前期发挥主导作用,进行全面战略统筹,推出全国性的策动计划,并组织和实施尖端集群(The Top Clusters Competition)的评选。到了计划的后期,联邦政府主要通过资金扶持,辅助各地方政府促进集群发展。各州、市政府在策动计划的具体实施阶段发挥主力作用,但并不直接参与集群的创建和发展,仅以监督指导和服务职能为主,为企业的经营和创新活动提供支持和激励。如巴伐利亚州政府于2006年2月在"巴伐利亚创新

联盟"框架下实施了产业集群政策,出资 5 000 万欧元扶持了包括高科技产业集群、生产型产业集群、综合技术集群的三大集群共 19 个产业和技术领域。该政策初定第一期为 5 年,之后进行系统评估并动态调整。通过该政策的实施,力求达到三大目标:一是加强企业、高校和研究机构合作,加快科研成果转化,提高创新活力;二是建立专业供应商网络,便于企业就近获得资源,降低采购成本,获得高素质员工,加快同一产业链企业之间的合作,提高企业生产效率;三是通过资源网络化,增强企业对巴州的认同感,增强巴州集群品牌号召力。

(二)城市区域创新网络的创新能力提升作用明显

德国集群策动计划是基于"创新网络是保持企业长期竞争优势的有效方法""采用构建创新网络促进集群发展,更重要的是要发挥集群内主体的能动性""创新集群主体显性知识与隐性知识转化路径"等理论演化而来,目的是加强城市区域"产学研"合作和知识商业转化的质量,并形成具有国际竞争力的区域研发、制造和服务中心。因此,政府对大都市区及区域集群的扶持必然以提升网络集体创新作为根本条件。

一是所有城市或区域的集群必须拥有一个由高校、科研机构和工业企业的研究人员与工程师共同搭建的研发合作平台,构成具有专业技术领域优势的区域研发核心。如慕尼黑大都市区的生物医药集群(Munich Bio m^4 Cluster)主要有四类参与者(见表 13-1)。

表 13-1 慕尼黑生物医药集群的机构组成情况

卓越的科学研究机构(Excellence in Science)	慕尼黑-路德维希-马克西米利安大学(LMU)、慕尼黑工业大学(TUM),以及马克斯·普朗克生物科学研究所、赫尔姆霍茨慕尼黑中心等 3 家研究机构
专业的大中小企业	350 个生命科学公司(Life Science Companies),包括 118 家中小企业,覆盖了医疗和诊断、仪器和试剂、DNA/蛋白质分析、临床前服务、生物信息学等行业
世界著名医院(World Renowned Hospitals)	包括 2 所大学附属医院及其他 60 多家医院
专业的集群管理与服务机构(Professional Cluster Management)	慕尼黑生物集群发展股份有限公司管理,集群内有 2 个企业创新创业孵化基地

二是城市区域集群的主体间要形成一个内部紧密关联、具有实质性内容的特定技术领域或价值链关系的合作网络。集群策动计划的重要特征之一是扶持对象由以往对大学和公立科研机构以及企业的单独促进转变为促进产学研联合,重点支持研究机构与企业结成创新联盟,以及建设创新集群。通过促进创新集群建设,促进研究机构与企业的创新合作。

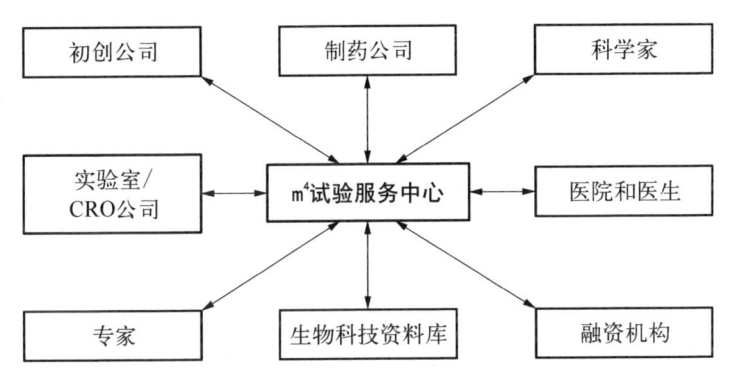

图 13-2 慕尼黑 m^4 试验服务中心的资源网络及主要参与者

三是更加强调科技创新的可应用性。大学、科研机构的研究创新从以往的基础理论研究转变为与企业紧密联系、与产业链紧密合作的应用性基础理论研究。

四是激发中小企业参与产学研合作创新的积极性。为了更加充分发挥中小企业的创新主体作用,联邦政府专门启动了针对中小企业的创新促进项目ZIM(支持中小企业进行贴近市场的产品研发,没有技术领域限制)、KMU-Innovativ(支持中小企业进行前沿技术研究,资助范围为政府高科技战略中的8个领域)。

(三) 大都市区创新网络建构的成效与特点

德国通过三次"集群策动"的成功实施,基本实现了最初制定的意图,起到了提升科技水平和产业发展、实现区域平衡、推动创新网络建设的目标,基于创新型中心城市的大都市区创新网络得以构建。

其中,以巴伐利亚州城市区域的集群策动政策最为典型。第一,巴州的大都市区已成为德国集群最密集和最活跃的地区,汽车业、信息通信业、生物技术、金融业和媒体业等集群已具备一定的国际竞争力。有评论认为,慕尼黑大都市区的生物技术集群是唯一能够代表德国参与国际竞争的生物医药集群。第二,形

表 13-2 德国三次集群策动计划的显著成效

集群计划	实 施 成 效
BioRigio 计划	振兴了德国生物医药技术和推动了产业的集聚发展。从企业数量看，1997 年全德专业生物技术企业（不包括研究机构和大企业集团）不到 250 家，但经过 BioRigio 计划策动后，生命科学核心企业从 1995 年的 75 家激增到 1998 年的 222 家，2002 年的约 500 家。1998—2006 年，集群的年均就业增长率达到 11.8%，其他地区仅为 2.4%。从风险投资看，1995 年德国在生物领域的风险资本总量不足 5 000 万欧元，2000 年前后上升到 5 亿欧元。以 1995—2005 年获得风险资本的 88 家生物企业为例，生物区域地区企业平均获得 3 500 万欧元的风险资本，比其他区域企业（平均获得 2 150 万欧元）高 60% 左右。从创新产出看，德国的候选药物（临床前和进入临床），从 1999 年的 95 种增长到 2005 年的 285 种，且在 2005 年，德国生物技术专利数已是全欧洲第一。更为重要的是，策动计划引导了社会资本的投入，在一些区域，例如海德堡和慕尼黑，杠杆效应超过 10 倍，撬动了共 10 亿欧元的社会投入
InnoRigio 计划	激发了德国东部企业的创新精神，构建了东部地区的中小企业创新网络，推动了德国东、西部的平衡发展。截至 2002 年，InnoRegio 计划促进了全德 23 个创新网络的形成，其中包括 4 个服务网络、6 个生产网络、4 个研究网络和 9 个非正式交流网络。2002 年，参与计划实施的 30% 的中小企业经济效益高于同年全国企业平均水平。计划的最初 10 年，德国政府向东部地区注入了 1.5 亿—1.6 亿马克的资金
GA-networking 计划	成立了专门的集群管理机构——区域合作经济结构联合促进工作组，负责协调集群之间的合作与竞争，并通过集群核心区域与外延区域的合作，带动周边经济的发展

成了以创新性中心城市为核心，辐射周边地区的格局。巴州的产业集群主要集中在慕尼黑、纽伦堡等五大城市。其中，慕尼黑及周边地区有 9 个，纽伦堡地区有 6 个，奥格斯堡有 2 个，雷根斯堡和维尔茨堡各有 1 个。大城市发挥了人力、市场等优势，带动了相对落后地区和农村的发展。第三，进一步加强了本地的产业技术竞争力。在德国联邦教研部举办的"2021 年生物工程"大赛中，巴州生物技术集群的"白色"生物技术获得 500 万欧元大奖；2007 年德联邦政府举办全国超级集群竞赛中，巴州共递交了 8 份申请，在各州位居第一。第四，巴州大都市区集群品牌号召力不断增强，吸引了众多项目和投资。2007 年，仅日本企业就在该州的大都市区投资了 10 个项目。2007 年 9 月，欧洲复兴信贷计划（EFRE）为其提供 2 000 万欧元资金，慕尼黑大都市区的科研机构和中小企业均可通过集群代言人提出申请。

第五节　基于国际对标的上海推动长江经济带城市协同创新方向

一、欧、美、日大都市区域产业网络协同的主要类型特点

综观欧、美、日创新中心城市在区域产业协同中的地位和互动特点，各国的城市发展经验受其国家制度传承、城市发展模式、要素条件的影响，显示出不同的特征。总体上可归纳为两种类型：

（一）欧日：政府主导推动型

在欧洲、日本等地的城市群或大都市连绵区中，在创新中心城市与区域内其他城市的产业协作及创新互动中，国家、地方、大都市区等各层级政府往往扮演着规划者和指导者的角色。创新中心城市的产业发展方向，主要以政府的推动为主导，与创新要素形成有机互动。日本东京、法国巴黎的巴黎-萨克莱和德国慕尼黑等大都市区均是此类型创新中心城市-区域互动的典型代表。当然，这种政府的推动，有时以间接形式出现，即政府并不直接参与创新产业集群的建设和发展，更多是关注于城市间基于产业协同的基础设施建设和服务提供。

（二）美国：市场需求驱动型

美国的大都市连绵区中，创新中心城市与区域内城市之间的产业协作和创新互动，更多基于市场力量或产业内部分工的需求。美国大都市连绵区的产业协作模式中，无论是产业轮替模式、产业横向分工模式，抑或是多中心网络互动模式，企业与市场是催生产业互动的主要力量，也是促进创新要素流动的主要推动者。大都市区政府或州政府更多起着公共产品提供或激励性政策引导等"间接"性作用。城市间高科技产业集群或创新企业群体自身的带动作用得到凸显。产业自身发展的规律对于城市区域创新体系的建设和产业协同起到了至关重要的牵引作用。

二、国际创新中心城市网络协同的主要特点

（一）大都市连绵区创新中心城市与其他城市主体之间的产业协作关系由直线、单向联系向网络化、多方向联系转变

美、欧、日大都市连绵区的经验表明，随着经济全球化的不断深入，以及创新

网络升级的需求,世界级大都市连绵区内部的城市产业协作关系也发生了新的变化。随着连绵区域产业发展和创新网络发展水平的提升,中心城市与区域内周边城市的产业协作关系也不断进行着调整。传统上垂直等级结构的城市群内部关系发生了变化,从"核心—半核心—外围—次外围"的关系排序向网络城市的关系类型转变。城市网络关系的产生,使城市间产业协同关系由原本的线性等级划分转为节点关系。当然,城市节点群当中因创新-产业能级的不同仍有主要节点、中心节点、基本节点等相关等级体系关系,但是城市间的产业互动联系方式已经发生变化。其互动方式不再是自下而上的依附关系,而是相互沟通的横向交流关系。

(二)中心城市经济结构中服务业与制造业均衡发展的"复合型"模式

综观欧美创新中心城市,其城市功能方面基本上已经完成了向以服务经济形态为主导的转换。即使是以制造业产品闻名于世的城市芝加哥,其城市经济体系也已基本上为服务业所主导。但在全球经济危机过程中,这些早已完成服务经济转型的成熟城市往往成为受冲击最为显著的受害者。因此,经济结构的均衡性与多样性,成为创新型城市经济转型的重要发展方向。如纽约的制造业经历了由鼎盛到逐渐"衰减"的过程,但是从内部结构看,制造业比例的下降仅仅是表象,改造后的制造业在更为集约化、高端化的层次上而获得了新的发展。在区域的产业协同需求下,创新型中心城市传统制造业向外部城市转移,而先进制造业则在改造、提升中保留与发展这种趋势得以凸显。这种以服务业为主导、以先进制造业为依托的城市经济结构,在当前美国"再制造业化"的浪潮中将体现得更为明显。因此,世界级大都市连绵区的创新中心城市,应该均衡地发展高级服务业与先进制造业,既承担经济活动节点功能,又是卓越中心所在。

(三)城市转型升级、促进区域协同的核心动力来源于创新

综观纽约、芝加哥、洛杉矶等创新型中心城市的发展历程,在推动经济转型、带动区域协同的过程中,创新被这些城市普遍视为促进上述变革的重要引擎。在这些城市的区域内及周边区域,集聚了大量的高校、研究机构、创新型企业等创新要素。这些城市的转型和区域产业带动效应,无不依赖于区域内的技术创新、制度创新和文化创新资源。在一些城市之中,创新已成为城市的主要空间功能定位。在美国波士顿大都市区的体系内,坎布里奇城(哈佛大学和麻省理工学院等4所高校的所在地),就担当着波士顿大都市区的"中央智力区"和"创新心

脏"(Heart of Innovation)角色,后者甚至成为坎布里奇市的官方口号。

(四)多主体、多层次创新-产业互动是区域产业协同的重要方向

国际典型创新型中心城市与区域的协调互动经验表明,政府、高校、科研机构、企业等多主体之间围绕区域创新发展进行的产业互动以及创新要素交流,是促进大都市连绵区产业协同的重要保证。同时,相关城市十分注重、强化公共研发机构与私人部门之间的合作,这也是推进新技术产业化的重要条件。这种合作的政策设计往往带有跨区域的特色。这种多主体多层次的创新-产业互动有助于强化创新者与先进制造业者之间的沟通联系,打造最强有力的先进制造业研发中心和区域配套主体。先进制造业中心的网络将能够降低技术创造与应用的门槛,并有助于提升区域小微企业运用最新技术的能力。

(五)高水平基础设施是区域产业协同的重要保障

区域性高水平基础设施是推进区域产业协同的基础性条件。欧美大都市区及州(省)层级地方政府,重视以战略性投资和治理制度,提升区域的交通体系等基础设施。这种基础设施的建设方向在于能够满足复杂的区域性供应链流动、货物出口运输以及高技能员工的通勤,从而有利于区域先进制造业的发展及中心城市与其他城市的要素流动。欧美的经验表明,创新型中心城市借助多层次资源调配,针对区域产业协同需求而进行基础设施布局和建设,有助于提升自身在区域协同中的地位和作用,并促进城市区域的一体化发展。

(六)区域性劳动力发展战略是促进产业协同的重要抓手

欧美大都市区域的发展战略,高度强调区域劳动力水平升级对于大都市经济创新发展和产业协同的重要性。欧美创新型中心城市与区域互动的实践也表明,大都市区及城市群需要根据区域先进产业发展方向、要素与劳动力状况而量体裁衣制定劳动力发展战略。这种以区域为出发点的城市群整体劳动力发展计划将为区域的产业协同带来更大的灵活性和互动基础。

三、上海在长江经济带创新网络中的地位界定及产业协同机制发展方向

(一)上海在长江经济带创新网络中的地位界定

综合欧美的大都市连绵带产业协同互动模式的发展经验,创新型中心城市是城市连绵带的经济发展核心,也是区域创新网络的核心节点和产业化实现平台。参照欧美大都市连绵带及大都市区的创新中心城市发展特点,上海在长江

经济带创新网络中的地位主要体现为：创新网络的核心节点城市、国际科创资源集聚辐射中心，以及区域创新资源产业化的核心服务平台。其核心任务在于，以全球性科技创新中心及区域创新枢纽功能，促进长江经济带建构产业横向分工与多中心网络化融合的产业协作互动模式，提升区域先进制造业的整体水平。在区域网络协同的模式选择上，应考虑长江经济带的区域经济主体属性和特点，采取以中心城市与区域重点城市政府间互动为基础，适应产业链-创新链双重网络塑造需求，整合市场主体、创新主体、行政主体、社会主体的多层次协作模式。

与国际典型创新中心城市相对照，无论从传统上还是当前发展状况来看，上海毫无疑义地具有长江经济带中心城市的牢固地位。从价值链分析的视角考察，跨国公司以及国内企业总部管理、金融运营、研发设计、市场营销等高端价值链环节进驻上海，上海发展高端服务业的功能已非常明确。另一方面，作为中国制造业最为发达的长江经济带的龙头城市，依托既有人才优势、技术能力以及先进制造业基础，上海必然应成为区域新一轮科技创新与产业创新的空间主体，代表中国占领全球新兴产业价值链的制高点和新兴的全球生产网络技术控制和标准制定中心。这是上海创新中心发展的最高战略，是长江经济带其他城市无可替代的。

（二）国际经验对上海促进长江经济带产业协同机制建构的主要借鉴

1. 推动跨区域产业集群式发展，建立具有实质性创新关系的技术联盟、战略联盟等

国际大都市连绵带产业协同创新的核心就是要使各创新主体之间建立起紧密联系的网络，实现"产学研"真正的一体化协作，共同推动区域技术创新和产业升级。因此，产业创新发展的目标不再是针对某个具体项目、具体机构的单独促进，而是转变为对整个合作创新网络的集体促进。因此，上海推动区域产业协同也需要关注以下问题：一是从以往对具体项目、具体企业、具体园区的传统思维，转变为对在产业链、价值链上有实质性关联和创新关系的技术联盟、战略联盟等的支持。扶持的目的是真正推动相关创新资源的紧密联系和激烈碰撞，实现创新。二是全面统筹区域内的战略性资源（如自贸区、综合配套改革、迪士尼等国家战略或国际性大项目）及优势产业，推动分散在不同区域的创新主体的整合，建立跨区域联盟，建成"广域创新网络"，使"创新链"得以在更大空间上整合创新资源，从而实现创新要素的优化配置。

2. 建立区域开放式创新体系：扩大创新的国际合作，推动技术创新的"引进来"和"走出去"

区域创新集群协同的开放性是取得长期稳定发展的精髓。欧美城市群的协同创新和产业协同也高度依托创新领域开展形式多样的国际合作，促进国际创新要素的集聚与流动，特别是与产业相关创新要素的流动，从而提升创新的效率、来源与多样性。上海的区域性创新-产业协调能力的基础在于全球性的创新集聚能力，以及城市国际化特性与创新资源的巨大融合潜力。因此，上海发挥自身全球城市的独特优势，推动区域创新要素与国际化流量配置能力的有效结合，这将全面提升区域产业的国际化能级与辐射力，进而在国际化进程中促进区域产业协同体系的建设。

3. 塑造区域创新环境建设和服务能力：积极打造各类产业-创新专业化服务平台

美国大都市连绵区的产业协同实践中，城市政府并不直接参与区域创新-产业体系的建设和发展，更多关注于基础设施建设和提升服务能力。联邦、州一级提供的资金也主要用于区域基础设施建设、创新企业培育、搭建公共服务平台、人才培养和开展职业教育（包括开展网络教育、远程教育）等方面。因此，上海应关注服务于区域创新网络的物理环境营造和专业服务能力的提升，尤其是形成各类产业-创新类专业服务平台，包括面向长江经济带各产业领域的基础理论、应用领域的技术交易和专利转让平台、公共研究平台、大数据信息平台，以及针对小企业的公共技术服务平台、以产业需求为指向的职业培训和教育平台等。

第十四章 上海与长江经济带城市协同创新的基本思路

第一节 上海与长江经济带城市协同创新的路径选择

上海与长江经济带城市间的协同创新,是跨城市群、跨省级行政区、跨流域之间超大空间尺度上的创新协作探索,具有重要的国际引领意义。其协同创新的路径设定,需要在综合国际经验的基础上,充分考虑上海、长三角、长江流域三个层面创新城市多样化特性及既有区域创新协作经验,以及区域多层次创新、产业互动的发展需求。同时,需要明确上海建设全球影响力科技创新中心战略指向下,在区域协同创新体系中的定位,以及协同创新体系的主要发展特点。在区域协同创新路径的主要推进方向上,则应高度关注要素合作、制度协同、产业互动等关键领域"三位一体"的支撑作用。

一、上海与长江经济带城市协同创新的定位与互动模式

(一) 上海在长江经济带协同创新的地位判定

上海在长江经济带协同创新网络中,应确立自身的引领性地位。上海应发挥自身作为全球高端人才创新创业的集聚区、世界前沿技术研发和先进标准创制的引领区、国际性领军企业的发展区、具有全球影响力的高技术产业的辐射区、体制改革与机制创新的试验区的"五区"优势,在引领、辐射、服务方面,发挥沿江都市创新连绵区的创新引领作用。

具体而言,这种引领地位反映在以下几个方面。其一,科技创新的核心城市。上海作为科技创新资源齐备、综合配套能力强大、制度创新能力卓越的国际

性大都市,发挥在长江经济带科技创新的核心枢纽功能。其二,创新平台服务能力。上海具备较高能级的生产性服务业体系,能够发挥知识集成与扩散的重要平台功能,并在研发与产业化之间建构重要的融合机制。其三,金融支撑作用。上海的国际金融中心地位已基本确立,能够在资金、资本层面形成对区域创新发展的核心支撑体系。其四,创新国际化枢纽。上海的"四个中心"与世界城市地位,使其具备全球要素资源配置的门户与中心地位。上海本地的研发机构、跨国企业的研发部门与国际资本、人才、市场的互动能力较强。上海在长江经济带协同创新中,应发挥这种重要优势资源,提升基于创新研发中心基地的全球研发网络节点能级,成为长江经济带创新资源国际化发展的枢纽。

(二)"点-网"向"面-群"模式的发展:以全球科创中心枢纽功能带动全球性科创大都市连绵区

上海与长江经济带协同创新的主要模式,应在上海与长三角区域协同创新的"点-网"模式,即科创中心-世界级城市群的互动模式,向以全球性科创中心-全球科技创新大都市连绵区基于创新网络互动为特点的"面-群"发展。在整体模式的选择上,应顺应国际区域性创新模式从传统线性和链式模式,向非线性、多角色、网络化、开放性转换的总体趋势,塑造以长江流域为轴线,沿江大都市连绵区多元创新主体协同互动为基础的协同创新模式,打破领域、区域的界限,实现地区性的协同创新,构建多元创新网络,实现创新要素最大限度的整合。上海应充分发挥全球科技创新中心的枢纽功能和带动功能,支撑长江经济带各主要创新城市与周边区域形成以大都市区为空间表现形式的"创新面",进而以11个沿江省市的多"创新面"为主要支撑,形成轴带状的"创新群"。

这要求上海建设具有全球影响力科技创新中心的战略谋划要基于上海,跳出上海,在创新的"双向开放"策略中,充分考虑发挥长江经济带的广阔创新腹地优势,从区域视角整体通盘考虑,与长江经济带重要创新节点城市形成多层次的协同,进而发挥"建面""筑群"的核心作用,形成全球科创中心-区域的整体发展。

(三)协同创新体系塑造:多层次科创城市基于"创新链-产业链"的协同网络建构

长江经济带具备科技创新能力的城市数量众多,但创新能力与水平层次差异明显。其中有全国乃至全球具备影响力的科创中心城市,也有具备创新特色的科技发展先进城市,还有一系列科技发展基础良好城市,以及部分尽管科技发展水平有待提高，但具有先进制造业基础的潜力型城市。多层次的科创城市的协同发展，应主要基于创新链与产业链的分工及比较优势进行推进，避免科技要素集聚和产业发展方面的"同构化"竞争。应正视长江经济带几大城市群各自不同的创新合作阶段，针对长三角城市群制度合作、成渝城市群要素合作、长江中游城市群规划协调等不同的创新合作方式的特点，建立有包容性的协同创新体系。

上海引领长江经济带城市的协同创新，应注重形成不同层级创新城市基于创新链的合作模式。总体上应借助长江经济带区域科技创新中心城市的建设，合理定位城市连绵区科技创新中心的功能与布局，构建若干层次的创新链合作模式。第一层，全球创新中心城市。上海应重点围绕全球科技创新中心建设，打造以专业服务及市场平台为主、以科技研发为支撑的科技研发服务中心；主要构建科技资源服务系统、科技创新服务系统、科技管理服务系统等三大系统，为长江经济带兄弟创新城市提供包括建立国家级和省部级重点实验室、国家级和省部级工程技术研究中心、企业重点实验室、工程化服务平台等四大类重大创新平台在内的服务，构建公共科技基础条件平台、行业创新平台和区域创新平台等三大研发科技服务平台体系。第二层，区域创新中心城市。南京、武汉、苏州、重庆、杭州、成都等区域创新中心要建立以综合性科技研发为主、以区域专业服务为辅的创新链。第三层，专业性创新节点。无锡、合肥、长沙、宁波、南昌、昆明、贵阳等其他创新节点城市形成以专业性研发和研发产业化为主、市场面向上海和区域性创新中心的创新链。

（四）区域协同方向：长三角协同创新经验在长江经济带的复制推广

上海与长三角区域的协同创新实践，已经持续数十年实践。特别在上海加速建设全球影响力科创中心的近一时期，这种区域性的协同创新进一步深化。在长期的区域创新体系建设中，长三角区域形成了一系列成熟的协同创新经验。在协调机制方面，这些经验表现在上海与周边区域的创新定位协调、创新公共平台建设、创新制度体系设定、产业园区合作、高科技园区联盟、科技中介体系等多领域的协同体系。在产业链与创新链融合发展方面，上海与长三角城市间也形成了较为稳定的互动方式，即通过构建研发与生产承接紧密融合的产业链和价值链，实现各城市产业升级。通过以研发为中心的协同创新，形成跨区域的上下游企业，以及外部企业、联盟企业等之间稳定的产业链和价值链，推进科技成果在更广的范围迅速实现产业化。这种协同创新的成功经验，应在上海与长江经济带的协同创新推进中得以复制、推广、提升,从而降低创新模式设定的风险和成本,提升协同创新体系建构的效率。

二、区域创新要素合作体系的建构方向

(一) 创新人才培育-集聚-辐射体系

创新人才建设的合作是区域协同创新的重点领域。在科技创新人才的合作与协同方面,上海已具备较为完备的科创人才培育体系,应成为区域协同创新的人才培育、辐射枢纽。上海应超越当前吸纳人才为主的阶段特征,谋划向长江经济带释放人才的辐射作用。在创新人才协作方面,应关注长江经济带作为全国先进制造业核心区的主要特征,聚焦园区和产业基地的人才需求特性,形成创新中心城市之间、城市群之间的人才供给-流动体系。创新人才的培育与辐射,应在中心城市之外,更加关注对长江经济带二三线城市的人才供给。应建构区域性的人才培育、流动便利化战略,促进人才向多层次创新城市的均衡分布,防止区域产业内的人才恶性竞争,促进创新人才的规模供给和质量升级。

(二) 研发服务平台构建

长江经济带城市间应在长三角科技创新公共服务平台的基础上进一步拓展区域性的研发服务平台建设。由上海市科委和长江经济带各城市交流办牵头,组织长江经济带主要城市,建立区域性综合科技创新公共服务平台,就科技创新项目、共性技术开发项目、科技基金扶持项目等定期公开公示科技创新相关信息,形成信息共享、合作交流、互动发展的格局。进而深化长江经济带各城市间技术互动和专业服务平台建设。同时,应重点发展相关行业协会的作用,组织长江经济带重点创新型行业形成若干个企业联盟,形成行业趋势信息、产品开发、技术专利、知识产权、品牌创新、产品交易等专业性服务平台。在发挥既有的"孵化器""加速器"等平台功能的基础上,鼓励和扶持公共技术研发平台、检测实验平台、信息情报平台、科技成果工程化平台、技术转移服务平台、咨询服务平台、创新服务机构及产业集群服务机构等专业中介服务机构(平台)的建设。在政府主导的服务平台之外,鼓励企业和社会力量建立面向长江经济带城市创新的金融、保险、工业产品设计、品牌策划、营销、科技人才培训等专业性的平台。

(三) 创新资金融通体系

上海应发挥自身金融方面的优势地位,促进完善创新金融服务平台。以提

高科技与金融的融合度、加强科技与资本的结合为主要原则,对金融服务创新的区域性机制、体制进行设计,提升资本向创新领域流动的效率和作用。上海应注重建立适应长江经济带科技中小企业的贷款管理体制和业务流程,引入贷款的风险定价机制,建立适用于科技企业的风险评估方法和风险管理制度,通过组合投资、与风险投资合作、持续监控等进行风险控制。同时,促进创新抵押担保方式和多样化金融服务,开展知识产权质押、法人连带担保、股权质押、保单质押、应收账款质押、出口退税质押等多种贷款方式。在机构合作方面,借鉴"硅谷银行"股权和债权相结合的业务模式,加强与创投机构密切合作,引导多样化的创投资金向长江经济带多层次创新区域辐射,实现区域性的"贷投结合"盈利模式。完善区域性知识产权质押融资运行机制,扩大实施知识产权抵押贷款的覆盖面,完善科技企业知识产权质押融资运行机制,通过知识产权质押给政策性担保机构,由银行向企业提供贷款,并通过市场化手段做大质押融资规模。

(四)创新企业信息网络体系

应建立完善长江经济带主要城市间的创新型中小企业信息网络平台。对创新型企业的培育服务,除了提供场地、政策传递等服务方式外,还应增强企业与市场各要素之间的信息沟通,帮助企业将研发生产与市场对接,使企业的创新活动既能满足市场的需求,又能获得市场的支持,从而发展壮大。

上海应牵头在信息网络服务平台建设方面走在长江经济带前列,以政府扶持的资金统一申报平台为基础,结合11省市的成长型中小企业数据库建设,建立跨省区的创新型中小企业数据库,运用数据库对中小企业开展服务与管理,一方面便于掌握中小企业的基本情况,另一方面,可为创新型中小企业融资等经营活动出具具有担保性质的基础资料。除了不断完善信息交流和技术层面的研发、成果转化、仪器设备、技术转移、技术交易等专业平台,还可以开拓企业设立、风险投资、金融服务等方面的专业平台,提供更全面的服务,帮助企业降低创新创业的成本,提高资源的使用效率,缩短科技企业特别是小型高新技术企业的起步周期和成长期,提高其成功率。

三、区域创新制度协同体系的构建方向

(一)创新合作协调机制

当前,长三角区域已形成以决策层为核心,由决策层、协调层和执行层共同

组成的多层次创新合作机制体系,在统筹整个长三角区域重大事宜及布局建设、制定一体化的长期发展规划与战略目标方面已经逐步完善。在长江经济带的协同创新方面,应借鉴长三角区域政策协同机制的建构经验,建立 11 省市之间的创新协调合作平台。以制度设定、决策、协调、执行等多层次的政策互动为核心,推动建立区域性的创新政策协同体系。同时,通过协同创新平台,对相关科技创新专题研究和专项项目进行重点推进,进而进一步扩大杠杆效应。在重点抓手方面,应借助上海打造全球科技创新中心的契机,将科技创新合作纳入长江经济带区域合作重点专题和平台,并借助长江经济带城市经济协调会平台,建立区域科技创新合作机制,加强各省与上海的科技合作,设立科技合作联席会议制度,促进 11 省市科技厅、科委等部门的加强交流,形成常态化的科技合作机制。

(二) 产学研协同发展机制

长江经济带的科创体系建设,应注重激发区域大学和科研院所创新活力,促进区域性的产学研联合。大学和科研院所是长江经济带核心城市创新的重要力量,是知识与技术创新融合的重要载体。上海是区域内大学和科研院所集中的核心城市。在构建区域产学研合作体制的过程中,应关注大学和科研院所的事业单位属性,努力破除主要体制机制束缚,促进产学研资源的跨区流动和整合。

上海可以全球科创中心建设为契机,积极争取国家科技体制改革和国家实施创新驱动发展战略的试点,以改革促进大学和科研院所的创新活力。同时,在试点的制度设计中,融入长江经济带产学研协同发展的内容和趋向。一方面,促进科研成果在长江经济带的跨区域转化。在大学和科研院所设立知识产权服务机构,配置更多的专业人员,促进科技创新成果在区域内的及时转让,并更好地引导科技创新与长江经济带其他创新中心城市及次中心城市产业发展、社会进步需求的对接。鼓励大学和科研院所通过产学研合作和知识产权入股获取发展资金,并增强这部分资金使用的分配自主权。另一方面,鼓励科研人员在长江经济带跨区域创新创业。应允许和鼓励科研人员在长江经济带城市间离岗创业,创业期间保留其原有身份和待遇;允许和鼓励科研人员在完成本职工作前提下在职创业,或到企业兼职,并可获得相应的个人收入或股份。贯通大学和企业工程师在区域内的职业通道,吸引有丰富经验的高级工程师到沿江相关创新中心城市大学担任教授、副教授或从事研发工作。

（三）创新资源管理体制

长江经济带的城市间应形成创新科技资源的协同管理体制。各城市政府部门应以相互协调的政策、制度方面为依托、依靠为科技发展提供便利，从环境、资金、知识产权等方面创造条件，加强科技资源投入的顶层设计和宏观调控，自上而下改革目前沿江区域各城市间科技资源分散投入的体制，建立起各城市的部门、地方创新源之间的有机联系，以及科学高效、协调运转的科技资源管理体制。

上海可在两方面促进这一体制的建设。一方面，上海应作为创新中心城市，引领长江经济带主要创新型城市间科技资源的相互开放，扩大开放机制，以促进区域内外科技资源的共享。同时通过行政引导、利益调控等手段形成健全有效的共享机制，积极鼓励通过联合资助、风险共担等方法推进科研机构共同开展科学研究，消除封闭和条块分割。进而鼓励长江经济带主要创新城市科研单位之间、高校之间以及科研单位及高校之间相互合作，减少重复建设，最大可能地实现区域科技资源的合理、有效利用。另一方面，上海应利用信息化手段和优势通信条件，牵头建立长江经济带城市间的科技资源共享网络，包括专业数据库网络、科研教学机构网络、人才队伍网络、科学数据网络等，加强科技资源共享的平台建设。

（四）社会参与体制

区域性的创新社会参与体制与是长江经济带创新活力的重要保障。上海应引领长江经济带各城市间共同挖掘社会创新创业潜力，促进大众创业、万众创新。培育开发式创新创业生态系统，促进创新成果与市场需求及资本的有效对接，使沿江创新型城市成为大众创业、万众创新的首选地。

上海应与南京、杭州、武汉、重庆等沿江创新城市共同探索创业、创新的公共服务新模式，为创业者和创新企业提供培训、咨询、管理、设计等标准化服务。合作发展"创业咖啡""创新工场""星创天地"等新型孵化模式，加快建设一批市场化、专业化、集成化、网络化的众创空间，为小微创新提供低成本、便利化、全要素、开放式的创新创业综合服务平台。同时，城市间应共同完善科技人员创新创业股权激励机制，推进科技特派员创新创业，深入实施大学生跨区域创业引领计划。此外，上海应支持由沪返乡创业人员以上海创新要素为基础，因地制宜开展创业。

四、区域创新产业互动体系的构建方向

(一) 产业发展协同机制建构

长江经济带的产业政策协同应以区域的产业结构特性为主要建构基础。在总体上应关注制造业与生产者服务业的融合发展及良性互动,形成"共同但有区别"的产业政策协同体系。具体而言,应高度关注国家制造强国战略,瞄准未来产业竞争制高点,以产业政策引导高端装备制造、新一代信息技术、节能环保、现代生物、新材料、新能源、新能源汽车等战略性新兴产业在沿江区域的快速、合理发展,着力提升 11 省市的整体技术研发水平,推动区域产业转型升级和结构调整。在政策的设定上,应根据相关文件,引导高技术产业在各城市间因地制宜、突出特色、错位发展。以政策的引领作用,引导支持沿江省市有条件的城市和地区开展制造城市试点示范创建工作,进而推动沿江产业合理有序转移,探索多种形式的产业转移合作模式。

上海的高科技产业政策设定,应关注与长江经济带产业联动程度低导致区域创新链延伸度不足的问题,引导进一步扩大高科技产业以及金融、咨询、信息、会展等为高科技产业服务的先进服务业(APS)的服务范围和辐射范围,制定有利于引领长江经济带区域制造业与生产者服务业互动发展的专项产业政策,进而以政策设定提升上海与长江经济带的产业联动深度。同时,上海应进一步考虑提升金融、贸易、航运、经济"四个中心"建设对长江经济带的科创产业发展的带动作用,以在区域创新产业发展层面充分释放城市国际化发展的"开放红利"。

(二) 企业创新主体地位提升

企业是创新发展的主体。长江经济带城市协同创新,应高度重视激发企业成为创新主体,弥补技术创新短板。上海在促进长江经济带企业创新主体地位共同提升方面可发挥一系列重要作用。其一是以国家、区域、省市重大工程与项目为抓手,促进在沪国企成为长江经济带创新驱动的主要动力源。发挥国企对于赶超型创新项目优势,激发内在创新活力,使国企在沿江各城市中的国家重大项目与工程技术发展中承担创新发展主力军作用。其二是进一步鼓励跨国公司研发总部落地上海,发挥第三代跨国公司研发中心对区域的带动作用。长江经济带主要城市集中了较多跨国公司地区总部和跨国公司研发中心。上海以"反向创新""离岸创新""开放创新""技术共享"等原则为核心的跨国公司研发中心

的建设经验，有助于兄弟城市为研发中心提供国民待遇，支持其承担长江经济带科技创新重大工程和项目，支持其与国内的大学、科研院所和其他企业开展产学研合作，同时通过项目支持和政策配套，支持其更好地发展壮大，对沿江区域的整体创新发展产生积极的溢出效应，对全球提供最前沿的技术输出和服务。通过完善知识产权保护体系扩大外企本地化研发与应用规模，与本土企业形成互动，扩大溢出效应。其三是通过营造良好的创新创业环境，促进民营企业成为长江经济带"草根创新"的主力军。上海应构建开放式创新网络，使沿江城市的民营企业也参与重大工程与重大项目，进而使长江经济带的民营企业在重大产业和行业技术方面形成快速发展的态势，引领区域的产业转型升级。

（三）高科技产业园区合作共建

高科技产业园区的跨区域合作，是长江经济带城市协同创新与创新型产业合作的突破点。随着长江经济带的发展，以及国家长江经济带规划的相应出台，长江经济带各城市的产业合作迎来重要的机遇，但由于各地区区位不同，经济社会发展的差异较大，在产业合作方面遇到较大困难。由于高科技产业园的发展目标较为一致，且容易基于创新链形成互动体系，有助于克服各地区区位不同、经济发展要素条件不同带来的产业合作障碍。因此，长江经济带应以高科技产业园区合作为平台，建立长江流域园区合作联盟，打造全区域内的完整创新链和产业链。

上海在促进长江经济带高科技产业园区共建方面有独特优势。在长三角区域，上海引领的高科技开发区共建已经进入跨省区发展的新阶段，在沪高科技开发区对外的共建项目大力推进。上海与南通、海宁、湖州、盐城、广德等城市共建了一系列高技术产业园区和研发中心。上海应在长江经济带城市间进一步扩展成功的园区合作模式，推进基于产业集聚＋产业分工＋产业链细分＋区域分工特性的区域高科技产业园区合作发展模式。

第二节　上海与长江经济带城市协同创新的主要举措

长江经济带是中国经济发展的重要战略支撑带，在区域发展总体格局中具有重要战略地位。上海作为长江经济带龙头城市、全国最大的经济中心城市，处

第十四章　上海与长江经济带城市协同创新的基本思路

于"一带一路"建设和长江经济带战略的交汇点,负有义不容辞的历史使命。应充分发挥上海科教资源丰富、创新创业活跃、产业基础雄厚等优势,进一步深化科技创新体制改革,打破行政壁垒,带动长江经济带创新驱动发展。具体主要体现在以下几个方面:

一、开放创新资源,主动在长江经济带进行区域布局

上海要进一步开放科技创新资源,发挥在科技、资金、人才、文化、教育、医疗等方面的优势,把产业、园区、高校、医疗、科研型医院、科研院所、高职等优质科技资源主动在长江经济带布局,形成以上海为主导的科技创新网络。目前,上海科技教育资源与长江经济带的合作还处于以项目和课题合作为主的短期合作阶段,合作的深度和延续性不够。因此,要以长江经济带各城市的需求为主导,与上海建立科技战略合作关系,鼓励高等院校、科研机构、高职等在当地成立分校。特别是考虑市属、理工类、应用技术类高校,以及高职等与周边产业比较契合的特点,把应用类科技教育和科技研发资源积极与长江经济带城市进行对接,并根据当地产业特点设置相关专业和研发项目,推进长期合作。通过五年左右的布局与协同发展,形成当地的产学研科技创新体系。由于这种产学研创新体系注入了上海科技创新要素,必然会与上海产学研体系进行对接,进而推动上海科技创新的深度发展。

二、推动科技服务,注重科技无形资产的整体输出

长期以来,上海科技创新要素的输出往往是以项目、产品、技术等有形资产,并以点为主形式进行。由于缺乏整体性,上海科技创新要素在当地的培育与发展不甚理想。随着经济社会的发展,上海无形资产的输出将逐步占据主导地位。科技专业服务是科技创新重要的无形资产。具体来讲,与长江经济带其他城市相比,上海科技创新能力强,不仅仅体现在科技本身,更正重要的是具有较强技术服务能力,这种服务能力是与科技创新是一体的。上海具有较强的金融、保险、咨询、信息服务、文化创意、品牌策划、平台服务等专业服务能力,这也是其他城市所不具备的。上海要发挥科技专业服务业优势,把无形资产注入有形资源,形成整体输出科技创新要素的态势。未来上海在技术服务业与专业服务业高度融合发展的同时,更重要的是将科技专业服务融入科技产品、科技项

目、科技资金、科技人才等有形资源中,向长江经济带辐射。由政府搭台,行业协会承接,建立联席会议制度,定期展开创新服务对接的论坛、研讨会、交易会、交流会等合作活动,争取形成以科技有形资源为先锋、以无形资源为支撑的科技输出体系。

三、从点上突破,探索上海与长江经济带创新合作模式

长江经济地涉及中国 11 个省市,各城市经济发展、科技创新、人才支撑呈现区域差异,要以点为突破,选择重要节点城市和重点园区探索创新合作模式。一是深化园区合作模式。借鉴上海与长三角园区合作经验,深化推动长江流域园区合作联盟,做实科技创新合作。2015 年,上海举行的汇聚全国 48 个城市、59 个开发园区的长江流域园区与产业合作对接会上,长江流域园区合作联盟正式成立。在进一步推动上海张江高新区、武汉东湖新区、重庆两江新区、南京高新区和合肥高新区等园区合作基础上,推广更多园区进入合作联盟。选择张江、漕河泾等园区中的高新技术企业,重点围绕科技创新合作中的研发和成果转化为核心,鼓励企业在长江经济带合作园区设立分公司,或开展与长江经济带合作园区内企业的合作。探索园区之间就企业创新成果的转化和利益分配等合作政策。发挥上海专业服务能力强的优势,提供品牌策划、文化创意、工业设计等配套服务,当地园区发挥研发产品中试环节优势,逐步形成类似阿里巴巴、腾讯的知名龙头企业。二是推广创新合作联盟。以市场为导向,发挥行业协会的作用,积极建立科技创新技术领域、技术服务领域、专业服务领域三大合作联盟,联盟内部开展各种交流活动。以上海与长三角已建立较为成熟的创新合作联盟为载体,如科学与仪器产业技术创新战略联盟、长三角中小企业服务机构联盟、长三角青年创新创业联盟等,逐渐向长江经济带推广。可选择长江经济带重要节点城市如重庆、成都、武汉、昆明、贵阳等城市逐渐纳入创新联盟,推动上海与长江经济重要节点城市进行网络创新合作。三是鼓励小微企业之间的合作。上海由于商务成本较高,小微企业的成长受到一定限制,而长江经济带其他城市的发展环境又存在不足。因此,要发挥上海专业服务优势,在长江经济带范围内广泛寻找、筛选、锁定有成长性的小微企业。一方面,鼓励上海的社会资金和专业服务介入,共同培育发展;另一方面,通过区域战略合作,形成政府合作搭台,企业、市场、社会力量合作发展的格局。

四、创新区域政策,引领上海与长江经济带协同创新

抓住上海建全球科技创新中心建设机遇,创新区域政策打破行政区划壁垒。一是建立竞争性区域产业政策,避免长江经济形成新一轮产业趋同。目前,长江经济带沿线城市均以新能源、新材料等战略新兴产业为发展重点,重视科技研发创新。建议建立企业创新成果应用保护期制度,对企业将自主研发成果形成的产品予以一定期限的保护。保护期内其他企业不得进入该领域,有限的保护期限过后则全面放开市场,允许其他企业自由竞争。政府要完善评定办法和执法措施。二是率先在高科技创新产业领域建立税收分享机制。上海在长三角区域内重在全球科技创新中心建设,研发企业多在上海,而科研成果产业化和制造环节多在长三角其他城市。研发企业在初创阶段属于保护行列,税收普遍优惠甚至完全免除,等到研发成果需要较大规模产业化时,由于土地劳动力等要素的成本比较,它们又会倾向于向周边地区转移,这样大大降低了上海支持企业研发的积极性。因此,为鼓励人才、技术、产业园区等优势资源的跨区域流动配置,提高长三角总体效益,建议在长三角区域建立高科技创新产业领域税收区域分享机制。

五、深化制度创新,完善长江经济带创新合作机制

上海通过改革促进创新,探索出一系列制度改革,可率先将之在长江经济带进行推广和复制。制度创新引领主要体现在三个方面:一是将上海自贸易试验区制度创新,率先在长江经济带推广和复制。加强上海海关与武汉海关、重庆海关等长江沿线海关联动发展,进一步完善长江流域大通关体制。将上海海关的监管服务制度创新率先在长江经济带推广复制,推进实施"一线放开",坚决实施"二线安全高效管住",建立货物状态分类监管模式。二是发挥浦东新区以及综合配套改革试点的先行先试作用,探索在体制机制方面的率先突破和创新,引领长江经济带制度改革创新。长江经济带囊括了中国1/3的国家级新区,有浦东新区、重庆两江新区、舟山群岛新区、贵州贵安新区、湖南湘江新区、南京江北新区等6个。放大浦东新区建设和浦东综合配套改革的建设经验,把浦东综合配套改革试点作为服务全国的重要载体,将成熟的经验做法向长江流域首先推广。三是区域合作体制机制创新,为长江经济带中其他城市群以及长江经济带区域

合作体制提供有益经验借鉴。目前,长三角城市群已形成了"三个层次,四个座谈"相对比较成熟的区域合作体制机制。参照长江三角洲区域合作协调体制与机制实行的会议制度经验,建立轮值制为长江流域各城市群合作协调体制与机制的正常运行提供制度保障,并探索长江流域合作联动体制机制。

六、利用信息化手段,打造创新服务平台

利用信息化手段,充分发挥上海创新优势,建立与长江经济带互通的创新服务平台。重点打造四大平台:一是建立科技资源共享平台。这包括专业数据库网络、科学技术创新网络、科研教学机构网络、人才队伍网络、科学数据网络等。以上海与长三角已建立的科技创新、重大科技设施共享平台为载体,与长江经济带重点城市进行统一数据交换标准和借口对接,建立重大关键产业技术,重大设施共享,推广上海信息数据、大型仪器、农业种植资源、新药创制、集成电路设计等创新服务平台。二是创新公共服务平台。由上海市科委和长三角合作交流办牵头,组织长江经济带成员城市,建立综合性的科技创新公共服务平台,就科技创新项目、共性技术开发项目、科技基金扶持项目等定期公开公示科技创新相关信息,形成信息共享、合作交流、互动发展的格局。三是建立技术互动平台。重点发展行业协会的作用,组织相关行业形成若干个企业联盟,形成行业趋势信息、产品开发、技术专利、知识产权、品牌创新、产品交易等专业性服务平台。四是构建跨区域专业合作平台。可通过扶持创立区域行业协会、建立区域利益分享和补偿机制、实施跨区域发展促进基金等手段,推动企业、中介组织、非政府性区域合作组织以及承担社会服务的相关机构参与到上海长江流域的工程中,促进不同区域间人员、商品、资本、生产要素的自由流动和融合,优势互补、互利双赢,推动长江经济带共同发展和繁荣。

参考文献

[1] Gloor P A. Swarm Creativity: Competitive Advantage through Collaborative Innovation Networks[M]. New York: Oxford University Press, 2005.

[2] Gloor P, Laubacher R, Dynes S. Visualization of Communication Patterns in Collaborative Innovation Networks: Analysis of Some W3C Working Groups[R]. Proceedings Of The Twelfth International Conference on Information and Knowledge Management, November 2003, Pages 56-60.

[3] Lorenzen M. Localized Learning and Policy: Academic Advice on Enhancing Regional Competitiveness through Learning[J]. European Planning Studies, 2001, 9(2): 163-185.

[4] Nonaka I, Toyama R, Nagata A. A Firm as a Knowledge-creating entity: A New Perspective on the Theory of the Firm[J]. Industrial and Corporate Change, 2000, 9(1): 1-20.

[5] Proc. ACM CKIM International Conference on Information and Knowledge Management[J]. New Orleans, 2003, (11): 3-8.

[6] Schmitz H. Global Competition and Local Cooperation: Success and Failure in the Sinos Valley[J]. Brazil World Development, 1999, 27(9): 1627-1650.

[7] 陈晓红,解海涛.基于"四主体动态模型"的中小企业协同创新体系研究[J].科学学与科学技术管理.2006,8:37-43.

[8] 陈劲,陈钰芬.开放创新体系与企业技术创新资源配置[J].科研管理,2006,V27(3):1-8.

[9] 蔡文娟,陈莉平.社会资本视角下产学研协同创新网络的联接机制及效应[J].科技管理研究,2007,(1):172-175.

[10] 冯锋,汪良兵.协同创新视角下的区域科技政策绩效提升研究—分析[J].科学学与科学技术管理,2011(12):109-115.

[11] 范斐,杜德斌,游小珺等.基于能力结构关系模型的区域协同创新研究[J].地理科学,2015,35(1):66-74.

[12] 高丽娜,蒋伏心,熊季霞.区域协同创新的形成机理及空间特性[J].工业技术经济,2014(3):25-32.

[13] 高沫丽.北京市高新技术产业集群创新模式研究[D].北京：中国地质大学,2007.
[14] 龚勤林,郭帅新,龚剑.基于协同创新的城市职能识别与优化研究——以长江中游城市群为例[J].经济体制改革,2017(3)：38-45.
[15] 胡恩华,刘洪.基于协同创新的集群创新企业与群外环境关系研究[J].科学管理研究,2007(03)：25-28.
[16] 韩博.区域协同创新体系构建的路径选择[J].中国经贸导刊,2013(29)：7-9.
[17] 侯光文,薛惠锋.集群网络关系、知识获取与协同创新绩效[J].科研管理,2017,38(4)：1-9.
[18] 侯二秀,石晶.企业协同创新的动力机制研究综述[J].中国管理科学,2015(s1)：711-717.
[19] 黄菁菁.产学研协同创新效率及其影响因素研究[J].软科学,2017,31(5)：38-42.
[20] 黄鲁成.关于区域创新系统研究内容的探讨[C].发展的信息技术对管理的挑战——99'管理科学学术会议专辑(下),1999,385-389.
[21] 何郁冰.产学研协同创新的理论模式[J].科学学研究,2012,30(2)：165-174.
[22] 蒋兴华,万庆良,邓飞其.区域产业技术自主创新体系构建及运行机制分析[J].研究与发展管理,2008(02)：50-54.
[23] 刘勇.产学研协同创新超网络均衡模型及其实现路径[J].中国科技论坛,2017(1)：19-25.
[24] 刘颖,陈继祥.生产性服务业与制造业协同创新的白组织机理分析仁[J].科技进步与对策,2009,26(15)：48-50.
[25] 刘友金.产业集群竞争力评价量化模型研究——GEM模型解析与GEMN模型构建[J].中国软科学,2007(09)：110-116.
[26] 李庆东.产业创新系统协同演化理论与绩效评价方法研究[D].吉林：吉林大学管理学院,2008.
[27] 李飞,陈劲.创业导向的产学协同创新机理研究——基于跨组织关系管理的分析框架[J].中国软科学,2017(s1)：330-340.
[28] 林良,王耀德.科技协同创新体的内涵、运行机制及实践[J].技术经济与管理研究,2018(1)：31-34.
[29] 彭纪生,吴林海.论技术协同创新模式及建构[J].研究与发展管理,2000,12(5)：12-16.
[30] 齐爱民,马春晖.协同创新下中国知识产权利益分享的法律构建[J].江西社会科学,2017(9)：177-184.
[31] 全利平,蒋晓阳.协同创新网络组织实现协同创新的路径选择[J].科技进步与对策,2011(09)：21-25.
[32] 师永志.企业科研项目的协同创新模式探讨[J].价值工程,2008(5)：36-38.
[33] 孙彦明,赵树宽,王泷,等.协同创新视阈下科技资源共享机制研究[J].科技管理研究,2017,37(13)：1-8.
[34] 孙健慧,赵黎明.政府监管下产学研协同创新体系资源共享行为分析[J].科技管理研究,2017,37(19)：22-30.

[35] 佘力焓.国际区域合作中知识产权协同创新机理研究——基于"一带一路"的框架[J].科学管理研究,2018(1):112-115.

[36] 唐朝永,牛冲槐.协同创新网络、人才集聚效应与创新绩效关系研究[J].科技进步与对策,2017,34(3):134-139.

[37] 魏江,夏雪玲.区域创新系统的结构与系统演变[J]科技管理研究,2005(03):50-51.

[38] 温新民,刘则渊.基于技术群、产业群的区域技术创新体系建设[J].自然辩证法研究,2002(06):69-72.

[39] 王志宝,孙铁山,李国平.区域协同创新研究进展与展望[J].软科学,2013,27(1):1-4.

[40] 王婉娟,危怀安.内部创新网络对协同创新能力的影响机理——基于国家重点实验室的实证研究[J].科研管理,2018,V39(1):143-152.

[41] 王帮俊,吴艳芳.区域产学研协同创新绩效评价——基于因子分析的视角[J].科技管理研究,2018,38(1):66-71.

[42] 王萧萧,朱桂龙,许治.协同创新中心组建特征及结构分析[J].科技进步与对策,2018,35(1):1-8.

[43] 王聪,周立群,朱先奇,等.基于人才聚集效应的区域协同创新网络研究[J].科研管理,2017,V38(11):27-37.

[44] 向坚,刘洪伟.技术创新绩效评价研究综述[J].科技进步与对策,2011(06):155-160.

[45] 吴先华,胡汉辉,郭际.本地知识溢出(LKS)影响中国产业集群创新的理论研究[J].科学学与科学技术管理,2007(6):51-57.

[46] 夏丽娟,谢富纪,付丙海.邻近性视角下的跨区域产学协同创新网络及影响因素分析[J].管理学报,2017(12):63-71.

[47] 夏丽娟,谢富纪,王海花.制度邻近、技术邻近与产学协同创新绩效——基于产学联合专利数据的研究[J].科学学研究,2017,35(5):782-791.

[48] 谢洪明,罗惠玲等.学习、创新与核心能力:机制和路径[J].经济研究,2007(02):60-71.

[49] 徐雷,李晓红,杨卫华.产学研协同创新项目绩效影响机制研究——基于伙伴选择视角[J].科技管理研究,2018(6):202-208.

[50] 杨建君,康博纬.企业技术创新决策主体与投资主体间的沟通对创新绩效影响研究[J].科学管理研究,2007(05):20-23.

[51] 袁月,基于区域协同创新的技术创新体系建设研究[D],河北工业大学,2015.

[52] 俞立平,蔡绍洪,储望煜.协同创新下产业创新速度的要素门槛效应——基于高技术产业的研究[J].科技管理研究,2018,38(1):118-125.

[53] 尹彦.区域协同创新能力成熟度评价[J].统计与决策,2017(4):62.

[54] 叶松,孙林.长江经济带科技资源集聚与协同创新研究[J].经济体制改革,2017(1):57-61.

[55] 周青,梁超.创新网络视角下产学研协同创新演化过程——基于绿色制药协同创新中心的案例研究[J].科技管理研究,2017(23):200-206.

[56] 张贵,温科.协同创新、区域一体化与创新绩效——对中国三大区域数据的比较研究[J].科技进步与对策,2017,34(5):35-44.

[57] 朱桂龙,杨小婉,江志鹏.层面—目标—工具三维框架下中国协同创新政策变迁研究[J].科技进步与对策,2018,35(13):110-117.
[58] 臧欣昱,马永红,王成东.基于效率视角的区域协同创新驱动及影响因素研究[J].软科学,2017,31(6):6-9.

图书在版编目(CIP)数据

国际科技创新中心建设与区域协同创新：上海、上海大都市圈和长江经济带 / 屠启宇等合著 .— 上海：上海社会科学院出版社，2021
 ISBN 978 - 7 - 5520 - 3567 - 4

Ⅰ.①国… Ⅱ.①屠… Ⅲ.①长江经济带—技术革新—区域发展战略—研究 ②科技中心—建设—研究—上海 Ⅳ.①F127.5 ②G322.751

中国版本图书馆 CIP 数据核字(2021)第 093392 号

国际科技创新中心建设与区域协同创新：
上海、上海大都市圈和长江经济带

著　　者：屠启宇　林　兰　等
责任编辑：应韶荃
封面设计：黄婧昉
出版发行：上海社会科学院出版社
　　　　　上海顺昌路 622 号　邮编 200025
　　　　　电话总机 021 - 63315947　销售热线 021 - 53063735
　　　　　http://www.sassp.cn　E-mail：sassp@sassp.cn
排　　版：南京展望文化发展有限公司
印　　刷：上海颛辉印刷厂有限公司
开　　本：710 毫米×1010 毫米　1/16
印　　张：18.75
字　　数：300 千字
版　　次：2021 年 6 月第 1 版　2021 年 6 月第 1 次印刷

ISBN 978 - 7 - 5520 - 3567 - 4/F · 660　　　　　定价：98.00 元

版权所有　翻印必究